ララチッタ in Rockies

バンクーバー・
カナディアンロッキー

ララチッタとはイタリア語の「街＝La Citta」と、
軽快に旅を楽しむイメージを重ねた言葉です。
海と山に囲まれた人気タウン・バンクーバー
オーガニックカフェや大自然のパノラマビューetc…
大人女子が知りたい旅のテーマを集めました。

JN027140

ララチッタ バンクーバー・カナディアン・ロッキー

CONTENTS

バンクーバー、カナディアンロッキーで叶えたい
とっておきシーン7

Vancouver
バンクーバー

バンクーバー市内交通

1Day Trip
バンクーバー発 1Day Trip

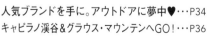

Canadian Rockies
カナディアン・ロッキー

Optional Tour
オプショナルツアー…P110

Travel Information
トラベル・インフォメーション…P112

巻末MAP

大判MAP

マークの見かた

🏛…世界遺産	Ⓣ…2人部屋の1泊あたりの宿泊料金（室料）	
📷…必見スポット	Ⓧ…交通	
🏔…眺望がよいところ	ⒶΦ…住所	
⏱30分…30分程度	☎…電話番号	
⏱…30～120分	ⒽΦ…開館時間、営業時間	
⏱…120分以上	Ⓗ…休み	
🍴…予約が必要	¥…料金	
👔…ドレスコードあり（ジャケット・タイ着用が望ましい）	Ⓢ…スカイトレイン	
🈡…日本語メニューがある	Ⓑ…バス	
🈂…日本語スタッフがいる	大判…巻末添付の「大判MAP」を指します	
Ⓢ…1人部屋または2人部屋の1人使用の宿泊料金（室料）		

その他の注意事項
●この本に掲載した記事やデータは、2023年6月の調査に基づいたものです。発行後に、料金、営業時間、定休日、メニュー等の営業内容が変更になることや、臨時休業等で利用できない場合があります。また、各種データを含めた掲載内容の正確性には万全を期しておりますが、おでかけの際には電話等で事前に確認・予約されることをお勧めいたします。なお、本書に掲載された内容による損害等は、弊社では補償いたしかねますので、予めご了承くださいますようお願いいたします。
●地名・物件名は、なるべく現地語に近い発音で表示しています。
●休みは基本的に定休日のみを表示し、年末年始や復活祭、クリスマス、国の記念日など祝祭日については省略しています。
●料金は基本的に大人料金を掲載しています。

事前にチェックしよう！

ブリティッシュ・コロンビア
B.C.州 ＋ カナディアン・ロッキー 早わかり

バンクーバーのあるブリティッシュ・コロンビア州から
カナディアン・ロッキーまで、まずは主要都市の位置関係と
プロフィールをざっと理解しよう。

1上空から見たダウンタウンとノース・バンクーバー **2**イングリッシュ・ベイは散策にぴったり **3**メインストリートのおしゃれな壁画にも注目

基本情報

世界遺産
●カナディアン・ロッキー
　山脈自然公園群→P81
B.C.州と隣りのアルバータ州に広がる国立公園。4つの国立公園（バンフ、ジャスパー、クートニー、ヨーホー）と、B.C.州の3つの州立公園（ハンバー、マウント・アシニボイン、マウント・ロブソン）で構成される。

観光ハイライト
●スタンレー・パーク→P23
●グランビル・アイランド→P28
●コロンビア大氷原→P90
●レイク・ルイーズ→P100

必食グルメ
●地産地消のレストラン→P30
●シーフード料理→P50

ショッピング
●メープル・シロップ→P32
●サーモン製品→P32
●カナダブランド→P18、20、34

カナダ西海岸のゲートシティ
バンクーバー ➡P15
Vancouver

広大なカナダでも日本から最も近いB.C.州の都市。州都はビクトリアだが、人口・規模において最大の都市はバンクーバーになる。19世紀後半より入植が進み、カナダ本土とバンクーバー島に挟まれた港湾都市として発展した。

ビクトリア ➡P70
Victoria

花が咲き誇るガーデン・シティ

四季の花々が美しいB.C.州の州都。街並みにはイギリス植民地時代の面影が漂い、エレガントな雰囲気。アフタヌーン・ティーの伝統も残っている。

ウィスラー ➡P76
Whistler

冬が一番のシーズン

バンクーバー冬季オリンピックの会場にもなった、北米最大級のスキーリゾート。夏はマウンテン・バイクもさかんで、年間を通してさまざまなアクティビティが楽しめる。

地産地消グルメに注目！

RCMP（バンクーバー騎馬警察）のぬいぐるみ

特産のメープル・シロップ

バンクーバー歴史年表

1792年	1858年
●他国よりもバンクーバーでの支配権と商権を強化するため、イギリスから海軍兵士のジョージ・バンクーバーが派遣される	●フレーザー川流域でゴールド・ラッシュ

~BC　　　1700~　　　　　　1800~

1万年前
●氷河の後退により森林が増え、先住民（ファースト・ネーション）が居住を始める

1

P81

大自然が造りあげた感動の絶景
カナディアン・ロッキー →P81
Canadian Rockies

雄大な山々と大小の美しい湖、そして青白く輝く大氷原の世界。めくるめく絶景が連続するカナディアン・ロッキーで、大自然の息吹を全身に感じよう。バンフやレイク・ルイーズなどを拠点に、リゾート・ステイも楽しんで。

2

3

1大自然の宝庫、カナディアン・ロッキー **2**バンフとジャスパーを結ぶアイスフィールド・パークウェイ **3**コロンビア大氷原 **4**かわいい野生のリス **5**日本では珍しい山野草も見られる

4

5

ノースウェー
Northway

ユーコン準州
YUKON TERRITORY

ホワイトホース
Whitehorse

アラスカ

イエローナイフ
カナダ

下図

バンクーバー

太平洋

カナディアン・ロッキー P81

グリーンランド

大西洋

ハドソン湾

アメリカ合衆国

オタワ
トロント

ケベック・シティ
ニューヨーク

サンフランシスコ

シカゴ

ワシントン

ブリティッシュ・コロンビア州
BRITISH COLUMBIA

スチュアート
Stewart

プリンス・ルパート
Prince Rupert

フォート・ネルソン
Fort Nelson

カナダ
CANADA

フォート・セント・ジョン
Fort St. John

フォート・マクマレー
Fort McMurray

プリンス・ジョージ
Prince George

アルバータ州
ALBERTA P104

コースト山脈
Coast Mts.

ジャスパー
Jasper P104

エドモントン
Edmonton

カムループス
Kamloops

カナディアン・ロッキー P81
Canadian Rockies

レイク・ルイーズ P100
Lake Louise

P76 ウィスラー
Whistler

バンクーバー島
Vancouver Is.

ナナイモ
Nanaimo

バンクーバー P15
Vancouver

バンフ P96
Banff

カルガリー P108
Calgary

ドラムヘラー
Drumheller

P70 ビクトリア
Victoria

シアトル
Seattle

ペンティクトン
Penticton

太平洋
Pacific Ocean

スポーカン
Spokane

グレート・フォールズ
Great Falls

ポートランド
Portland

ユージン
Eugene

カスケード山脈
Cascade Mts.

アメリカ合衆国
UNITED STATES OF AMERICA

N

0   300km

P70 P76 P15 P81 P96 P100 P104 P108

1867年
●バンクーバーの発祥地、現在のギャスタウンで、蒸気船の船長をしていたジャック・デイトンが酒場を開き町は発展

1886年
●正式にバンクーバーと命名。市政が施行される

1960年代
●前世紀、大火に見舞われたギャスタウンが、鉄道の開通によって復興し、再開発を遂げた

2010年
●冬季オリンピック、パラリンピック開催

1900~

2000~

1860年代
●木材加工が盛んになり、製材所が増える

1871年
●ブリティッシュ・コロンビア州がカナダ自治領に加盟

1886年
●カナディアン・パシフィック鉄道が開通

1950年代
●カナダの造船業の中心地になる

1986年
●B.C.州誕生100周年を記念し、バンクーバー国際交通博覧会（エキスポ'86）が開催される

野菜や鮮魚、デリやスイーツショップが
ずらりと並ぶ

バンクーバーを遊びつくす!

4泊6日モデルプラン

ショッピングにグルメ、アウトドアアクティビティと
バンクーバーの楽しみ方は盛りだくさん!4泊6日の満足プランはこちら!

DAY 1

荷物を預けて

グランビル・アイランドへ

9:40
バンクーバー国際空港に到着

↓ スカイトレインで約25分

12:00
ホテルに荷物を預ける

↓ バスで約20分

13:00
グランビル・アイランドで
グルメ&ショッピング

18:00
地ビールで乾杯

グランビル・アイランドはおみやげさがし
にもぴったり(→P28)

観光船で
行くのも
たのしい♪

サーモンバーガーやドーナツな
どのテイクアウトグルメも

できたてのビールを召し上がれ♪

DAY 2

自然たっぷり

スタンレー・パークで
のんびり過ごす

10:00
スタンレー・パーク近くで
自転車を借りて
サイクリングスタート

↓ 自転車で40分

11:00
プロスペクトポイントで休憩

↓ 自転車で20分

12:00
公園内で絶品ランチ

↓ 自転車で10分

14:00
バンクーバー水族館で
クールダウン

19:00
ディナーは地産の
サーモンを満喫

自転車専用道路がありサイクリングが
気持ちいい!

パーク近くにはいくつかレンタルサイクル
ショップがある(→P23)

アイスクリームが
おいしい♪

公園最北の絶景ポイント

ティーハウスで優雅な
ランチ(→P53)

サーモンの名店、
フライング・ピッ
グへ(→P24)

DAY3

おしゃれタウンへ
街歩きと
おみやげさがし

10:00
ロブソン通りを散策

↓ バスで20分

13:00
キツラノでランチ

手打ちパスタが評判のヌックでランチ（→P52）

↓ 徒歩

14:00
キツラノ散策＆
おみやげさがし

キツラノにはオーガニック
コスメや雑貨店がいっぱい

17:00
キツラノビーチを散策

キツラノ・ビーチは
サンセットで有名
（→P27）

カナダブランドのショップが並ぶ
ロブソン通り（→P18）

DAY4

郊外で過ごす1日
キャピラノ吊橋と
グラウス・マウンテンへ

9:50
シャトルバスで
ダウンタウンを出発

↓ バスで約30分

10:30
キャピラノ吊橋で
吊橋を渡る！

渓谷にかかる全長137mのキャピラノ吊橋（→P36）

↓ バスで約15分

15:00
グラウス・マウンテンへ

↓

17:30
夜景を見ながらディナー

グラウス・マウンテン山頂へは
スカイライドで（→P37）

夜景が評判のオブザーバト
リーでディナー（→P37）

DAY5

人気カフェで朝食後
空港から帰国の途へ

7:00
カフェでモーニング

↓ スカイトレインで約25分

9:40
バンクーバー
国際空港到着

↓

12:40
バンクーバー出発

ローカルに人気のフォ
グリフター・コーヒー・
ロースターへ（→P56）

DAY6

日本に帰国

14:55
成田空港到着

ADVICE!

足を延ばして
花の街、ビクトリアへ

バンクーバーの南約
130kmにあるビクトリア
は、イギリス風の街並み
が美しい街。庭園で有名
なブッチャート・ガーデ
ンもあるので、1日プラス
して訪れてみても。

別名ガーデン・シティ
ともよばれる（→P70）

カナディアン・ロッキーを遊びつくす！

3泊4日王道モデルプラン

4つの国立公園にまたがるカナディアン・ロッキーにはみどころが点在。
オプショナルツアーやシャトルバスを活用して、自然が造り出した絶景を満喫しよう！

DAY1

直行便でラクラク

バスで
レイク・ルイーズへ

12:45
カナディアン国際空港に到着

↓ バスで3時間30分

18:00
レイク・ルイーズ着

↓

19:00
ホテルでディナー

ADVICE!
空港のないカナディアン・ロッキーへは、日本やバンクーバーからの直行便が就航している。カルガリー国際空港を拠点にするのが便利。

ぜひ泊まりたい、レイク・ルイーズきっての高級ホテル、フェアモント・シャトー・レイク・ルイーズ（→P102）

カルガリー国際空港へは成田空港からウエスト・ジェット航空が就航（運航日は要確認）

DAY2

珠玉の絶景を堪能！

ツアーを利用して
コロンビア大氷原へ

9:25
ツアーバスで出発

↓ バスで50分

10:30
コロンビア大氷原に到着

↓ バスと雪上車で約30分

11:30
アサバスカ氷河を歩く

↓ バスと雪上車で約30分

13:00
ランチタイム

↓ バスで10分

14:00
ハラハラの
スカイウオークへ

↓ バスで3時間

18:00
バンフに到着

↓

19:00
バンフでディナー

雪上車に乗ってアサバスカ氷河へ！

太古の昔に作られた氷河の上を歩く

渓谷に着き出すように作られたスカイウオーク（→P91）

ADVICE!
コロンビア大氷原はレンタカーかツアー、シャトルバスを利用して訪れる。ツアーはP90を参考にして。

バンフにはハイレベルなレストランがいっぱい♪（→P98）

ミルキーブルーの不思議な色合いの
モレーン・レイク(→P92)

DAY 3

ロッキーの宝石
2大湖を見に行く

8:00
ツアーバスでホテル出発
↓ バスで1時間

9:30
モレーン・レイクへ
↓ バスで1時間

12:00
ピクニック・ランチ
↓ バスで20分

13:00
ナチュラル・ブリッジへ
↓ バスで10分

14:00
神秘的なエメラルド・レイク
↓ バスで30分

15:00
迫力のタカカウ滝へ
↓ バスで1時間

16:30
バンフ着

激流が岩を浸食できたナチュラル・ブリッジ(→P92)

僕を
みつけてね!
かわいい地リスと
ご対面♪

轟音をあげて流れ落ちるタカカウ滝(→P92)

エメラルドグリーンの神秘的な色の湖面が
美しいエメラルド・レイク(→P92)

ADVICE!
モレーン・レイク周辺は一般車両の通行が禁止されているため、訪れるにはシャトルバスやローム・バス、ツアーで。日本語ガイドのツアーも多数開催されている。

DAY 4

カルガリー国際空港から各都市へ

10:00
バスでバンフ出発
↓ バスで1時間40分

12:00
カルガリー到着
到着後帰国、または
カナダ各都市へ!

近未来的なデザインが印象的な
カルガリーの新名所、ピース・ブリッジ

ADVICE!
カルガリー散策も楽しい。建築や、地元の名産アルバータ牛のステーキなどを味わってみるのもおすすめ。→P108

バンクーバーに足を延ばしショッピングを楽しむのもおすすめ

※モデルプラン内のツアータイムは
状況により前後します。

SPECIAL SCENE7

バンクーバー、カナディアンロッキーで叶えたい

とっておきシーン7

絶景からグルメまで
バンクーバー、カナディアン・ロッキーを訪れたら
絶対に体験したい7つのシーンをご紹介します。

必見スポット

ペイト・レイク

ミルキーブルーに輝く湖水が
美しい。時間帯や季節によっ
て色合い変わる。→P88

SCENE 1 カナディアン・ロッキーの絶景に感動

カナダ西部最大の見所、カナディアン・ロッキー。3000m級の山々とその谷間に点在する無数の湖、太古の昔から育まれてきた氷河など、カナダが誇る絶景を満喫！

氷の厚さはなんと300m！

必見スポット
コロンビア大氷原

バスと雪上車を乗り継いでアサバスカ氷河に訪れるアクティビティはカナディアン・ロッキーのハイライト。→P90

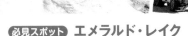 **必見スポット** エメラルド・レイク

ヨーホー国立公園にある大きな湖。ほかのスポットに比べて観光客が少ないので、ゆっくりと景色を満喫できる。→P92

必見スポット
モレーン・レイク

雪解け水が流れ込んでターコイズブルーに輝く水をたたえた湖で、カヌーなどのアクティビティを楽しもう。→P92

必見スポット
レイク・ルイーズ

ロッキーの宝石という別名を持つ、カナディアン・ロッキーを代表する絶景。湖と背後にそびえる山々のコントラストは息をのむ美しさ。→P100

とっておきシーン7

SCENE 2 スタンレー・パークでサイクリング

バンクーバー市街地の近くに位置するスタンレー・パークは海、山、森とバンクーバーの自然がぎゅっと凝縮した憩いのスポット。自転車を借りて、爽快なサイクリングに出発！→P23

都市と自然が調和する市民に愛される公園

海がきれい！

自転車を置いてランチが楽しめるカフェもある

公園の周囲には全長8kmのサイクリングルートが整備されている。

5～9月は園内に植えられた3500本のバラが次々に開花

巨大なトーテムポールのレプリカが立つスポットも

疲れたら流木のベンチでひと休み

SCENE 3 グランビル・アイランドでお買物

カナダの食材が並ぶマーケットやレストラン、ショップなど300以上の店舗が軒を連ねるグランビル・アイランドは、地元客、観光客ともに楽しめる人気スポット。→P28

新鮮なシーフードを使ったフィッシュ&チップス

フルーツたっぷりのタルトなどのスイーツも

新鮮な野菜が並ぶ！

グランビル・アイランドのメインスポット、パブリック・マーケット

PUBLIC MARKET

B.C.産のメープルシロップはおみやげにぴったり

バンクーバー初のクラフト・スピリッツ

SCENE 4 カナダグルメを食べつくす

サーモンやロブスターなどのシーフード、カナダビーフやクラフトビールなど、バンクーバーとカナディアン・ロッキーで食べたいものをチェック！→P24・30・50

地ビール天国、バンクーバー。タップから注ぎ立ての地ビールを味わって

身がプリプリのロブスターは時価のことが多いのでチェックして

太平洋に面したバンクーバーはサーモンが有名。脂ののったサーモンは必食

SCENE 5 森のなかの巨大吊橋でドキドキスリル体験

バンクーバーからバスで約1時間で行ける森のなかのアドベンチャースポット、キャピラノ吊橋。全長137m、地上70mにかけられた吊橋を渡って空中散歩を楽しんで。→P36

◀眼下に流れるキャピラノ川。高所恐怖症の人は下を見ないよう要注意!!
◀高さ91mに作られた遊歩道、クリフウォークも人気アトラクション

こんなに高い！

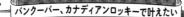

とっておきシーン7

SCENE 6 イギリス文化香るビクトリアで優雅なひとときを楽しむ

B.C.州の州都、ビクトリアはイギリス文化が香る瀟洒な街。美しい庭園ブッチャート・ガーデンを訪ねたり、イギリス風のアフタヌーン・ティーを楽しんでみては？→P70

一年中花々に彩られるブッチャート・ガーデン

ビクトリアには、イギリス風の本格的なアフタヌーン・ティーを提供するカフェが多い

玄関口となるインナーハーバー。夜間はライトアップされる

カラフルな街並みのフィッシャー・マンズワーフ

SCENE 7 ウィスラーでウィンターアクティビティを満喫

冬のカナダの楽しみといったらなんといっても広大なゲレンデでのウィンターアクティビティ。白銀の世界で思いきりスノースポーツを楽しんだあとは、ウィスラービレッジへグルメやショッピングに繰り出そう！→P76

初心者からプロ級まで多彩なレベルのゲレンデがあるのが魅力

ショップやレストランが並ぶウィスラービレッジ

スノーチューブなどのアクティビティも楽しい！

近年人気のスノーシュー。絶景を眺めながら冬の森を歩く

Topic1

バンクーバー

Vancouver

カナダ西部の玄関口、バンクーバー。

高層ビルが立ち並ぶ都市でありながら、

海や山々が隣り合う自然豊かな街を楽しもう。

バンクーバー
エリアNAVI

カナダの西の玄関口、バンクーバーはすぐ北に山並みが迫り、豊かな自然が隣り合う美しい大都市。半島状に海にせり出した部分がダウンタウン(中心街)だ。

観光客が多い
ロブソン通り
グランビル・アイランド ★ ★ イエールタウン
昔ながらの景観 ギャスタウン ★ ★ 最先端エリア
イングリッシュ・ベイ
ノース・バンクーバー ★ ★ キツラノ
チャイナタウン ★ ★
サウス・グランビル
地元っ子御用達

ダウンタウンって?

英語で中心部の意。ビジネスの中心地や繁華街を表す。バンクーバーのダウンタウンは通常、バラード入江に突き出た半島部分を指す。

ギャスタウン
Gastown

MAP P138~139 大判▶表-F3

趣のある石畳のストリート

バンクーバー発祥の地。歴史建築が並び、名物の蒸気時計がある観光地。ここ数年、カフェやショップなど感度の高い個性派ショップ(→P20)が増加中。

CHECK!
●カナダ・プレイス(→P46)
●ハーバー・センター
(ルックアウト)(→P46)

Access>>> ⑤Waterfront駅
🚌4、7、10、50番ほか

歩き方POINT

メインとなるウォーター通り沿いにショップやレストランが立ち並ぶ。チャイナタウンとの間付近は治安があまりよくないので夜は横道にそれないように。

N
0 500m
サードビーチ
スタンレー・パーク
バンクーバー水族館
セカンドビーチ
イングリッシュ・ベイ
イングリッシュ・ベイ **③**
バンクーバー海洋博物館
バンクーバー博物館
キツラノ・ビーチ
4番通り 4th Avenue
⑤ キツラノ

バラード入江
バンクーバー・ハーバー水上空港
ロブソン通り **②**
バラード駅 BURRARD Stn.
バンクーバー美術館
バンクーバー・シティ・センター駅 VANCOUVER CITY CENTRE Stn.
スタジアム・チャイナタウン駅 STADIUM CHINATOWN Stn.
B.C.プレイス・スタジアム
イエールタウン・ラウンドハウス駅 YALETOWN-ROUNDHOUSE Stn.
イエールタウン **④**
⑥ グランビル・アイランド
フォールス・クリーク
オリンピック・ビレッジ駅 OLYMPIC VILLAGE Stn.
ブロードウェイ・シティ・ホール駅 BROADWAY-CITY HALL Stn.
サウス・グランビル **⑦**

ノース・バンクーバー
ライオンズ・ゲート・ブリッジ **⑨**
スタンレー・パーク
イングリッシュ・ベイ
ブリティッシュ・コロンビア大学
ダウンタウン
バン・デューセン植物園
下図

カナダ・プレイス
ウォーターフロント駅 WATERFRONT Stn.
ウエスト・コースト・エクスプレス
グランビル駅 GRANVILLE Stn.
① ギャスタウン
チャイナタウン
⑧
パシフィック・セントラル駅(VIA) PACIFIC CENTRAL Stn.
バスディーポ

ロブソン通り
Robson St.

MAP P136~137 大判▶表-D2~E3

街を代表する目抜き通り

ダウンタウンでも最も賑やかな繁華街。有名ブランドのショップやレストラン、ホテルなどが立ち並び、行き交う人が絶えない。

CHECK!
●バンクーバー美術館(→P46)
●カナダブランド(→P18)

Access>>> ⑤Burrard駅、Granville駅またはVancouver City Centre駅、🚌4、5、7、10、50番ほか

歩き方POINT

一本道なので迷うことは少ない。最も賑やかなエリアは4ブロックほどなので、歩いても苦にならない。1ブロックごとバス停があるので、バスを使っても。

イングリッシュ・ベイ

3 English Bay

MAP P134A2 大判▶表-C2

海に沈むサンセットを望む

ダウンタウンの中心部からアクセスが便利な地元の人が憩うビーチ。夕日の名所としても知られ、海岸沿いには眺めが自慢のレストランやカフェが並ぶ。

CHECK! ●ビュースポット(→P22)
●イングリッシュ・ベイ・ビーチ(→P22)

Access>>> **Ⓑ**23、5、6番

歩き方POINT
ロブソン通りからの端から歩くと15分ほど。ビーチ通りとデンマン通りの交差点付近が中心。レンタサイクルしてスタンレー・パーク(→P23、48)まで足をのばすのもよい。

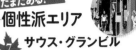

まだまだある!
個性派エリア

イエールタウン

4 Yaletown

MAP P140上 大判▶表-E3

倉庫街がオシャレに変身

ダウンタウンの南側、かつての倉庫街。いまでは洗練されたブティックやおしゃれなレストランが集まるトレンドエリアに。夕方から夜が賑わう。

CHECK! ●グルメレストラン(→P24)

Access>>> **Ⓢ**Yaletown-Roundhouse駅、**Ⓑ**6、23番

サウス・グランビル

7 South Granville

MAP P133B3 大判▶表-D4

セレブが集うハイソなエリア

ダウンタウンから南へ、グランビル・ブリッジを渡ったあたりに広がる高級住宅街。中心はグランビル通り沿いで5番通り付近にはギャラリーが多い。バスでダウンタウンから10分ほど。

Access>>> **Ⓑ**4、7、10、14番ほか

キツラノ

5 Kitsilano

MAP P141上 大判▶表-C4

自由な気風の流行発信地

もともとヒッピーが多く集まったエリアで、現在はナチュラルでヘルシーな生活を志向する人々の住む高級住宅地かつトレンド発信地として知られる。

CHECK! ●キツラノさんぽ(→P26)

Access>>> **Ⓑ**4、7ほか

歩き方POINT
西4番通り沿いに店が集まる。特にバラード通りより西側が中心。西4番通りは大通りなので、こまめに信号を渡りつつ散策を。

チャイナタウン

8 Chinatown

MAP P139D2 大判▶表-F3

中国語が飛び交う別世界

北米第3位といわれるチャイナタウンだが、小ぢんまりとしてレトロな雰囲気。中国庭園の中山公園などがみどころ。ペンダー通り沿い、中華街の門がある辺りから東へ約600mほどが中心。

CHECK! ●サムキー・ビル(→P49)

Access>>> **Ⓑ**7、19、22番ほか

グランビル・アイランド

6 Granville Island

MAP P140下 大判▶表-D4

島内には観光スポットが集結

マーケットにショップ、レストラン、ナイトスポットからホテルまである人気の観光エリア。1970年代のウォーターフロント再開発で誕生した。

CHECK! ●パブリック・マーケット
(→P29)
●ネット・ロフト
(→P29)

Access>>> **Ⓑ**50番

歩き方POINT
グランビル・アイランド内まで入るバスはないが、橋のたもとのバス停から徒歩8分。パブリック・マーケットを起点に島内散策をはじめるとわかりやすい。

ノース・バンクーバー

9 North Vancouver

MAP P132B1 大判▶表-F1

大自然が迫る住宅エリア

バラード入江をはさんでダウンタウンの北側に位置するエリア。再開発が進むウォーター・フロントの背景にはキャピラノ渓谷やグラウス・マウンテンなどの緑が迫り、都会と自然の共存を感じさせる。

Access>>> **Ⓑ**236番もしくは**Ⓢ**Waterfront駅からシー・バスでLonsdale Quay駅へ

地元発ブランドを狙い撃ち！

ロブソン通りでお買物

バンクーバーで一番の繁華街、ロブソン通り。
名だたるブランドショップが密集するなかでも
注目はカナダ発祥のローカルブランドだ。

1 世界中のブランドが集まっている
2 ダウンタウンの中心を貫く目抜き通
り **3** リンゴを丸ごとチョコでくるん
だお菓子も **4** バンクーバー美術館

Ⓐ アークテリクス
Arc'teryx
`MAP` P137C3

世界で人気のアウトドア・ブランド
1989年にノース・バンクーバーで生まれたアウ
トドア・ブランド。高品質の素材を使った、体に
フィットするウェアを手がける。アルピニストか
らも信頼を得る高パフォーマンスのジャケット
やバックパックが売れ筋。　　`DATA` →P35

Ⓑ ルーツ
Roots
`MAP` P137C3

カナダを代表するカジュアルブランド
ビーバーのマークで知られる、1973年創業のト
ロント発のブランド。もとは革製品のお店だっ
たのが、今ではカナダを代表するブランドに。カ
ナダのオリンピックチームのウェアを手がけた
こともの。レディース、メンズ、キッズと幅広いアイ
テムを展開している。　　`DATA` →P59

Ⓒ マック
M·A·C
`MAP` P137D3

日本でもおなじみのコスメブランド
豊富なカラーバリエーションやその発色のよさ
から、メイクのプロにも愛用される。トロント発
ブランドだけあって、路面店が多い。特にリップ
やアイシャドウの品揃えが豊富なので、お気に
入りの色をみつけられる。　　`DATA` →P59

軽量で通気性に
優れた、夏用のシ
ューズ $180… Ⓐ

軽量なのに暖かく
着心地抜群のパー
カー C$320… Ⓐ

オーガニックコッ
トンを使った肌ざ
わりのよいパーカ
ー。カラー展開も
豊富C$98… Ⓑ

ルーツのトレードマーク・ビ
ーバーが描かれた子ども用
Tシャツ C$30、スウェットシ
ョートパンツ C$32… Ⓑ

伸縮性の富んだメンズ
用パンツ。吸湿性が高
く、スポーツウェアとして
も利用できるC$88… Ⓑ

Check!

パシフィック・センター
Pacific Centre
MAP P137D2

地下でつながるショッピング街
高級ブランドが並ぶホルト・レンフリュー（→P59）や老舗デパートのハドソンズ・ベイ（→P59）をはじめ100店舗以上をつなぐショッピングモール。DATA →P58

バンクーバー美術館
Vancouver Art Gallery
MAP P137D3　大判▶表-E3

市民に親しまれる美術館
ロブソン・スクエアの向かいに立つ、重厚な造りの美術館。カナダを代表するエミリー・カーのコレクションが有名。ドリンクやフードを片手に階段に座る人も多い。DATA →P46

地図内ラベル：
- アーバン・フェア
- サーロウ駅へ
- ウェスト・ジョージア通り
- パシフィック・センター
- ロンドン・ドラッグス
- サーロウ通り
- ルーツ
- バンクーバー美術館
- バンクーバー・シティ・センター駅
- ジャービス通り
- ハロ通り
- ロブソン通り
- バラード通り
- ルルレモン・アスレティカ
- ロブソン・スクエア
- スカイトレイン（カナダ・ライン）
- リチャーズ通り
- アリツィア
- クラブ・モナコ
- ホーンビー通り
- ビュート通り
- ジャパドッグ
- アークテリクス
- マック
- N　0　200m

軽量の合成断熱ジャケット。ミドルレイヤーとしても$360…Ⓐ

ストレッチ性を備えた5パネルキャップC$50…Ⓐ

Break!

マネージャーの小俣さん

ジャパドッグ
Japadog
MAP P135C3

屋台から始まり、今では10カ所で出店する大人気店。日本の食材×ホットドッグという異色な組み合わせも、食べれば納得のおいしさ。ホットドッグ約20種C$6.98〜。ロブソン店のほかに、4つの屋台がある。

DATA ⊗ⓈVancouver City Centre駅から徒歩4分 ⑱530 Robson St. ☎604-569-1158 ⑲10〜15時（金・土曜は〜16時）⑭なし

バンクーバー市内に全5軒あります！

黒豚テリマヨのコンボセットC$14.27（ドリンク付）

パレットC$10に、好きなカラーのアイシャドウ1色C$12〜を入れられる…Ⓒ

リップスティックC$27とスモール・アイシャドウC$26…Ⓒ

バンクーバーのコーヒー事情

コーヒーで有名なアメリカのシアトルに近く、古くからコーヒー文化が根付いている。カナダ発祥チェーンで有名なのが、ブレンズBlenz Coffee。ドーナツが売りのティム・ホートンTim Hortonsは、カナダ国内でのカフェ店舗数第1位を誇る。地元誌で「ベスト・コーヒーショップ・チェーン」を受賞したジェイ・ジェイ・ビーンJJ Beanも注目株。

再注目を浴びるレトロタウン

ギャスタウンを歩く

バンクーバー発祥の地といわれる歴史街区。
ノスタルジックな雰囲気を醸す街並みに感性
豊かなショップが集まっている。

1チャイナ・タウンも近い 2世界最古の蒸気
時計。15分ごとにメロディを奏でる 3築
100年を超えるレンガの建物が並ぶギャスタ
ウン 4フィンチス・ティーハウスのインテリ
ア 5おしゃれなカフェも多い

Ⓐ ジョン・フルーボグ・シューズ
John Fluevog Shoes

MAP P139C2

個性派必見のシューズブランド

"いつまでも履ける、長持ちする"をコンセプ
トにしたバンクーバー発シューズブランド。
斬新なソールのデザインのものから、シン
プルなものまで個性豊かな靴が揃う。

⬆2階にアトリエを兼ねた
広い店内

DATA ⊗ Ⓑ Water St. x Abbott St.から徒歩2分 ⏠65 Water St. ☎604-688-
6228 ⏰10〜18時（日曜は12時〜） ⊛5月16日

Ⓑ ザ・レイテスト・スクープ
The Latest Scoop

MAP P138B2

最新デザインをセレクト

2004年にバンクーバーでポップアップ・
ショップを行ったところから始まり、現在国

⬆蒸気時計の前にあるショ
ップ

内9カ所で店舗を展開しているライフスタイル・ショップ。パリや
ニューヨーク、スペインなどを旅したオーナーがセレクトしたアイテ
ムが並ぶ。「生活に彩りを与える」をコンセプトにファッションから
インテリア、文具などが揃う。

DATA ⊗ Ⓑ Water St. x Abbott St.から徒歩2分 ⏠305 Water St.
☎604-428-5777 ⏰10時〜20時30分（月曜は〜20時、日曜は〜19時） ⊛なし

Ⓒ ハドソン・ハウス
Hudson House

MAP P138B2

カナダみやげ探しにぴったり

レンガ造りの広々とした店内には、メープ
ル・シロップや先住民の工芸品をはじめ定
番カナダみやげがずらり。冬期は人気ブラ
ンド「カナダ・グース」のコーナーを設置。

⬆ギャスタウンらしい歴史
を感じさせるレンガの外観

DATA →P62

シンプルな色合いながらも、
大胆なデザインが目を引くマ
キシドレスC$152 Ⓑ

派手すぎず軽やかな
色合いのスリップ・ド
レス C$110 Ⓑ

MAUI

夢の旅先をイメージした
トロピカルな香りのマウ
イ・キャンドルC$58 Ⓑ

Check!

カナダ・プレイス
Canada Place

MAP P138A2　大判▶表-E2

入江に立つ複合施設

1986年のバンクーバー万博のカナダ館として創建。現在はホテルやコンベンションセンターが入る複合施設。入江を臨むプロムナードは散策に最適。 DATA →P46

ハーバー・センター（ルックアウト）
Harbour Centre(Lookout)

MAP P138B3　大判▶表-E3

市街地のビューを一望

地上168mの高さを誇る最上階はルックアウトとよばれる展望室、すぐ下は回転式展望レストラン「トップ・オブ・バンクーバー」がある。 DATA →P46

Break!

◀4種類のビールが試せるフライトC$9.99

スチームワークス・ブルーパブ
Steamworks Brewpub

MAP P138B3

蒸気動力でビール作りを行うブルワリー。地下の醸造タンクで作られる、できたてのビールは常時20種類。カナダ定番のメニュー、プティンC$14や、サラダ・メイン・デザートのコースC$38などもある。 DATA →P57

カウチン風ニットキャップ。参考価格C$39.99 C

先住民族による手編みのブレス。天然石を使用。参考価格C$28.28 C

― 地図 ―

カナダ・プレイス
シー・バス・ターミナル
ション・フルーボグ・シューズ
バンクーバー・コンベンションセンター（西棟）
ウエストコースト・エクスプレス
ラバタワー
ウォーターフロント通り
スチームワークス・ブルーパブ
ウォーター通り
蒸気時計
コルドバ通り
ウォーターフロント駅
ザ・レイテスト・スクープ
ヘイスティングス通り
ツーリズム・バンクーバー・ビジターセンター
コルドバ通り
ハーバー・センター（ルックアウト）
ハドソン・ハウス
ベンダー通り
トップ・オブ・バンクーバー
ビクトリー広場
フィンチス・ティーハウス
この辺りは素敵なカフェが多いですよ
グランビル駅へ

N　0　200m

スタッフのデヴィンさん

Break!

ブランドを象徴する丸みのあるシェイプ 参考価格C$369 A

フィンチス・ティーハウス
Finch's Teahouse　MAP P138B3

アンティーク調のインテリアが素敵なカフェ。バゲットを使ったサンドイッチC$7.75〜は具だくさんでボリュームあり。紅茶C$2.20〜は種類が非常に豊富。 DATA ⊗ B19番 Homer st. x Pender St.からすぐ ㊤353 W Pender St. ☎604-899-4040 ㊂9〜16時（土曜は11時〜）㊡日曜

手製のクッキーC$2.75が人気

黄と青のボーダーと個性的なソールがキュート。参考価格C$399 A

極太のストラップと花柄が特徴。参考価格C$389 A

爽快ビューをひとり占め！

&スタンレー・パーク

イングリッシュ・ベイ view散歩

夕日の名スポットとして知られるイングリッシュ・ベイ。
浜辺で、公園で、レストランでと、その美しい景観を楽しめる場所がいたる所に。

1イングリッシュ・ベイ・ビーチの秋　2デンマン通りにはカフェが多い　3浜辺には屋台も　4オリンピックのシンボル、イヌクシュクの石像

View×Beach

イングリッシュ・ベイ・ビーチ
English Bay Beach

MAP P134A2　大判▶表-C2

街から近い美観ビーチ

ダウンタウンからほど近いビーチ。周辺には海を望むレストランが並び、南端にはバンクーバー冬季オリンピックのロゴとなったイヌクシュクの像が立つ。

DATA ❽Ⓑ23、5、6番 Beach Ave.

笑う銅像は有名な中国人
アーティストの作品

↓水鳥たちがすぐ近くまで寄ってくる

 cycling!

サイクリング
Cycling　MAP P134B1　大判▶表-D2

充実のサイクリング・コース

シーウォールはバンクーバーのダウンタウンを囲む全長約22kmの遊歩道。スタンレー・パークからイングリッシュ・ベイにかけては、手軽にサイクリングが楽しめる一角だ。周辺には自転車のレンタルショップが数軒あり、料金はマウンテンバイク1時間C$8.57〜。レンタルには通常、クレジットカードと身分証明書の提示が必要。

DATA ●スポークス・バイシクル・レンタルズ Spokes Bicycle Rentals ⊕1798 W Georgia St. ☎604-688-5141 ⊜8〜21時 ⑭なし

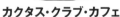

View×Bar

↓カクテル片手に
楽しもう

カクタス・クラブ・カフェ
Cactus Club Cafe

MAP P134A2

美しいサンセットに乾杯！

夕日を見る特等席といえばこちら。浜辺からすぐの場所に立つお店には、ビーチ側からもアクセスすることができる。カクテルを片手に夕暮れ時を楽しもう。

DATA ❽Ⓑ23、5、6番 Beach Ave. ⊕1790 Beach Ave. ☎604-681-2582 ⊜11時30分〜24時(金・土曜は〜24時30分) ⑭なし

1バターナッツとエビのラビオリC$31.75
2店内へはビーチ側、道路側の両方から入れる

イングリッシュ・ベイview散歩

View×Park

スタンレー・パーク
Stanley Park　MAP P141A3〜B4　大判▶表-C・D1

➡バラード入江を挟んだ向こうがダウンタウン

深い森に覆われた都会のオアシス

ダウンタウンの北西、海に突き出た半島のような部分がスタンレー・パーク。原生林に覆われた広大な自然公園内には一周約9kmのサイクリング・コースやハイキング・トレイルが整備されていて、水族館やトーテムポール・パークなどみどころも随所に。天気のよい日は散歩するだけでも楽しめる。　DATA→P48

園内のトーテムポール・パーク

バンクーバー水族館
Vancouver Aquarium

MAP P141B4　大判▶表-D1

スタンレー・パーク内にあるカナダ最大規模の水族館。6万5000種以上の海洋生物を展示する。DATA ⊕845 Avison Way ☎778-655-9554 ⊛9時30分〜17時30分（季節により異なる）⊛なし ⊛C\$39.95〜

1公園入口にはレンタル自転車がずらり **2**プロスペクト・ポイントからの眺望

スポークス・バイシクル・レンタルズ

スタンレー・パーク
バンクーバー水族館
スタンレー・パーク
ブリューイングへ

アルバー二通り
ジョージア通り
ロブソン通り
デンマン通り
パークレー通り
チャペル通り

デラニーズ・
コーヒー・ハウス

ビーチ通り

ファラフェル・キング

スターバックス

イングリッシュ・ベイ・ビーチ

カクタス・クラブ・カフェ

コモックス通り

バーナビー通り　デイビー通り

N　0　200m

デラニーズ・コーヒー・ハウス
Delany's Coffee House　MAP P134A2

デンマン通りのイングリッシュ・ベイ寄りには、カフェやエスニックの店が多く、浜辺でテイクアウトランチする人もちらほら。なかでもデラニーズは本格コーヒーと自家製マフィンが評判の老舗カフェだ。
DATA ⊕1105 Denman St. ☎604-662-3344 ⊛6時〜18時30分（土・日曜は6時30分〜）⊛なし

➡カフェラテC\$4.50とビッグ・マフィンC\$3.75
➡窓を大きくとった店内

View×Gourmet

スタンレー・パーク・ブリューイング
Stanley Park Brewing

MAP P141A4

➡キウィキウィエールC\$7.25

緑に囲まれたブリューパブ

スタンレー・パーク内にあるブリューパブ&レストランで、店内にある醸造所で作られたクラフト・ビールが楽しめる。ワールド・ビアカップで金賞を受賞したウェイポイント・ヘイジー・ペールエール\$7.25は、ぜひ味わってほしい逸品。

DATA ⊗⒝Denman St. x Pendrell St.から徒歩9分 ⊕8901 Stanley Park Dr. ☎604-681-0460 ⊛11〜22時（土・日曜は10時30分〜）⊛なし

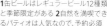

1缶ビールはレギュラービール12種類と季節限定がある **2**自然を満喫できるパティオは人気なので、予約必須

平日15〜18時はハッピーアワー

通好みのレストランが集まる

イエールタウン×グルメ

レンガ造りの古い倉庫を利用した
個性的なレストランやカフェが立ち並ぶ
トレンドエリア。バンクーバーの
最旬グルメシーンを味わってみよう。

・スタンレー・パーク
ロブソン通り ・ギャスタウン
イエールタウン ★
・キツラノ

ブルー・ウォーター・カフェ
Blue Water Cafe
MAP P140A1

新鮮なシーフードを存分に

かつて倉庫だった建物の太い梁やレンガの壁をそのまま
使ったモダンな店内。バンクーバーの近海でとれたシー
フードが自慢で、仕入れる食材によって毎晩メニューが変
わる。鮭やカキ、ロブスターなどを大胆に使ったユニーク
な寿司ロールもぜひチャレンジしてみたい。

DATA ⊗Ⓢ Yaletown-Roundhouse駅から徒歩3分
⊞1095 Hamilton St. ☎604-688-8078
圏17時～21時30分(Barは16時30分～)㊡なし

予算 1人C$70～
席数 全170席

新鮮な地魚を使った
料理が人気

↑店内には寿司バーもある

生ガキ、カニ、
ロブスター…3～4人で
シェアできる!

ブルー・ウォーター・
カフェ・タワー
Blue Water Cafe Tower
C$175

ワイルド・コーホー・
サーモン
Wild Coho Salmon
C$29

ふっくらとした
サーモンのグリル

予算 1人C$50～
席数 全126席

ワイルド・
サーモン・ケーキ
Wild Salmon Cake
C$8.50

フライング・ピッグ
The Flying Pig
MAP P140A1

西海岸の家庭料理がベース

地元の新鮮な素材を活かし、西海岸の代表的な家庭料
理からインスピレーションを得た料理を提供するレストラ
ン。温かいもてなしで、多くのローカルも虜にしている。地
元産のワインC$11.75～とともに西海岸料理を召し上が
れ。毎日15時～18時、22時～閉店まではハッピーアワー
で、ドリンクや食事が通常よりお得な値段になる。

DATA ⊗Ⓢ Yaletown-Roundhouse駅から徒歩2分 ⊞1168 Hamilton
St. ☎604-568-1344 圏11時30分～23時(金曜は～24時、土曜
は12～24時、日曜は11～22時)㊡なし

→シックで落
ち着いた雰囲
気の店内

イエールタウン・ブリューイング
Yaletown Brewing

MAP P140B1

ジンやウォッカのテイスティングもOK

イエールタウンの顔ともいえる老舗ブルワリー。4種の自家醸造ビールC$8.50〜のほか、季節のフレーバービールやワイン、カクテル、ウイスキーも多数揃える。ピザ各種C$26〜など軽食もある。

DATA ⊗⑤Yaletown-Roundhouse駅から徒歩2分 ⊕1111 Mainland St. ☎604-681-2739 ⊕11時30分〜深夜(土・日曜は10〜24時) ⊛なし

↑1910年築の建物を利用　↑人気のラガー C$8.50

ラウンドハウス・コミュニティ・センター
Roundhouse Community Arts & Recreation Centre

MAP P140A2　大判▶表-E3

カナダ太平洋鉄道の機関車を展示

イエールタウンにはかつて汽車の操車場があり、いまも転車台とレール跡が残る。車庫跡はコミュニティ・センターとなっており、内部に古い蒸気機関車が展示されている。

DATA ⊗⑤Yaletown-Roundhouse駅から徒歩1分 ⊕181 Roundhouse Mews ☎604-713-1800 ⊕9時〜21時45分(土・日曜は〜16時45分) ⊛なし ⊛無料

チョッピーノ・メディタレイニアン・グリル
Cioppino's Mediterranean Grill & Enoteca

MAP P140A1

グルメも注目のイタリアン

ワインとイタリア料理を楽しんでください

総シェフのピノ・ポステラロ氏は数々の食のコンテストで受賞経験をもつ有名シェフ。食材が本来もつ味わいを活かし、独創的な工夫を凝らしたイタリア料理を提供。舌の肥えたグルメたちにも高い評価を得ている。600種以上を誇るワインリストも自慢。

予算 1人C$100〜
席数 全200席

DATA ⊗⑤Yaletown-Roundhouse駅から徒歩2分 ⊕1133 Hamilton St. ☎604-688-7466 ⊕12〜14時(木・金曜)、17時〜22時30分 ⊛日・月曜

←温かみのあるインテリアの店内

ワイルド・プローンズ
Wild Prawns
C$28

パッパデッレ
Pappardelle
C$38

モチモチの手打ちパスタ!

カラマリ
Knamaria
C$22.45

ピタパン

ギリシア風香辛料でチキンをグリル

スブラキ・チキン
Souvlaki Chicken
C$21.95(大)

看板メニュー

ステフォーズ
Stepho's

MAP P134B3

行列ができる人気店

各国料理店が多い中でも、ローカルがイチ押しするギリシア料理店。食事時に行列ができる人気の理由はその味と量。各メニューはプレート形式になっており、メインを頼むとサフランライス、サラダ、ポテトなどが付いてきて、かなりのボリューム。女性なら2人で1皿でも充分。

DATA ⑧⑥6番Davie St.からすぐ ⊕1124 Davie St. ☎604-683-2555 ⊕11時30分〜23時30分 ⊛なし

↓店内は広く、行列しても回転が速い

ロースト・ラム
Roast Lam
C$22.95

大皿なので数人でシェアがおすすめです

予算 1人C$60〜
席数 全80席

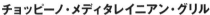

愛称「キッツ」の流行発信地
キツラノをウォッチ

1970年頃からヒッピーたちが集まりだし
いつしかバンクーバーを代表する最旬エリアに。
リラックスムードあふれる街並みを
のんびり歩いてみよう。

→朝早くから賑わ
う49thパラレル・
コーヒーの店内

1 気鋭のショコラティエの店、トーマス・ハース **2** メインストリートの4番通り **3** ルルレモン・アスレティカ（→P35、60）の本店もある

Cafe & Restaurant

Ⓐ 49th パラレル・コーヒー
49th Parallel Coffee Roasters

MAP P141A2

自家製ドーナツも大人気

カフェ激戦区のバンクーバーでも指折りの人気カフェ。オーガニックかつフェア・トレードの豆を生産者から直接買い付け、自家焙煎しているコーヒーに定評がある。店内にラッキーズ・ドーナツを併設。コーヒーとドーナツの組み合わせでのんびり過ごすのがおすすめ。コーヒーC$2.90。 DATA→P57

→ドーナツ(塩キャラメル、ピスタチオ)各C$4.25～

↑カフェラテ(M) C$4.50

Ⓑ ナーム
The Naam

MAP P133A3 大判▶表-B4

キッツ・カルチャーの象徴的存在

30年以上にわたり愛され続ける名物ベジタリアン・レストラン。日～木曜の19～22時にはブルース、ジャズなどのライブも楽しめ、ひと昔前のキツラノを彷彿させる独特な雰囲気に。 DATA Ⓑ4、7番W 4th Ave. x Macdonald St.からすぐ ⊕2724 W. 4th Ave. ☎604-738-7151 ⊕8～23時(木・金曜は～15時、土曜は9～15時、日曜・祝日は9時～) ⊛なし

←ナーム・バーガー・プラター C$18.50。ベジバーガーにたっぷり野菜でヘルシー

料理と音楽を
楽しんで!

→スタッフのレンさん

Ⓒ アフロディテス
Aphrodite's

MAP P132A3 大判▶表-A4

新鮮フルーツを使った絶品パイ

いつ訪れてもお客さんでいっぱいのオーガニックカフェ。ヘルシー志向の人々に愛されるホームメイドのパイは13種類C$8.25～。かなりボリュームがあるので女性2人ならシェアしても。食事メニューも充実。 DATA Ⓑ4、7番W Ave. x Collingwood St.から徒歩3分 ⊕3605 W. 4th Ave. ☎604-733-8308 ⊕9～15時 ⊛月・火曜

→大きな旗が
お店の目印

甘酸っぱいラズベリーがたっぷり詰まった自家製パイC$8.25。カフェラテC$6

Shopping

D セージ
Saje
MAP P141A2

↓体の悩みに合わせてアドバイス

バンクーバー発のナチュラルコスメ

1992年、バンクーバーで生まれたナチュラル・グッズ・ブランド。ボディケア、スキンケア、ヘアケアなど、すべて100%ナチュラルでケミカルフリーの植物由来成分を使用している。ポケット・ファーマシーC\$68は、心と体をリフレッシュできるようにと生まれたエッセンシャル・オイルのキット。
DATA →P65

↑5つ香り入りポケット・ファーマシー

E ホールフーズ・マーケット
Whole Foods Market
MAP P141A2

↑100%ナチュラル素材のソープC\$8.99

←マンゴーバター入りハンドクリームC\$21.99

オーガニック食材が豊富

北米やヨーロッパに500店以上を展開するオーガニック食材のスーパー。食材だけでなく自然派コスメも充実。店内にデリがあるので、軽いランチにもぴったり。
DATA ⊗W4番通りとアービュータス通りの交差点から徒歩4分 ⊕2285 W 4th Ave. ☎604-739-6676 ⊛8〜21時 ⊛なし

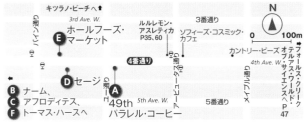

キツラノ・ビーチへ
3rd Ave. W.
ホールフーズ・マーケット E
ルルレモン・アスレティカ P35.60
3番通り
ソフィーズ・コスミック・カフェ
N
0   100m
D セージ
4番通り
カントリー・ビーンズ
テルアス・ワールド・オブ・サイエンス
4th Ave. W.
フォールス・クリーク オブ・サイエンスへ P47
B ナーム、
C アフロディテス、
F トーマス・ハースへ
49th
5th Ave. W.
A パラレル・コーヒー
5番通り

F トーマス・ハース
Thomas Haas
MAP P133A3 大判▶表-B4

チョコレートは1粒C\$1.60〜

名品チョコを手みやげに

ドイツ、スイスで修業し、有名ホテルでパティシエを務めた気鋭のチョコレート職人、トーマス・ハース氏の店。チョコレートのほか、マカロンなども。カフェとしても人気。
DATA ⊗B9, N17番W Broadway x Trafalgar St.からすぐ ⊕2539 W Broadway ☎604-736-1848 ⊛8時〜17時30分 ⊛日・月曜

←カラフルな色が揃うマカロンは6個セットC\$14.50〜

→板チョコレートC\$5.50。数字はカカオの濃度

Check! 注目のこのエリアも

フォールス・クリーク周辺
False Creek
MAP P135C4 大判▶表-E4

入江に立つ複合施設

バンクーバー冬季オリンピックの選手村があったエリア。海沿いの遊歩道からはBCプレイス・スタジアムやテルアス・ワールド・オブ・サイエンスなどが見え、どことなく近未来的な雰囲気。選手村跡には自然派スーパーのアーバン・フェアをはじめ、話題のショップがお目見え。今後が注目されるエリアだ。

↑店が集まるオリンピック・ビレッジ・スクエア周辺

→オーガニック・パンの「テラ・ブレッズ・カフェ」

テルアス・ワールド・オブ・サイエンス
TELUS World of Science
MAP P135D4 大判▶表-F3

輝くドームが目を引く

1986年のバンクーバー万博のパビリオンを利用。ユニークな展示で遊びながら科学にふれられる。
DATA →P47

キツラノ・ビーチ Break!
Kitsilano Beach MAP P133A3 大判▶表-C3

スタンレー・パークやイングリッシュ・ベイを一望するビーチ。W4番通りから近いので、ひと休みに訪れてみるのも◎。
DATA ⊗W4番通りから徒歩8分

↑キツラノ散策の途中に

地元っ子御用達の注目エリア

グランビル・アイランドを満喫

再開発で生まれ変わったウォーター・フロントのレジャーアイランドには、ローカルも観光客も楽しめる魅力的なスポットが集まっている。

ACCESS

❶バス
グランビル・アイランドに乗り入れるバスはない。50番バスに乗りグランビル橋のたもとで下車、徒歩8分。10・14番などのバスだとグランビル橋の上にあるバス停で下車、徒歩10分。圏C$3.15

❷フェリー（→P44）
ミニ・フェリー「アクアバス」と「フォールス・クリーク・フェリー」がアクアティック・センター（[MAP] P134A4）から運航。圏C$3.75～

↑地ビールを味わえるグランビル・アイランド・ブリューイング
←サンドバー（→P53）の海辺のテラス席

タップ＆バレル・ブリッジズ
Tap&Barrel Bridges

ペーパーヤ
Paper-Ya

ネット・ロフト
Net Loft

プリンス・オブ・ウェールズ
Prince of Whales

マリタイム・マーケット
Maritime Market

ブローカーズ・ベイ
Broker's Bay

ミニ・フェリー乗り場

ダウンタウンへ

ア・ラ・モード・パイ
A La Mode Pie

B パブリック・マーケット
Public Market

アクアバス乗り場

サンドバー
The Sandbar

エミリー・カー大学
Emily Carr University

キッズ・マーケット **D**
Kids Market

グランビル・ブリッジ（グランビル通り）
Granville Bridge

E ザ・リバティ・ディスティラリー
The Liberty Distillery

Cartwright St.

A グランビル・アイランド・ブリューイン
Granville Island Brewing

オルダー・ベイ
Alder Bay

Anderson St.

Old Bridge St.

Johnston St.

Island Park Walk

50番バス停

EAT

ビールは季節物も含め常時8種あります

A グランビル・アイランド・ブリューイング
Granville Island Brewing
[MAP] P140A4 大判▶表-B6

↑マネージャーのダイヤモンドさん

できたてビールで乾杯！

B.C.州のおいしい水とホップを使う、1984年オープンのカナダ発の地ビールメーカー。醸造所の見学ツアーは土・日曜に1日3回行われ、1種ビールのテイスティングと3本のおみやげ付きで一人C$25。

DATA ⊕1441 Cartwright St. ☎604-687-2739 ⊕11～21時（冬期は12～20時）⊛なし

餃子
Gyozas C$12。ビールに合うスパイシーな餃子。お試しサイズビール4種C$12

↓散策しているとマリンリゾートを思わせる風景があちこちに

Break!

ア・ラ・モード・パイ
A La Mode Pie [MAP] P140A3 大判▶表-B5

多種類のパイを取り揃えるパイ専門店。伝統的なスイーツ・パイ、ポットパイ、キッシュなどが並ぶ。

DATA ⊗パブリック・マーケットから徒歩2分 ⊕#575 1689 Johnston St. ☎604-685-8335 ⊕9～18時 ⊛なし

写真内テキスト: 地元産のフルーツや野菜が多い

Ⓑ パブリック・マーケット
Public Market

MAP P140A3　大判▶表-B5

ローカルと一緒に食材選び

新鮮な魚介類やチーズ、ハム、焼きたてパン、スイーツなど多彩な食材がところ狭しと並ぶマーケット。観光客だけでなく、地元の人にも人気で週末ともなれば大賑わいに。

DATA ⊕1669 Johnston St. ☎604-666-6477 ⊛9〜18時 ㉁なし

Ⓒ ネット・ロフト
Net Loft

MAP P140A3　大判▶表-B5

個性的なアイテムがみつかる

パブリック・マーケットの向かいに立つ小さなショッピングモール。先住民族や地元作家によるクラフト製品、インテリア小物などのユニークなショップが20店以上集まる。

DATA ⊕1666 Johnston St. ☎店舗により異なる ⊛10〜18時 ㉁なし

ショップPICK UP!

ペーパーヤ Paper-Ya

MAP P140A3　大判▶表-B5

ノートや手帳、絵葉書、壁紙など、センスのいい紙雑貨が揃う。

DATA ⊕ネット・ロフト内 ☎604-684-2531 ⊛10〜18時 ㉁なし

Check!

ホエール・ウォッチングに挑戦!

まわりを海に囲まれたグランビル・アイランドから発着の船に乗って、クジラやシャチを見よう。両方が見られるベストシーズンは7月〜11月末。

プリンス・オブ・ウェールズ
Prince of Whales

MAP P140A1　大判▶表-B5

快適なクルーズを楽しめるハーフ・デイ・ホエールウオッチングツアーはC$189。

DATA ⊗グランビル・アイランドの乗り場に集合 ⊕1516 Duranleau St. ☎（フリーダイヤル）1-888-383-4884 ⊛8時30分、10時30分、14時30分スタート（所要5時間）

Ⓓ キッズ・マーケット
Kids Market

MAP P140A4　大判▶表-B6

子どもと一緒に楽しめる

おもちゃや絵本、楽器など、子ども用品の専門店がいっぱい。館内には子どもがすべり台やトンネルなどの遊具で遊べるプレイグラウンドがあり、裏手にウォーターパークがある。

DATA ⊕1496 Cartwright St. ☎604-689-8447 ⊛10〜18時 ㉁なし

→スター・ウォーズのシリーズなどレゴ製品も充実

↑たくさんの専門店が入っている　➡カラフルな外観。2階は子どもの遊び場とレストランがある

Ⓓ ザ・リバティ・ディスティラリー
The Liberty Distillery

MAP P140B4　大判▶表-B6

地元産オーガニック穀物を使用

ブリティッシュ・コロンビア州産の穀物で作るバンクーバー初のクラフト・スピリッツの蒸留所。ウォッカやジン、ウィスキーを生産している。カクテルラウンジもあるので、行ってみてはいかが。

DATA ⊗Ⓑ50番のNS Anderson St.から徒歩5分 ⊕1494 Old Bridge St. ☎604-558-1998 ⊛12〜19時（金・土曜は11〜21時）㉁なし

手作りの銅製蒸留酒蔵機で丁寧に作られている（上）蒸留所にはショップとカクテルラウンジが併設されている（下）

↓フルーツの風味が豊かなウィスキー 750mlC$74.99

↓野生のバラから彩るピンク・ジン 750ml C$52.99

旬の素材が◎の本格グルメ

"地産地消"の レストラン

カラダに優しくておいしい旬の素材で作る
"地産地消"グルメのレストランが
バンクーバーの食のトレンド。
ローカルに評判の絶品グルメをご紹介！

必食の一皿
シーフード・チャウダー
Award-Winning BC Spot
Prawn and Seafood Chowder
C$8

ロブソン通り

フォレッジ
Forage

MAP P136B3

ロブソン通りに
あり便利です

おいしい料理とワインならここ

ロブソン通り沿いに立つリステルホテル内のレストラン。食材はシェフ自らが足を運んで、厳選したものを生産者から買い付け、パンやジャムにいたるまで徹底して手作りするこだわりの味が評判だ。オカナガン・バレーのワイナリーが造るワイン7種（ボトル）C$60〜や、B.C.州の地ビールとともに堪能しよう。

DATA ⊗1300 Robson St. 🏨リステル
（→P67）1階 ☎604-661-1400 🕐7時
〜10時30分（金曜は〜11時、土・日曜は〜
14時）、17〜22時（金・日曜は16時〜）
🈔なし ●予算 モーニングC$20〜、
ディナーC$80〜 ●座席数 70席

1 2012年に地元のチャウダー選
手権で優勝した自慢の一品。奥は
地元産のクラフトビールC$8〜
2 キノコの盛り合せlocal greens,
goat cheese, grilled caraway rye
C$19。季節によってはカナダ産マ
ツタケが含まれる

必食の一皿
鴨胸肉のスモーク
Duck Breast
C$27

キツラノ

フェイブル キッチン
Fable Kitchen

MAP P141B2

リラックスして
味を楽しんで
ください

ローカルが足繁く通う人気店

店名の由来は"from Farm to Table(農場から食卓へ)"。カラダに優しくておいしいものを気取らない雰囲気の中で味わえるカジュアルなレストラン。評判が高く、ウェイティングの列ができるほどの人気店。

DATA ⊗4番通りとアービュータス通りの交
差点から徒歩4分 🏠1944 W 4th Ave.
☎604-732-1322 🕐10〜14時（金・土・日
曜は9時〜）、17〜21時（木・金・土曜は〜22
時）🈔なし ●予算 ランチC$30〜、ディ
ナーC$50〜 ●座席数 70席

1旨みを閉じ込めた鴨肉の下
には自家製ラビオリが。甘酸
っぱいクランベリーソースが
味を引き立てる **2**キツラノ
のメイン・ストリートに面して
いる。混み合うためオープン
前から並ぼう

メイン・ストリート

ザ・アコーン
The Acorn Restaurant

MAP P133B4

創意工夫を凝らしたヴィーガン料理

地元の農家から取り寄せた自慢の食材で作る、ヴィーガン・ベジタリアンレストラン。独創的な味わいや見た目の料理が注目を浴びており、平日でも満席になるほどの賑わいだ。野菜や穀物のおいしさを堪能できる。

DATA ⊗ Main St. × E King Edward Ave.から徒歩2分 ⊕3995 Main St. ☎604-566-9001 ⊕17時30分～22時（金・土曜は～23時、金～日曜は10時～14時30分も営業）⊛なし
● 予算　C$50～
● 座席数　45席

必食の一皿
ワイルド・フラワー
Wild Flower
C$17

1 廃棄物ゼロを目指すエコ思考のレストラン　**2** カナダ産のレッドスプリング小麦で作る手打ちのヌードルに、チリビネガー風味のソースを絡めエディブルフラワーを添えた、オリジナリティあふれる一皿

ギャスタウン

ラバトワー
L'Abattoir

MAP P139C2

おしゃれな雰囲気も自慢です

洗練のモダン・ダイニング

19世紀建築のクラシックな建物を改装。1階は天井の高いバー・スペースで、奥と2階は雰囲気の異なるダイニングフロア。地産地消をテーマに、フレンチをベースにしたフュージョン料理を提供している。見た目にも美しい旬の料理を味わいたい。

DATA ⊜50番 Water St. ⊕217 Carrall St. ☎604-568-1701 ⊕17～23時 ⊛12月23日～25日 ●予算　ディナー C$75～ ●座席数　100席

必食の一皿
キノコのフリカッセ
Fricassee of Mushrooms with a Poached Egg
C$17

1 季節のキノコのサバイヨン・ソース添え。サーブ時に目の前でたっぷりのトリュフをかけてくれる♪　**2** 近郊でとれた野菜や肉、魚の素材の味を活かしつつ目にも美しい一皿に仕上げる

ファーマーズ・マーケット
Farmers Market

安心食材が集まるバンクーバーの台所

近郊農家直送の新鮮野菜や食材が並ぶファーマーズ・マーケット。日本でもおなじみの青空市場だが、バンクーバーでは1995年からスタート。数件から始まり、今では市内各地で開催されるほどに。季節によって場所や時間、規模が変わるので、詳細はHPでご確認を。

DATA ⊕⊛時期により異なる ☎604-879-3276（事務所）
🌐http://www.eatlocal.org

↑イエールタウンのファーマーズ・マーケット

スーパー＆専門店で調達！
即買いみやげselect5

カナダみやげといえばメープル・シロップが人気だが、
ほかにもおすすめの品がたくさん！　ララチッタ編集部が
スーパーなどで買えるマストバイなみやげを5つセレクト！

◆メープル・シロップの5つのグレード

No.4	エキストラライト／ライト
	色が薄くて、あっさりとした甘み。収穫期が早く、希少価値が高い。
	ミディアム
	琥珀色で味わい深い。ライトより収穫期が遅く、この種類が最も流通している。
No.2	アンバー
	ミディアムより濃い琥珀色。パンケーキに使うのはアンバーかミディアム。
No.5	ダーク
	最も濃い琥珀色。香りが強くコクがある。業務用や食品加工用によく使われる。

カナダみやげのテッパン

Select1 **メープル・シロップ**

Maple Syrup

カナダみやげの代表格。シュガー・メープル（サトウカエデ）の樹液を煮詰めたもので、古くから先住民族に伝わる製法が入植者に伝えられ、カナダ全土に広まった。主な産地はケベック州。

①

② **③**

Check!

メープル・シロップを煮詰めたもの。パンに塗るスプレッドにしたいメープル・バター（80mℓ）C$6…F

収穫期によって風味が変わる。ラベル表示で等級を確かめて。メープル・シロップ
①C$12.5（40mℓ）…A **②**C$9.50（100mℓ）…A **③**C$4.99（50mℓ）…G

メープル・シロップを煮詰めて水分を取り除いたスイーツ シュガー・メープルC$10…F

メープル菓子いろいろ

昔ながらの製法で作るメープルシロップのソフトキャンディ メープル・ファッジC$5.99…G

メープル・キャラメルをコーンにたっぷりと絡めてローストしたポップコーン メープル・ナッツコーンC$7.99…B

柔らかな食感がくせになるストロープ・ワッフル。オーガニックのメープル・シュガーを使用 メープル・ワッフルC$6.99…A

ブリティッシュ・コロンビア州産のサーモンのみを使用 ロブスターとサーモンのパテC$6.99…A

これも定番！ しっかり選ぼう

Select2 **サーモン製品**

Salmon

近郊の川に遡上するサーモンはバンクーバーの名産。スモークサーモン以外にもさまざまな加工品があるが、要冷蔵のものはお店で保冷包装のお願いを。

酒のつまみにびったりな一品。甘さと辛さがマッチしているキャンディ・ワイルド・サーモンC$15.99…A

保存料・添加物不使用のサーモンと塩だけで作られた缶詰 サーモンの缶詰C$5.49…H

◆サーモンの主な種類

チヌーク（キングサーモン）
太平洋北部にのみ生息するが年々数が減っている。脂がのっている。

ソーカイサーモン（紅鮭）
肉の赤身が濃く、旨みも濃厚。養殖ができないため希少価値あり。

コーホー（銀鮭）
一般的にサーモンといえばこちら。脂ののりも少なく、淡白な味。

味も素材もこだわる

Select3 ドリンク
Drink

多国籍シティのバンクーバーではドリンクの種類が豊富。味へのこだわりはもちろんのこと、オーガニック素材を使用するなど、材料や製法にもこだわった飲み物をみつけることができる。

カナダ生まれの紅茶ブランド。ラベンダーとミントが配合されたノンカフェイン・ルイボスティ（40g）C$10.99…**G**

ブリティッシュ・コロンビア州生まれのオーガニックで、フェアトレードのコーヒー ソルトスプリング・コーヒー C$15.99…**G**

人工香料を使わず、高品質のアッサム、セイロン、ルワンダの茶葉をブレンド イングリッシュ・ブレックファスト（50g）C$8.99…**E**

健康志向の人が多いバンクーバーで人気の発酵乳酸ドリンク。シュワっとさわやかなアップルライムジンジャー味（右）、レモンマンゴー味（左）各C$4.99…**B**

ナチュラル製品をみやげに

Select4 オーガニック製品
Organic Goods

バンクーバーならではの自然派グッズをみやげに。100%オーガニックで作られたコスメやスキンケアは女子的みやげの新定番。

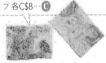

手作業で採取したハーブ、ベリーなどから作られた、化学物質を一切含まないボタニカル・ソープ 各C$8…**C**

100%ナチュラル素材で作られたバニラの香りのデオドラント。ビーバーのイラストが目印 C$11.99…**G**

天然エッセンシャル・オイルをたっぷり配合したデオドラント。フローラルの香り ナチュラル・デオドラント C$28…**C**

ココアバターなど保湿成分に、月見草やローズヒップを配合した敏感肌や乾燥肌向けのフェイシャル・ローション C$28.5…**C**

先住民に伝わる工芸品

Select5 ネイティブ系グッズ
Native Item

大切なものを保管するために先住民が使うベントウッド・ボックス。シーシェルトのコミュニティ出身の作家、Shain Jacksonの作品 C$79.99…**D**

ドリーム・キャッチャーやトーテムポールなど、先住民族に伝わるアイテムは、ユニークなものや実用品などさまざま

鹿の一枚革を使い、全て手縫いで作られたレザーシューズ。革細工アーティストDena Leonの作品 C$104.99…**D**

Check! メープル柄アイテム
カナダ国旗のメープル・リーフがモチーフのみやげも多数。バラマキみやげにいいかも。

キッズTシャツ C$12.99…**I**
遠くからでもよくわかる赤字に白メープル柄

動物キーホルダー C$4.99…**I**
木彫りのクマが国旗の色に！

先住民の伝統的なお守り、ドリームキャッチャーのペンダント。作家はMonague Native Crafts C$34.99…**D**

ココで買えます！

A カナディアン・クラフツ
Canadian Crafts MAP P137C3
DATA→P62

B アーバン・フェア
Urban Fare MAP P137C3
DATA→P64

C ソープ・ディスペンサリー
The Soap Dispensary and Kitchen Staples
DATA→P65 MAP P133B4

D ウィッカニニッシュ・ギャラリー
Wickaninnish Gallery
MAP P140A3 大判▶表-B5
DATA→P62

E セーフウェイ
Safeway MAP P141B4
DATA→P64

F メープルズ・シュガー・シャック
Maples' Sugar Shack
MAP P140A3 大判▶表-B5
DATA→P64

G ロンドン・ドラッグス
London Drugs MAP P136B3
DATA→P65

H ロングライナー・シーフーズ
Longliner Seafoods
MAP P140A3 大判▶表-B5
DATA→P64

I ハドソン・ハウス
Hudson House MAP P138B2
DATA→P62

カナダ発、人気ブランドを手に入れる!
アウトドアに夢中♥

スポーツ用品

アウトドアのアクティビティが盛んなバンクーバー。スポーツウエアやグッズの人気店が多い中でも、カナダを代表する3ブランドをご紹介!

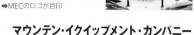

↑店内は迷ってしまいそうな広さ
➡MECのロゴが目印

おみやげにもぴったりな**ウォーターボトル**各C\$34.95

速乾性に優れたオーガニックコットンの**Tシャツ**C\$29.94

断熱レイヤーが熱を外に逃さない**ジャケット**(Arc'teryx)C\$430

マウンテン・イクイップメント・カンパニー
Mountain Equipment Company

MAP P133B3 大判▶表-F4

山遊び派にはたまらない!

バンクーバー発のアウトドアブランド。略して「MEC」とよばれる、ローカル御用達のブランドで、店舗はカナダに全25軒。大規模なのがここで、ウエアからテント、自転車などまで揃う。MECオリジナル以外にも有名ブランドの商品も扱っている。

DATA ⊗ ⑤Main Street-Science World駅から徒歩7分
⓪111 E 2nd Ave. ☎604-872-7858 ⑳10～21時(土・日曜は9～19時) ㊡なし
※購入時にはMECの会員登録が必要

靴下全体にクッション性があり歩きやすいC\$27.95

スーツケースのようにガバっと開く**リュック**(Osprey)C\$299.95

UPF 50+の保護機能付き**ハット**(Tilley Endurables)C\$98.95

軽量で通気性のよい**ジャケット**(Arc'teryx)C\$500

ご不明点は店員に相談ください。

長距離ハイキングでも使える**シューズ**(ALTRA)C\$189.95

ルルレモン・アスレティカ
Lululemon Athletica
MAP P141A2

世界中で愛されるヨガブランド

ヨガウェアといえばルルレモンといわれる人気ブランドの1号店のキツラノ店。シンプルで質のいいものが多く、ヨガウェアとしてだけでなく普段使いする人も多い。ロブソン通りにも店舗がある。

DATA→P60

爽やかな色合いが人気のTシャツC$58

カラー、デザインともに豊富なヘアバンドC$14〜18

スタイルアップしてくれそうなタンクトップC$68、スポーツ・ブラC$68

動きやすくランニングにぴったりのショート・パンツC$68

肌ざわりがよく動きやすいショート・パンツC$78

アークテリクス
Arc'teryx
MAP P137C3

本格志向のアウトドア用品

優れた機能とデザインで知られるバンクーバー発の登山やアウトドア用品のブランド。本格的なトレイルランニングや登山に適したウエアやギアから都会的で洗練されたデザインのタウンカジュアルまで幅広く扱う。

DATA ⊗ⓈBurrard駅から徒歩6分
⊕813 Burrard St.
☎604-416-1588
⊕10〜20時(日曜は〜19時) ⊛なし

柔らかい素材で通気性がよく軽量な防水ジャケット各C$500

メンズもレディスも揃っています

ウール素材の通気性に優れた靴下。長時間のアクティビティにも最適C$24

リサイクル素材を使用したバックパック。容量は20ℓ C$160

Check!

アークテリクス・ファクトリー・ストア
Arc'teryx Factory Store
MAP 大判▶表-F1

レアアイテムが見つかる!?

世界で唯一のアークテリクスのファクトリー・アウトレットがノース・バンクーバーの本社横にある。掘出し物もあるので、気になる人はぜひ。

DATA ⊗ダウンタウンから車で20分 ⊕2155 Dollarton Hwy., North Vancouver ☎604-960-3119 ⊕10〜18時 ⊛なし

街近なのに大自然満喫♡

キャピラノ渓谷＆
グラウス・マウンテンへGO！

バンクーバーの市街地からシー・バス＆バスで約45分。
こんなに近くに大自然が楽しめるポイントが点在して
いるのだから、行かなきゃもったいない！

═══ ACCESS ═══

ノース・バンクーバーへのACCESS

ダウンタウンのWaterfront駅からノース・バンクーバーの Lonsdale Quay駅までシー・バス（→P44）を使用。駅前のバスターミナルより236番のバスに乗り継げばキャピラノ吊橋やグラウス・マウンテンに行ける。

ここも オススメ！ ## ロンズデール・キー・マーケット MAP P132B2
Lonsdale Quay Market

ノース・バンクーバーのフェリー発着場に直結するSC。食料品のほか、雑貨や飲食店など約80軒以上。
DATA ⊗シー・バスLonsdale Quay駅
123 Carrie Cates Court, North Vancouver ☎ 604-985-6261
⏱9〜19時（店舗により異なる）❸なし

キャピラノ吊橋
Capilano Suspension Bridge
MAP P132B1

地上70mの空中散歩

針葉樹林の樹冠部に設けられたスリル満点の大吊橋。1889年、麻ひもと杉板で造られたのが始まりと、観光地としての歴史は古い。改築を重ねて、現在はワイヤー製の頑丈な橋となっている。歩くたびにゆらゆら揺れる吊橋は目もくらむような高さで、はるか下にキャピラノ川の流れと森林の緑が楽しめる。吊橋を渡った先は、森を散策するトレイル「ツリートップス・アドベンチャー」や先住民の文化にふれられる「キアパラノ」などがある。 **DATA**→P49

1人が乗るたびにゆらゆらと揺れてスリリング **2**吊橋を渡った先にも楽しみがいっぱい

↑オリジナル商品も扱うみやげ店「トレーディング・ポスト・ギフトショップ」

Check!

Activity
クリフ・ウォーク
Cliffwalk
キャピラノ渓谷の断崖絶壁に沿って設けられた木製の歩道。吊橋に負けず劣らずのスリルを満喫できる。
DATA キャピラノ吊橋と共通

Activity
ツリートップス・アドベンチャー
Treetops Adventure
地上約30m、小鳥やリスと同じ視点で森林を見渡せる空中遊歩道。ポイントになる木には展望デッキがある。
DATA キャピラノ吊橋と共通

View point
キャニオン・ルックアウト
Canyon Lookout
少し離れた場所から吊橋を見渡せるビュー・ポイント。吊橋を渡る手前、みやげ店の裏側にある。
DATA キャピラノ吊橋と共通

シー・バスで
Waterfront駅
へ12分

モデルコース　所要約3時間

1 ロンズデール・キー・マーケット
→ バスで30分
2 キャピラノ吊橋
→ バスで10分
3 グラウス・マウンテン
→ スカイライドで10分
4 山頂駅
→ スカイライド＆バスで45分
5 ロンズデール・キー駅

全長137m

高さ70m

グラウス・マウンテン　Grouse Mountain

MAP P132B1

バンクーバーの最高峰

"ザ・ピーク・オブ・バンクーバー"ともよばれる、バンクーバーの最高峰。標高は1230m。冬はスキー場、夏は観光スポットとして人気がある。15分ごとに運行するロープウエイ「スカイライド」に乗って山頂部に上ると展望台があり、バンクーバーの街はもちろんのこと太平洋までが一望のもと。レストランやカフェもあるので、夜は夜景を見ながら食事も楽しめる。　DATA →P49

スカイライドで展望台へ
山麓から標高約853m地点を約8分でつなぐロープウエイ。山頂部では木こりや鳥のショーが見られる。

↑45人か100人乗りのロープウエイで山頂部へ。夏場も夜は冷えるので、防寒を忘れずに

野生動物の宝庫
グラウス・マウンテンにいる野生動物にはコヨーテ、ハイイロオオカミなど、絶滅の危機に瀕しているものも少なくない。

→リスはよく出没するが、エサやりは厳禁

ナイスビュー

Check!

Trail

グラウス・グラインド
Grouse Grind

ゴンドラを使わずに、自力で標高差853mを上る本格トレイル。毎年約10万人が駆け登りに挑戦している。　DATA 入山自由 ※2023年9月5日～12月31日まで改修工事のため閉鎖。11～4月は閉鎖

Activity

ジップライン
Zipline

山頂部で楽しむ。ケーブルを伝い、木々の間を滑走。　DATA ⑩10～17時（季節によって異なる）㉕なし ㉚C$119～
URL www.grouse
mountain.com

Eat

オブザーバトリー
The Observatory

グラウス・マウンテン山頂部のレストラン。輝く街の灯を眺めつつ食事を。　DATA ☎604-998-5045 ⑩17～21時 ㉕なし ㉚夜C$80～

街のまわり方と市内交通

まわり方のポイント

> コツを覚えれば歩きやすい。

基準はロブソン&グランビル通り

バンクーバーの街は中心部(ダウンタウン)、北部(ノース・バンクーバー)、南部の3つに分けることができる。スタンレー・パークを除けばダウンタウンはあまり広くないので、観光やショッピング、食事などは徒歩でまわることができる。ダウンタウンの中心はロブソン通りとグランビル通りの交差点なので、2つの通りを基準に位置関係を覚えると歩きやすい。また、北部や南部のみどころへは、市バスやスカイトレイン、シー・バスを利用すれば30分ほどでアクセスできる。

街は基盤の目状に区画整理されているのでわかりやすい

住所表記を読み解く

通常、住所は番地と通りで表記される。交差点にある店やレストランならば、交差する通りも示していることもある。また、同じ建物に複数の店舗が入っている場合は、住所の前に#(ナンバー)を示していることもある。標識はほぼ通りごとに立っている。

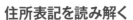

通り名の標識。小さい数字が番地

番地の偶数・奇数

住所表記が「1034 Robson St.」ならば、番地が偶数なので、ロブソン通りの西側。「1107 Robson St.」ならば、番地が奇数なので、ロブソン通りの東側にある。この法則はロブソン通りと平行する通りは同様。ロブソン通りと交差する通りの場合は、「779 Thurlow St.」ならばサーロウ通りの北側、「850 Thurlow St.」ならばサーロウ通りの南側に位置する、

という法則になる。番地は奇数と偶数で通りの両側に位置していると頭に入れておけばいい。

車の通行量が多いので、横断歩道の信号は守って

アクセス早見表

> 便利な行き方がすぐわかる

	ロブソン通りへ	ギャスタウンへ
ロブソンスクエアから	**ロブソン通り** → P16、18 MAP P136~137-A~D3	Robson St. x Granville St. ↓バス20番で約6分 Hastings St. x Homer St.
ギャスタウンから蒸気時計	Richards St. x Hastings St. ↓バス10番で約6分 Robson St. x Howe St.	**ギャスタウン** → P16、20 MAP P138~139-A~D2
グランビルアイランドから	W. 2nd Ave. x Anderson St. ↓バス50番で約13分 Granville St. x Smithe St.	W. 2nd Ave. x Anderson St. ↓バス50番で約17分 Cordova St. x Seymour St.
キツラノからW.4th Ave x Arbutus St	W. 4th Ave. x Arbutus St. ↓バス7番で約13分 Granville St. x Smithe St.	W. 4th Ave. x Arbutus St. ↓バス4、7番で約20分 Cordova St. x Abbott St.
サウス・グランビルからGranville St x Broadway	Granville St. x 10th Ave. ↓バス10番で約9分 Granville St. x Smithe St.	W. 5th St. x Granville St. ↓バス50番で約20分 Cordova St. x Homer St.
キャピラノ吊橋から		Ridgewood Dr. x Norcross Way ↓バス236番で約23分 Lonsdale Quay駅 ↓シー・バスで約12分 Waterfront駅
グラウスマウンテンから		Grouse Mt. ↓バス236番で約30分 Lonsdale Quay駅 ↓シー・バスで約12分 Waterfront駅

※"Robson St. x Howe St." はバス停のある交差点を示しています。

主な交通機関

交通機関	料金	運行時間	避けたい時間帯	バス利用
バス	全エリア均一 C$3.15	5時〜翌1時ごろ。中心部を運行するバスのほとんどは、早朝や深夜は運行間隔が30〜60分になる。深夜は別路線でナイトバスも運行	深夜にバスで郊外に行くのは禁物。16〜18時は混雑している	○
スカイトレイン	スカイトレインとシー・バスは3ゾーン制になっている。バンクーバー市内は1ゾーンなのでC$3.15、ノース・バンクーバーや空港からは2ゾーンなのでC$4.55。	路線により異なるが、5時すぎ〜翌1時ごろまで運行。いずれも日曜は終電が1時間早く、週末は運行本数が減る	無人運転なので利用者の少ない22時以降の利用は避けよう	○
シー・バス	空港からは追加料金 C$5がかかる。同じゾーン内であれば90分以内は乗換無料。	ウォーターフロント駅発6時16分、最終便翌1時22分、ロンズデール・キー駅始発6時2分、最終便翌1時。日曜は始発が遅く、最終便が早くなる	夜間の利用は避けよう	○
タクシー	メーター制。初乗り C$3.50。以後1km ごとに C$2.3加算	電話で呼び出すのが一般的。夜中に利用する場合は予約しておこう	朝9時前後と夕方16時前後は、ダウンタウンの道路は少し込み合う	×

グランビルアイランドへ	キツラノへ	サウス・グランビルへ	キャピラノ吊橋へ	グラウスマウンテンへ
Granville St. x Robson St. ↓バス50番で約12分 W. 2nd Ave. x Anderson St.	Granville St. x Robson St. ↓バス4、7番で約13分 W. 4th Ave. x Arbutus St.	Granville St. x Robson St. ↓バス10、16番で約13分 Broadway x Granville St.	Georgia St. x Granville St. ↓バス246番で約25分 Capilano Rd. x Norcross Way	Georgia St. x Granville St. ↓バス246番で約23分 Capilano Rd. x Woods ↓バス236番で約10分 Grounse Mt.
Water St. x Abbott St. ↓バス50番で約17分 W. 2nd Ave. x Anderson St.	Hasting St. x Abbott St. ↓バス4、7番で約20分 W. 4th Ave. x Arbutus St.	Water St. x Abbott St. ↓バス50番で約15分 Cloverleaf x Granville St.	Waterfront駅 ↓シー・バスで約12分 Lonsdale Quay駅 ↓バス236番で約20分 Capilano Rd. x 3600 Blk.	Waterfront駅 ↓シー・バスで約12分 Lonsdale Quay駅 ↓バス236番で約26分 Grouse Mt.
グランビル・アイランド → P17、28 **MAP** P140下図 大判 表	Granville Island ↓徒歩約10分 W. 4th Ave. x Fir St. ↓バス4、7番で約3分 W. 4th Ave. x Arbutus St.	W. 2nd Ave. x Anderson St. ↓バス50番で約4分 W. 5th Ave. x Granville St. または徒歩約5分		
W. 4th Ave. x Arbutus St. ↓バス4、7番で約3分 W. 4th Ave. x Fir St. ↓徒歩約7分 Granville Island	**キツラノ** → P17、26 **MAP** P141上図	W. 4th Ave. x Arbutus St. ↓バス4、7番で約5分 W. 5th Ave. x Granville St.		
Granville St. x Broadway ↓バス10、16番で約10分 W. 2nd Ave. x Anderson St. ↓徒歩約5分 Granville Island または徒歩約20分	Broadway x Granville St. ↓徒歩約6分 Cloverleaf x Granville St. ↓バス4番で約10分 W. 4th Ave. x Arbutus St.	**サウス・グランビル** → P17 **MAP** P133-A〜B3	Granville St. x Broadway ↓バス16番で約22分 Cordova St. x Seymour St. Waterfront駅 ↓シー・バス約12分↑	Lonsdale Quay駅 ↓バス236番 Capilano Rd. x 3600 Blk.(約18分、キャピラノ吊橋)、Grouse Mt.(約25分、グラウスマウンテン)
			キャピラノ吊橋 → P36、49 **MAP** P132-B1	Capilano Rd. x 3600 Blk. ↓バス236番で約7分 Grouse Mt.
			Grouse Mt. ↓バス236番で約13分 Capilano Rd. x Edgemont Blvd.	**グラウス・マウンテン** → P37、49 **MAP** P132-B1

キャピラノ吊橋

グランビル・アイランド

［　バ　ス　］

ダウンタウンから郊外まで、バンクーバーの公共交通機関の中心はバス。料金は全エリア均一でC\$3.15。バス停によっては時刻表があるが、渋滞などで時間通りには運行していないことが多いため観光での利用は時間に余裕を持って。車内は冷暖房完備だが、新しい車両と古い車両が混在する。利用者が多い路線では2両連結のバスも運行している。

電気式ハイブリッドバスが近年導入されている

便利な路線

2・N22・44番	ダウンタウンのバラード通りを運行しており、44番はキツラノやUBC方面へ行ける。
4・7番	グランビル通りからグランビル・アイランドを通ってキツラノ4番通りを運行。
5番	ダウンタウンのロブソン通りを運行。デンマン通りやジョージア通りへも行ける。
19番	チャイナタウンのあるベンダー通りを経由してスタンレー・パーク内へ運行。
50番	ダウンタウン中心部からグランビル・アイランド方面へ運行。
236番	ノース・バンクーバーのロンズデール・キー駅発着の路線で、キャピラノ吊橋、グラウス・マウンテンなどノース・バンクーバーのみどころへ行ける。
10番	ダウンタウン中心部からグランビル通りを走り、グランビル・アイランド、バン・デューセン植物園方面へ行ける。

路線の種類

本誌P142にバス、スカイトレイン、シー・バスの路線図を掲載。バスは主に通常運行のレギュラールート(オレンジで表記)と特定の曜日や時間帯に運行するリミテッドルート(茶色で表記)がある。そのほか、Bラインという急行バス(紫で表記)や深夜バスも運行している。路線は変更される場合があるので、最新の情報は運営会社であるトランスリンク社のホームページで確認を。

🌐www.translink.ca

⭕ 便利なコンパス・カードを活用しよう

バンクーバーのバス、スカイトレイン、シー・バスはトランスリンクが運営しており、共通のチケットで利用することができる。チケットは、1回券の「コンパス・チケット」と、1日乗り放題になる「デイ・パス」、ICカード式の「コンパス・カード」の3種類がある。コンパス・チケットは1回(90分)限り有効のシングル・チケットで、ゾーン1はC\$3.15、ゾーン2はC\$4.55。同じゾーン内であれば、相互乗り換えが可能だ。「デイ・パス」はC\$11.25。「コンパス・カード」は作成するのにC\$6のデポジットが必要だが、ゾーン1がC\$2.55、ゾーン2がC\$4.55と割安になる。また、1日券をコンパス・カードに追加することも可能だ。コンパス・カードへのチャージは駅の券売機、ネット上でクレジットカードでの入金、ロンドンドラッグスで行える。購入は、駅の自動券売機で。不要になったコンパス・カードはスカイトレインのカスタマーサービスに持って行けば、デポジットを返金してもらえる。

白いカードはシングル・チケット

バスに乗ってみよう

① カードを購入する

公共交通機関をたくさん利用する場合は、バスに乗る前にコンパス・カード(→P40)をあらかじめ購入すると便利。コンパス・カードは、スカイトレインやシー・バスの駅に設置されている自動券売機で購入する。ただし、乗り換えをする予定がなければ、現金でもOK。バスではつり銭の用意はないので、ぴったりの小銭を用意しておこう。

車椅子でも利用できるリフト付きバスには、車体の前に車椅子マークが表示されている。

こんなサインのみのバス停もある

② バス停を探す

ダウンタウンでは、バス通りの各ブロックに1カ所ずつバス停がある。バス停は屋根付きのものからバスストップと書かれた柱だけの場所までさまざまで、日本のようなバス停名はない。ダウンタウンにあるおもなバス停には路線番号と行き先が記された看板が立っていることが多い。路線図でバス通りを確認してから、バス停を探そう。

こちらは屋根付きのバス停

③ 路線を確認する

バス停の看板に記された行き先と路線番号が、利用したい路線と合っているかを確認してバスを待とう。路線によっては時刻表があまり当てにならないこともあり、長い時間待たされた挙句に2台ほぼ同時に来るということもよくある。

一つのバス停に複数のバスが停まることがあるので、バスが来たら表示されている路線番号を必ず確認しよう

④ バスに乗る

前のドアから乗車する。降りる人が優先なので、慌てて乗り込まないこと。バスを待っている間、なんとなく列を作って待っていることが多いので、順番に乗車する。基本的にはレディ・ファーストなので、男性はマナー違反にならないように気をつけよう。乗車の際、ドライバーに自分の目的地に行くかどうか確認しておくと安心だ。親切なドライバーなら、降りる場所に到着したときに声をかけてくれる。現金で乗車した場合は従来の紙のチケットが提供されるが、スカイトレインやシー・バスへの乗り換えはできないので要注意。

バスは前から乗る

○ 自動券売機でのコンパス・チケットの買い方

❶画面をタッチすると、下部に言語選択表示がでてくるので「日本語」を選択する。次の画面ではもう一度言語選択を求められるので、再び「日本語」のボタンをタッチしよう。

❷1回券でも、デイパスの場合でも、画面右上の「単一チケットを購入する」をセレクトする。旅行者向けの白色コンパス・チケットはチャージ式ではないので、その他の表示は関係ない。

❸1回券の場合は左上の「1ZoneC$3.15」、デイパスは左下の「DayPassC$11.25」を選択する。該当ボタンをタッチすると支払い画面に切り替わるので、現金かクレジットカードで支払えばOK。

※コンパス・チケットは90分まで乗り換え可能で、駅の改札口やバス乗車時にタップした瞬間から有効になる。

⑤ 料金を支払う

現金で乗車する場合はステップを上がってすぐ、ドライバーの右側にある料金支払機に小銭を入れる（1ゾーンC$3.15）。コンパス・カードの場合は電子版にタップして乗車する。

コンパス・カードは乗車時にタップ

ここにコインを入れる

⑥ 車内で

料金を支払ったら、なるべく車内の奥のほうに進む。席が空いていたら座ってもよいが、乗車口近くの席は年配者やハンディキャップ優先席なので、年配者が近くに立ったら席を譲ろう。車内では乗換え場所やグランビル・アイランドなどの降りる人が多い場所ではアナウンスがある。

バス停のアナウンスはない場合が多いので注意

⑦ 降車まで

バスはブロックごとにある停留所に停まりながら運行する。渋滞でなかなか進まないこともある。また、車内が満員の場合、降りる人がいないバス停には停まらないこともある。ひとつひとつの停留所のアナウンスはないので、外の景色を眺め、過ぎ行く通り名をチェックしていると安心だ。窓枠に渡されているヒモを引っ張ると「STOP」のサインが点灯し、次の停留所で停まる。

このヒモを引っ張ればOK ヒモではなくボタン式のバスもある

降りるときは基本的に後ろから

⑧ 降車する

バスが停まったら、後ろのドアから降りる。前のドアの方が近い場合は前のドアから降りることもできる。乗車の際にドライバーに行き先を告げておくと、下車する少し前に教えてくれる。前のドアから降りる際には、ドライバーに「サンキュー」のひと言を。人によっては後ろのドアから降車する際にも「サンキュー」と言っていることもある。コンパス・カードの場合、タップは必要ない。

コンパス・カードの登場で、紙のチケットはバスのみでしか利用できなくなった

○ 従来のチケットは乗り換えNG

バスに現金払いで乗車する場合は、車内で従来の紙のチケットを提供される。ただし、このチケットではスカイトレインやシー・バスへの乗り換えができないので、乗り換えの予定がある場合は、あらかじめコンパス・カードを購入しよう。またシステム上の都合で、バスのみ料金は一律C$3.15、降車時のタップも必要ない。

○ 乗車＆降車時の注意点

●治安に関する注意点
バスの車内は基本的に安全だが、夜間はドライバーの近くが安心。降車した場所が中心部から外れている場合は注意が必要。特にチャイナタウン周辺は日中でも治安がよくないので気をつけよう。
●帰りのバスはどこから乗るか？
郊外へ行った場合、帰りのバスはどこで乗るのか、降車の際にドライバーに聞いておくこと。ダウンタウンなど中心部のようにわかりやすいバス停がなく、夜は暗く

ドライバーは親切な人が多い

なるので、バス停を探しにくくなる。
●マナーを守る
乗車は順番で基本はレディ・ファースト。入口近くの席は年配者やハンディキャップの人の優先席。

スカイトレイン

コンピューター制御
による無人運転

スカイトレインは無人運転の電車で、現在3路線が運行されている。どの路線もダウンタウンにあるウォーターフロント駅が起点で、エキスポ・ラインはサーレー市のキング・ジョージ駅、ミレニアム・ラインはバーナビー市を周回してVCC-クラーク駅、カナダ・ラインはバンクーバー国際空港(→P114)とリッチモンド市とを結んでいる。ダウンタウンでは地下を走るが、そのほかの地域では高架となる。

新型車両もある

スカイトレインに乗ってみよう

❶ 駅を探す

ダウンタウンにあるスカイトレインの駅は5つだけなので、大まかな場所を把握しておけばすぐにみつけることができる。目印は青と白の柱のような看板。エスカレーターを降りて駅へと向かう。

この①が
目印

ウォーターフロント駅の地下への入口

❷ カードを購入する

駅の自動券売機でコンパス・カードを購入する(購入方法は→P41)。利用の予定に合わせて、90分乗換自由の1回券か1日使い放題のデイパスかを選ぼう。コンパス・カードを購入したら改札口で電子版にタップ(タッチ)してホームへ入る。非接触型クレジットカードでの乗車も可能に。

改札口でコンパス・
カードをタップし
て入る

❸ 乗車する

ホームに着いたら、行き先を確認して電車が来るのを待つ。電車が到着したらすみやかに乗車。

ドアは自動開閉。2
～5分間隔で運行し
ているので、駆込み
乗車はしないように

❹ 下車する

各駅に停車し、ドアは自動で開閉する。改札を出る時もコンパス・カードをタップする。1回券の場合、90分以内ならばバス、スカイトレイン、シー・バスへの乗り換えは自由。

構内にある出口案内の例。
周辺の主要スポット名を
記してある

駅名表示は構内の壁にある

ウォーターフロント駅の地上
出口案内。シー・バス乗換口
に連絡している

○ 乗り降り自由の観光トロリー&バス

市街を周回するトロリー&バスも便利。イエールタウンやギャスタウンなど市内のみを回るシティルートと、スタンレーパークまで行くパークルートがある。乗り降り自由の1日券のほか、観光名所の入館料とセットになったお得なチケットも。

●ホップオン・ホップオフ・サイトシーイング　Hop-On, Hop-Off Sightseeing
圖1周約60分。20分毎に運行。　圖1日券C$65～
圖https://www.westcoastsightseeing.com

シー・バス

ダウンタウンのウォーターフロント駅とノース・バンクーバーのロンズデール・キー駅を15〜30分間隔で運航するフェリー。所要約12分。ライオンズ・ゲート・ブリッジの渋滞緩和のために誕生した通勤用の交通手段だ。料金は2ゾーンなのでC$4.55。

15〜30分に1本の割合で運航

シー・バスに乗ってみよう

① 駅でカード購入

駅には自動券売機があるので、コンパス・カードはここで購入する。

ウォーターフロント駅の乗船入口

② 乗船する

スカイトレインと同様、乗船入口でコンパス・カードをタップして船へと向かう。

ロンズデール・キー駅の乗船入口

所要12分の船旅

③ 下船する

駅に着いたら順番に船から下りる。出口でコンパス・カードをタップする。ウォーターフロント駅、ロンズデール・キー駅ともにバス乗り場に直結しているので便利。

ロンズデール・キー駅を出て、直進するとバス乗り場がある。キャピラノ吊橋へはここでバスに乗り換える

ロンズデール・キー駅を降りて右手にショッピングモールのロンズデール・キー・マーケット（→P36）がある

○ ミニ・フェリー

観光客向けに、主要スポットを結ぶミニ・フェリーも運航している。ダウンタウンからグランビル・アイランドへの航路では、ちょっとした小旅行気分を味わえる。

●フォールス・クリーク・フェリー
　False Creek Ferry
12人乗り。停泊場所はザ・ビレッジ / イエールタウン / スパイグラス・プレイス /スタンプス・ランディング/ グランビル・アイランド /アクアティック・センター /マリタイム・ミュージアムなど。5〜30分おきに運航。料C$6.50〜11

●アクアバス　Aquabus
フォールス・クリーク内を運航。停泊場所はホーンビー通りの南端、グランビル・アイランド、イエールタウンなどで、5〜15分おき（路線により異なる）に運航。料C$3.75〜9

かわいらしいアクアバス

○ バスに乗り換える

キャピラノ吊橋やグラウス・マウンテンなど、ノース・バンクーバーのみどころへはバスを利用する。基本的な乗り方はダウンタウンと同じ。ダウンタウンからバスに乗る場合は、バスのみの均一料金C$3.15になる。

グラウス・マウンテン行きのバス。キャピラノ吊橋へは246番のバスも利用できる

タクシー

黄色やオレンジの車体が多い。ダウンタウン以外では、流しのタクシーは少ないので、ホテルの前やスカイトレインの駅前などで客待ちしているタクシーを利用するのが一般的。料金はメーター制で、初乗りC$3.50。以後1kmごとにC$2.30加算される(タクシー会社により異なる)。深夜の割増料金はない。

スカイトレインの駅前に待機している

タクシーに乗ってみよう

❶ タクシーを探す

ホテルからタクシーに乗る場合は、ドアマンに伝えればタクシーを呼んでくれる。中級以上のホテルであれば、常時タクシーが待機している。レストランなどの帰りに利用する場合は、店の人に申し出ると手配してくれる。流しのタクシーの場合は、車体上のランプが点灯していれば空車。

車体上のタクシーマークが目印

❷ 乗車する

日本のように自動ドアではないので、自分で開け閉めして後ろの席に乗車する。乗車したら、行き先をドライバーに告げる。ドライバーはインドなど外国人も多いので、わかりにくい場所に行くときは住所と名称または最寄りの交差点名などを紙に書いて渡すと安心。車内は禁煙、エアコンは完備されている。

端数は切り上げてチップにしてもよい

❸ 下車する

目的の場所に着いたら支払いをして下車する。支払いの際にはメーターに表示された料金の15%程度(C$8程度までならC$1)のチップを忘れずに。希望すれば、領収書を発行してくれる。領収書にはタクシー会社の電話番号が記載されているので、忘れ物をしたときやタクシーを呼ぶときに便利だ。下車する際は忘れ物がないかどうかもう一度確認をしよう。

○ 水上飛行機

バンクーバーのコール・ハーバーにあるハーバー水上空港とビクトリア(→P70)のインナー・ハーバーを所要約35分で結んでいる。小型飛行機ならではの迫力あるフライトを楽しめる。運航便数は1日20～30便、基本料金はC$185～くらい(時期により異なる)。要事前予約。

●ハーバー・エア・シープレインズ
Harbour Air Seaplanes
www.harbourair.com

ハーバー水上空港の水上飛行機

キホン英会話・交通編

このバスは○○に行きますか?
Does this bus go to ○○ ?
ダズ ディス バス ゴウ トゥ ○○

帰りのバス停はどこですか?
Where should I wait when I want to go back?
ゥエア シュダイ ゥエイト ゥエナイ ワント トゥ ゴゥ バック

○○へ行ってください。
To ○○○, please.
トゥ○○ブリーズ

釣りはとっておいてください。
Keep the Change, please.
キープ ザ チェインジ プリーズ

観光スポット

街中の観光名所や施設に加え、ほんの少し郊外に足を延ばせば大自然も満喫できるのがバンクーバー。自由自在に行きたいところを選ぼう！

ロブソン通り周辺　　MAP P137D3　大判▶表-E3

バンクーバー美術館
Vancouver Art Gallery

カナディアンの絵画作品や先住民族の工芸品を展示

カナダを代表する女性アーティスト、エミリー・カーのコレクションで有名な美術館。エミリー・カーのほかには、グループ・オブ・セブンなどのカナダ人アーティストの作品や、先住民族の工芸品などを展示している。土曜と日曜に所要約30分〜1時間の館内ツアー（英語）も実施しているので、参加してもいい。シーズンごとの企画展も、規模は小さいながらも評判。また、2階にあるビストロはローカルにも人気で、ビストロのみの利用もできるので、観光の合間にも利用したい。ギフトショップはおみやげ選びにおすすめ。（→P19）

DATA ⊗ Ⓢ Vancouver City Centre駅から徒歩3分 ⊕750 Hornby St. ☎604-662-4700 ⊕10〜17時（木・金曜は〜20時）⊛火曜 ⊛C$29（毎月第1金曜の16〜20時は無料）⏲30〜120分

ユニークな企画展も多い

エミリー・カーの作品が並ぶ4階

目玉焼きとフライドポテト付きカナダ産ステーキC$28

ベイエリア　　MAP P138A2　大判▶表-E2

カナダ・プレイス
Canada Place

真っ白な5つの帆が目印

バラード入江に浮かぶ豪華客船のような建物は、1986年の万博の際に建設された複合施設。コンベンションセンター東棟、クルーズ船のターミナル、ホテルのフェアモント・パシフィック・リム（→P67）などがある。メインの展示場を覆う5つの白い帆が特徴だ。入江に面したプロムナード（遊歩道）は散歩に最適で、カップルや家族連れでいつも賑わっている。（→P21）

DATA ⊗ Ⓢ Waterfront駅から徒歩2分 ⊕999 Canada Place ☎604-665-4700 ⊕各施設により異なる ⊛各施設により異なる ⏲30分

万博の際はカナダ館として使用された

建物自体が豪華客船のようで美しい

ベイエリア　　MAP P138B3　大判▶表-E3

ハーバー・センター（ルックアウト）
Harbour Centre(Lookout)

バンクーバーのランドマーク的存在

バンクーバーでも高さを誇るハーバー・センターの最上階が地上168mの展望室ルックアウト。ビルの外側に取り付けられたエレベーターで、ノース・バンクーバーの山並みを眺めながら昇る。展望室からは360度の大パノラマが広がり、晴れた日にはビクトリアまで見渡せる。チケットは1日有効なので、昼も夕暮れ時も楽しめる。（→P21）

DATA ⊗ Ⓢ Waterfront駅から徒歩2分 ⊕555 W. Hastings St. ☎604-689-0421 ⊕10〜19時（季節により異なる、トップ・オブ・バンクーバーは11時30分〜15時、17〜22時、曜日により異なる）⊛なし ⊛C$18.25（1日有効）⏲30分

街の構造を把握するのにも最適な展望室

ひときわ目立つルックアウト

Ⓢ 世界遺産　必見！　眺望抜群
⏲30分 所要時間30分程度　⏲30〜120分 所要時間30〜120分　⏲120分以上 所要時間120分以上

ロブソン通り周辺　　MAP P135C3　大判▶表-E3

バンクーバー中央図書館
Vancouver Public Library

都会の知的空間でホッとひと息くつろぐ

ローマのコロッセオを彷彿とさせる円筒形のモダンな建物。デザインはイスラエル出身でモントリオール在住のモシュ・サフディ氏によるもので、1993年から2年4カ月をかけて完成した。9階建てのうち7階までが図書館で、蔵書は130万冊を超える。各フロアにはデスクとチェアのほか、ソファもあり、ゆったりとくつろぎながら知的な時間が過ごせる。コンコースのカフェもおすすめ。

DATA ⊗ ⑤Vancouver City Centre駅から徒歩5分 ⊕350 W Georgia St. ☎604-331-3603 ⊕9時30分～20時30分（金曜は～18時、土・日曜は10～18時） ⊛祝日 ～30分

中央コンコースにはカフェやギフトショップが並ぶ

映画にも登場したことがある美しい外観

エミリー・カー　Emily Carr（1871～1945年）

ビクトリア出身。カナダで最も有名な女性画家。アラスカやカナダの先住民族の文化に影響を受け、カナダ西海岸の風景や先住民族の村を描いた。1920年代に出会ったグループ・オブ・セブンのサポートによって高い評価を受け、「カナダの現代美術の母」ともよばれるようになった。カーの作品はバンクーバー美術館で見られるほか、ビクトリアにある生家は一般公開されている。

ビクトリアにあるエミリー・カーの銅像

グループ・オブ・セブン　Group of Seven

カナダ人の画家7人によって設立されたアーティスト・グループ。1920年代を中心に活躍した。静寂の湖や山々など、カナダの大自然をみごとに表現した作品が高く評価されている。J.E.Hマクドナルド、ローレン・ハリス、フランク・カーマイケル、フランク・ジョンストン、アーサー・リズマー、A.Y.ジャクソン、フレデリック・バーリーが主なメンバー。

ベイエリア　　MAP P138A2　大判▶表-E2

フライ・オーバー・カナダ
FlyOver Canada　[眺め]

大迫力のアトラクション

巨大スクリーンに映し出されるカナダ上空を、実際にヘリコプターに乗っているかのように遊覧する人気アトラクション。臨場感抜群で楽しめる。季節限定の映像の上映もある。

DATA ⊗Waterfront駅から徒歩5分 ⊕カナダ・プレイス（→P46）内 ☎855-463-4822 ⊕9時30分～22時 ⊛なし ⊕C\$38 ～30分

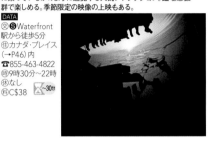

バンクーバー中心部　　MAP P134A4　大判▶表-C3

バンクーバー博物館
Museum of Vancouver　[必見][眺め]

湾を守るというカニの像が目印

バンクーバーと先住民族の歴史について紹介している博物館。先住民族のコーナーでは、各部族のマスクや森にある杉などで作られた生活用具を展示している。

DATA ⊕2番 Cypress St.から徒歩6分 ⊕1100 Chestnut St. ☎604-736-4431 ⊕10～17時（木～土曜は～20時） ⊛なし ⊕C\$20 120分以上

フォールス・クリーク周辺　　MAP P135D4　大判▶表-F3

テルアス・ワールド・オブ・サイエンス
TELUS World of Science　[眺め]

科学と技術のエンターテイメント施設

1986年エキスポの際のパビリオン。ユニークな展示で遊びながら科学にふれることができる（→P27）。展示のほかに、プラネタリウム、IMAXシアターなどがある。

DATA ⊗⑤Main St-Science World駅から徒歩3分 ⊕1455 Quebec St. ☎604-443-7440 ⊕10～17時（季節により異なる） ⊛なし ⊕C\$33.20 30～120分

プチ情報　ノース・バンクーバーとダウンタウンを結ぶシー・バスはハーバー・センターの近くのウォーターフロント駅から発着している。

周辺&郊外

スタンレー・パークをはじめ、ダウンタウン周辺には公園や植物園などが点在している。ノース・バンクーバーには大自然を満喫できる名所が多い。ダウンタウンとはシー・バスで結ばれているので、日帰りで十分楽しめる。

スタンレー・パーク 　　MAP P141下　大判▶表-D1

スタンレー・パーク
Stanley Park

広大な敷地面積を誇る都会のオアシス

ダウンタウンの北西、日比谷公園の約25倍・およそ400haもの広大な公園。外周約10kmのサイクリングロードをはじめ多くの施設が点在。カナダ最大規模の「バンクーバー水族館(→P23)」では約6万5000種以上の生物が見られる。人気の記念撮影スポットになっているのが「トーテムポール・パーク(MAPP141-B4)」。B.C.州の先住民族によるトーテムポールが立ち並んでいる。3～11月は観光馬車(所要約1時間、C$68)も運行。(→P23)

DATA ⊗ⓑ19番終点 ⓟ無料
●バンクーバー水族館／
ⓐ845 Avison Way／
☎778-655-9554
ⓗ9時30分～17時30分
ⓗなし
ⓟC$39.95

公園というより森のような広大な自然が広がっている

トーテムポール

パーク内の観光案内所。公園の地図をもらおう

バンクーバー市郊外 　　MAP P133B4

クイーン・エリザベス・パーク
Queen Elizabeth Park

温室には500種類もの熱帯植物が

石切り場だった場所を利用して作られた、小高い場所に立つ公園。ドーム型のブローデル温室には熱帯植物の中に100羽の鳥も。

DATA ⊗ⓑ50番 Cambie St. x31 Ave.から徒歩5分 ⓐ4600 Cambie St. ☎604-873-7000 ⓗ10～18時(1・2・11・12月は～16時、3・10月は～17時) ⓗなし ⓟC$7.40 (ブローデル温室)

スタンレー・パーク周辺 　　MAP P141A3

ライオンズ・ゲート・ブリッジ
Lions Gate Bridge

たもとに2頭のライオン像が座っている

ダウンタウンとノース・バンクーバーを結ぶ全長1823mの吊橋。1938年にサンフランシスコのゴールデン・ゲート・ブリッジを参考にして設計されたもので、橋の両側には名前の由来になっているライオンの像が鎮座する。スタンレー・パークの北端高さ61mに位置する崖の上のビュー・スポット「プロスペクト・ポイント」からの橋の眺めは壮観だ。

DATA ⊗ⓑ19番終点から徒歩30分

スタンレー・パークのトレイルから見上げた橋。下から見ると大迫力だ

街を代表する景色のひとつ

バンクーバー発祥の地 ギャスタウン

1867年にジャック・デイトンという人物が材木職人相手のパブを開き、人が集まるようになったのが街の起源。ジャックのあだ名、ギャッシー(おしゃべり)・ジャック「ギャスタウン」の名の由来。キャンビー通りとの交差点近くに立つ蒸気時計(MAPP135D2／大判▶表-F3)は街のシンボル。1977年、一度は廃れた街が歴史地区として見直され、観光名所として生まれ変わった記念に造られた。15分ごとに蒸気を吹き上げ、ホイッスルで時を知らせている。

1 石畳の美しい街並み
2 汽笛を鳴らす蒸気時計
3 多くのレストランやカフェが揃う

 世界遺産　 必見!　 眺望抜群
所要時間30分程度　所要時間30～120分　所要時間120分以上

バンクーバー西　　MAP P132A3

UBC人類学博物館
The Museum of Anthropology

世界の民族学的資料を展示

1949年の設立。カナダ西部で最大の大学、ブリティッシュ・コロンビア大学(UBC)内にあり、トーテムポールの展示や地元の先住民族によるアートなど、約53万5000点に及ぶ民族学・考古学的収蔵物を誇る。多くはブリティッシュ・コロンビア州の北西部沿岸地域から集められたもので、カナダ人建築家アーサー・エリクソンが設計した建物に展示されている。キャンパス内の移動はコミュニティ・バス68番が便利。**DATA** ⊗ Ⓑ14番 UBC ⓐ6393 N.W. Marine Dr.から徒歩2分 ☎604-822-5087 ⓗ10～17時(火曜は～21時) ⓗ2023年後半まで耐震補強工事のため一時閉鎖 ⓨC$18

ミュージアムショップやカフェも要チェック

2011年にカナダで最も素晴らしい建築物のひとつに選ばれた

ノース・バンクーバー　　MAP P132B1

グラウス・マウンテン
Grouse Mountain

ノース・バンクーバーに堂々とそびえる

標高約1230mのバンクーバー最高峰。頂上の展望台までは100人乗りのロープウエイに乗り、およそ10分で到達する。展望台のある「ピーク・シャレー」からは、バンクーバー市街の素晴らしい眺めを堪能することができる。レストランもあるので、景色を楽しみながらの食事もおすすめ。夏はハイキングやユニークなショー、冬はスキーやスノーボードなど、各種アクティビティも楽しめる。(→P37) **DATA** ⊗ Ⓑ236番終点 ⓐ6400 Nancy Greene Way, N.Vancouver ☎604-980-9311 ⓗ9～21時 ⓗなし ⓨ往復C$75(スカイライド)

ロープウエイに乗って頂上へ

バラード入江やバンクーバー市街を一望

ノース・バンクーバー　　MAP P132B1

キャピラノ・サーモン・ハッチェリー
Capilano Salmon Hatchery

産卵期には川をのぼる鮭の姿が

キャピラノ川のダム建設の際に鮭の遡上を妨げてしまったために作られた鮭の人工孵化施設。放流の工程を見学できる。

DATA ⊗ Ⓑ236番 Capilano Salmon Hat-cheryからすぐ ⓐ4500 Capilano Park Rd., N.Vancouver ☎604-666-1790 ⓗ8～20時(11～3月は～16時。時期により異なる) ⓗなし ⓨ入館無料

バンクーバー市郊外　　MAP P133A4　大判▶表-E2

バン・デューセン植物園
VanDusen Botanical Garden

四季折々の花にあふれる心うるおす憩いのガーデン

ダウンタウンの南方にあるバンクーバー最大規模の庭園。広大な敷地内は季節ごとに咲く色とりどりの花や緑に包まれ、スタンレー・パークと並ぶ市民の憩いの場となっている。春のキバナフジ、夏のバラ、秋の紅葉など、7500種以上の植物が生息、冬にはキラキラと輝くクリスマス・イルミネーションも楽しめる。散策コースが設けられているので、時間をかけてゆっくり歩いてみたい。**DATA** ⊗ Ⓑ17番 Van Dusen Botanical Gardenから徒歩1分 ⓐ5151 Oak St. ☎604-257-8463 ⓗ9～17時(11～2月は10～15時、3～5月・9月の月～水曜・10月は10時～、6月1～8の金～日曜・6月9日～7月の金・土曜・8月の金～土曜は～18時、8月の木曜は19時、6月9～18日は～19時、9月の金～日曜は～18時、9月の木曜は10～19時) ⓗなし ⓨC$12.30(11～3月はC$8.90)

季節ごとの花々が楽しめる

ノース・バンクーバー　　MAP P132B1

キャピラノ吊橋
Capilano Suspension Bridge

楽しさも迫力も満点

1889年に誕生したバンクーバー最古の名所。全長137m、地上70mに架かる吊橋。ダウンタウンから無料のシャトルバスあり。**DATA** ⊗ Ⓑ236番 Capilano Suspensionから徒歩1分 ⓐ3735 Capilano Rd., N.Vancouver ☎604-985-7474 ⓗ8時30分～19時(季節により異なる) ⓗなし ⓨC$66.95

チャイナタウンの名物ビル

チャイナタウンの隠れた名所として知られるのが、"世界一薄い商業ビル"としてギネスブックに登録されているサムキー・ビルSam Kee Building。隣のビルにくっつくように建っているので、見逃さないように。MAP P139D3 ⊗8 West Pender St.

1913年建造。1階部分は1.5mの奥行しかない

プチ情報　カラール通りより東側のチャイナタウン方面は、あまり治安がよくないので夜間は行かない方がよい。

シーフード料理

バンクーバーを訪れたら一度は試したいのがシーフード。近海でとれたカニやカキを出すレストランが多く、鮮度抜群の味を満喫できる。好ロケーションの店では、景色も一緒に堪能しよう。

コール・ハーバー　MAP P136A2

カルデロズ
Cardero's

インナー・ハーバーで味わう
カジュアルなマリーンテイスト

イギリスの探検家キャプテン・バンクーバーと共に航海に出た測量士、ジョセフ・カルデロの名前を冠したレストラン。ヨットやボート、海が好きな人には最高に楽しい場所。カジュアルで気取らない雰囲気だが、開店と同時にハイソなビジネスマンたちやなじみの客でアッという間にいっぱいになるという人気店だ。店内に併設されたマリーン・バブは遅くまで賑わっている。DATA ⊗ B 19番 Pender St. x Nicola St.から徒歩5分 ⊕1583 Coal Harbour Quay ☎604-669-7666 ㊚11時30分〜23時（金・土曜は〜24時）㊡なし ㊕C$20〜㊐C$60〜

マリーン・バブは映画の撮影に使われたこともある

ハーバーの眺めも美しい

ロブソン通り周辺　MAP P137C3

ジョー・フォルテス
Joe Fortes Seafood & Chop House

オイスターバーが大人気

アメリカやカナダでとれる8種類の生ガキC$4〜が楽しめるオイスターバーで有名なレストラン。トリオ・オブ・フレッシュ・フィッシュも。DATA ⊗ S Burrard 駅から徒歩5分 ⊕777 Thurlow St. ☎604-669-1940 ㊚11〜23時 ㊡なし ㊕C$30〜㊐C$60〜 J J

イエールタウン　MAP P140A1

ロドニーズ・オイスター・ハウス
Rodney's Oyster House

B.C.州産のカキを堪能！

カキC$2.95をはじめとした新鮮なシーフードが楽しめるレストラン。B.C.州産のカキが12種類、そのほかの産地のカキも12種類あるので、ぜひ食べ比べてみて。ロブスターが入った贅沢なプティーンC$27.95もおすすめ。DATA ⊗ S Yaletown-Roundhouse 駅から徒歩2分 ⊕1228 Hamilton St. ☎604-609-0080 ㊚16〜22時（金・土曜は12〜23時、日曜は12時〜）㊡なし ㊕㊐C$20〜、㊐C$50〜

ロブソン通り周辺　MAP P137C3

コースト
Coast

モダンな雰囲気も魅力

B.C.州産のオイスターをはじめとした新鮮なシーフードを、素材の味を生かしたオーソドックスな料理で味わえる。DATA ⊗ S Burrard 駅から徒歩5分 ⊕1054 Alberni St. ☎604-685-5010 ㊚11時30分〜24時（土・日曜は11時〜）㊡なし ㊕C$40〜㊐C$65〜

グランビル・アイランド　　MAP P140A3　大判▶表-B5

タップ&バレル ブリッジズ
Tap & Barrel Bridges

ロマンティックなサンセットタイムは最高

人気のウォーターフロント・エリアであるグランビル・アイランドにあるレストラン。入江に面しているため眺めがとてもよく、特に対岸の夜景が望めるディナー時はロマンティックムードに包まれる。4～10月はオープンデッキにテラス席が設けられ、夏らしい開放感も味わえる。料理はB.C.州産のサーモンやエビ、ムール貝の海鮮シチューをはじめ、各種シーフード料理が揃う。

DATA ⊗ Ⓑ50番 W.2nd Ave.
Ⓧ Anderson St.から徒歩5分
⊕1696 Duranleau St.
☎604-687-4400
⊕11～24時(金曜は～翌1時、
土曜は10時～翌1時、日曜は
10時～)　⊛なし
⊕⑤C$20～⊛C$45～　イエローの外観が鮮やか

夏の間だけ用意される300席のテラス席

イエールタウン　　MAP P140A1

ブリックス・アンド・モルタル
Brix & Mortar

優雅なディナータイムを過ごす

1912年築のレンガ造りの建物にある雰囲気抜群のレストラン。ワイルド・ソッカイ・サーモンのグリルC$29などのシーフードのほか、テンダーロインステキC$58も人気メニュー。

DATA ⊗ Ⓢ Yaletown-Roundhouse
駅から徒歩3分 ⊕1137 Hamilton St.
☎604-915-9463 ⊕16～22時(金・土曜は～23時) ⊛月曜 ⊕C$60～

メイン・ストリート　　MAP P133B4

フィッシュ・カウンター
The Fish Counter

できたてのフィッシュ&チップスを

B.C.州でとれた新鮮な魚のみを使って作る、フィッシュ&チップスC$12.95～が人気の店。オヒョウ、タラ、サーモンの3種類がある。店内では鮮魚も販売している。

DATA ⊗ Ⓢ4番 Main St. x E 22
Ave.からすぐ ⊕3825 Main St.
☎604-876-3474 ⊕12～18
時30分(木～月曜は11時～)
⊛火曜 ⊕C$10～

フレンチ&イタリアン

フレンチ、イタリアンともにレストランが充実している。おしゃれして出かけたい正統派から気軽に入れるカジュアル派までタイプはさまざま。季節により、カナダならではのジビエ料理を楽しめるレストランもある。

ギャスタウン　　MAP P139C2

ジュールズ・ビストロ
Jules Bistro

フランス人シェフの作るフレンチをカジュアルなスタイルで味わう

ギャスタウンの中心地に位置。小ぢんまりとした店内は、どこかクラシカルで落ち着いた雰囲気。フランス人シェフが作り出す本格的なフレンチをカジュアルにいただける。オイスターやキャビアなど数種類の海鮮が乗ったプレートなど、6種類のシェアプレートが人気。リブアイのステーキC$65(12オンス)、鴨のコンフィC$36など。15～17時はハッピーアワー。夜はなるべく予約を。

アルバータ牛のリブアイステーキは店のイチ押し

DATA ⊗ Ⓢ Waterfront駅から徒歩
7分 ⊕216 Abbott St. ☎604-
669-0033 ⊕15時～21時30分
(土・日曜は11時30分～) ⊛月曜
⊕C$50～　落ち着いてくつろげる

ロブソン通り　　MAP P136B3

チン・チン
CinCin

オープンキッチンでシェフが腕をふるう

「チン・チン」とはイタリア語で「乾杯」のような意味。店名どおり、食事を楽しくできるアットホームな雰囲気が店内に流れている。料理は本格イタリアンで、常に、バンクーバーのレストランアワードでは上位入賞の常連。6時間煮込んだ豚肉のボロネーゼは絶品だ。ソムリエも常駐し多彩なワインとともに楽しめる。冷凍品は使わず、旬の食材をふんだんに取り入れた優しい味を堪能して。

DATA ⊗ Ⓑ5番RobsonSt.
Ⓧ ThurlowSt.から徒歩2分
⊕1154 Robson St.
☎604-688-7338
⊕17～22時 ⊛月・火曜
⊕C$40～

テーブルが空くまでバーカウンターで一杯

壁ぎわにはいろいろな銘柄のワインがずらりと並んでいる

プチ情報　日本人が忘れがちなチップ。クレジットカードで支払うか、いつも多めに小銭を用意しておくと慌てないですむ。

ロブソン通り 　MAP P136B3

ゼフェレリーズ
Zefferelli's

ザガットでも高評価のカジュアル・イタリアン

ロブソン通りに面した建物の2階にあるイタリアン・レストラン。旬の食材を使ったパスタ類はボリューム満点。スモールサイズもあるので、人数に合わせてオーダーしよう。前菜メニューも豊富で、サラダはC＄13前後で野菜がたっぷり。スタッフもフレンドリーなので、料理に合うワインなどを気軽に相談してみよう。

DATA ⊗ Ⓑ5番Robson St. × Thurlow St.からすぐ ⊕1136 Robson St. ☎604-687-0655 ⊕11時30分〜22時(金曜は〜23時、土曜は17〜23時、日曜は17時〜) ㊡なし ㊤昼C＄20〜㊥C＄25〜

入口がわかりにくいので注意

サーモン・ペンネC＄25.95(スモールサイズ)はカレー味

ギャスタウン 　MAP P138B3

アル・ポルト
Al Porto

トスカーナ地方の純朴な味を
お好みのワインと一緒に

ギャスタウンにあるイタリア、トスカーナ地方のパスタと薪火で焼き上げるピザがオススメのレストラン。イタリアのソーセージのサルシッチャを使った適度な辛さがたまらないパスタ、"四季"という意味をもつクワトロ・スタジオーニ・スタイルのピザC＄20.95などが評判のメニュー。ワインの種類も豊富で、イタリアのほか、オーストラリア、フランス、カリフォルニア、B.C.州のものが揃う。

DATA ⊗ Ⓢ Waterfront駅から徒歩3分 ⊕321 Water St. ☎604-683-8376 ⊕11時30分〜22時(土・日曜は16時30分〜。時期により異なる) ㊡なし ㊤昼C＄25〜㊥C＄45〜

レンガ造りの落ち着いた雰囲気

ワインに合うアンティパストC＄24.95(2人前)

イエールタウン 　MAP P140B2

プロヴァンス・マリーナサイド
Provence Marinaside

イエールタウンで南仏料理の伝統の味に感動

南仏プロヴァンス地方のシーフード料理が味わえるレストラン。店内には海風が入り、開放的な雰囲気。

DATA ⊗ Ⓢ Yaletown-Roundhouse駅から徒歩3分 ⊕1177 Marinaside Crescent ☎604-681-4144 ⊕10〜23時(土・日曜は9時〜) ㊡なし ㊤昼C＄40〜㊥C＄70〜

ギャスタウン 　MAP P139C2

オールド・スパゲティ・ファクトリー
The Old Spaghetti Factory

チーズファンにはたまらない

地元情報誌などで受賞している評判のレストラン。チーズを詰めたレインボートルテッリーニが入ったスパゲティはおすすめ。

DATA ⊗ Ⓑ 50番Water St. × Abbott St.から徒歩2分 ⊕53 Water St. ☎604-684-1288 ⊕11時〜21時30分(火曜は17時〜、金・土曜は〜20時) ㊡なし ㊤C＄16.75〜㊥C＄30〜

キツラノ 　MAP P132B3 　大判▶表-C4

ヌック
Nook

自家製生パスタが絶品

キツラノ・ビーチから徒歩圏内にあるイタリアン・レストラン。7種類のホームメイドのパスタC＄23〜や、窯で焼く焼きたてピザC＄23〜が人気。

DATA ⊗ Ⓑ W 4th Ave × Yew St.から徒歩6分 ⊕1525 Yew St. ☎604-734-3381 ⊕12〜22時(月・火曜は17時〜) ㊡なし ㊤C＄25〜

サウス・グランビル 　MAP P133A3

サラダ・デ・フルーツ・カフェ
Café Salade de Fruits

地元の人たちも通う人気店

静かな立地にあるカジュアル・フレンチ。メニューはフランス語のみだが、スタッフが英語で説明してくれる。支払は現金のみ。

DATA ⊗ Ⓑ 10番Granville St × 7th Ave.からすぐ ⊕1555 W 7th Ave. ☎604-714-5987 ⊕11〜14時、17〜20時 ㊡日・月曜 ㊤昼C＄20〜㊥C＄40〜

ウエストコースト料理

新鮮なシーフードやオーガニック野菜などの豊かな食材を使い、西洋料理をベースにアジアンテイストなどを加えて創作されたのがウエストコースト料理。洗練された味わいのバンクーバー・グルメとして注目されている。

ギャスタウン　MAP P139C4

チャンバー
Chambar

スタイリッシュな夜に

カウンター席も備えた店内は落ち着いた雰囲気。おすすめはムール貝のフリットC$31など。ビールやカクテル、ワインが充実している。

DATA ⊗ⓈStadium-Chinatown駅から徒歩1分 ⊕568 Beatty St. ☎604-879-7119 ⊕17〜22時(土・日曜は9〜15時、17〜22時) ⊛なし ⊛C$40〜

グランビル・アイランド　MAP P140B3　大判▶表-B5

サンドバー
The Sandbar

ウォーターフロントの景色を一望

グランビル・アイランド内の橋の下にあるレストラン。新鮮な地元の魚介類を使ったダイナミックな料理が人気。

DATA ⊗Ⓑ50番 W.2nd Ave. × Anderson St.から徒歩5分 ⊕1535 Johnston St. ☎604-669-9030 ⊕11時30分〜23時(土・日曜は11時〜) ⊛なし ⊛C$30〜C$60〜

ロブソン通り周辺　MAP P137D2

ハイズ・ステーキハウス
Hy's Steakhouse

伝統のプライムリブをぜひ

シンプルな内装の落ち着いた雰囲気漂うレストラン。骨付きのリブステーキC$94.95は、地元でトップクラスの味わいと評判。

DATA ⊗ⓈBurrard駅から徒歩2分 ⊕637 Hornby St. ☎604-683-7671 ⊕11時30分〜22時(金曜は〜22時30分、土曜は16時〜22時30分、日曜は16時〜) ⊛なし ⊛C$80〜

ロブソン通り周辺　MAP P137C3

ケグ
Keg

おしゃれにステーキを

建物の2階にある老舗のステーキ・レストラン。ケグカットのトップサーロインステーキC$32〜など。週末は予約をしたほうがいい。

DATA ⊗ⓈBurrard駅から徒歩5分 ⊕1121 Alberni St. ☎604-685-4388 ⊕15〜23時(金・土曜は〜24時) ⊛なし ⊛C$20〜C$40〜

デンマン通り　MAP P134A1

オリンピア
Olympia

日本人の口に合う味つけ

ナス、ひき肉、ジャガイモ、チーズを重ね焼きしたムサカC$15.25など、代表的なギリシア料理をアットホームな雰囲気のなかで味わえる。ギリシアワインと一緒に。

DATA ⊗Ⓑ5番 Denman St. × Comox St.からすぐ ⊕998 Denman St. ☎604-688-8333 ⊕12時〜21時30分(金・土曜は〜22時30分) ⊛なし ⊛C$10〜C$25〜

コール・ハーバー　MAP P135C2　大判▶表-E2

ボタニスト
BOTANIST

オーガニック素材で作るカナダ料理

地元でとれたオーガニックの野菜やシーフードなど素材を活かすカナダ料理のレストラン。有名グルメガイドにも選ばれた実力派。

DATA ⊗ⒼⒽフェアモント・パシフィックリム(→P67)内 ⊕1038 Canada Place ☎604-695-5500 ⊕17時30分〜22時30分(日曜は11〜14時、17時30分〜22時30分、バーは火・水曜は〜23時、木〜土曜は〜24時) ⊛月曜 ⊛C$40〜C$60〜

スタンレー・パーク　MAP P141A4　大判▶表-C1

ティーハウス
Teahouse in Stanley Park

優雅なひとときを

スタンレー・パークの西端、シーサイドの高台に立つレストラン。抜群の眺めを楽しみながら、シーフードやステーキが味わえる。

DATA ⊗Ⓑ5番 Denman St.から車で7分 ⊕7501 Stanley Park Dr. ☎604-669-3281 ⊕11時30分〜21時(月曜は〜22時、火・水曜は16〜22時、土・日曜は11時〜) ⊛なし ⊛C$40〜C$60〜 Ⓙ

プチ情報　予約が必ず必要なレストランは少ないが、眺めを楽しみたいなど、特別に席を確保したい時は予約をしよう。

多国籍料理

世界各国からの移住者が多いバンクーバー。ロブソン通りやデンマン通りを中心に、日本料理をはじめ世界各国のレストランが数多く点在している。いろいろな料理にチャレンジして世界周遊気分を味わっちゃおう！

メイン・ストリート　MAP 133B3

タマリー・ショップ
Tamaly Shop

ラテン・アメリカのＢ級グルメ

本格的なラテン・アメリカの庶民派グルメが食べられるお店。トウモロコシで作った生地で肉や豆腐を包み蒸す、タマレC$7.80が看板料理。
DATA ⊗4 Main St. × E Broadwayからすぐ ⊕2525 Main St. ☎604-9369-3446 ⊕8～22時(日曜は～20時) ㉬なし ⑭C$10未満

定番のナチョスやタコスもある
チキンモレのタマレ。ハラペーニョと共に食べて、辛さを足しても美味

メインストリート　MAP P133B4

スワスディー
Sawasdee

いつも込み合う人気店

数々の賞を受賞した人気のレストラン。少し甘めの味つけのタイ料理が味わえる。タイ式春巻きC$12、パッタイC$17が人気。
DATA ⊗メイン通りとイースト・キング・エドワード通りの角から徒歩2分 ⊕4250 Main St. ☎604-876-4030 ⊕17～21時 ㉬月曜 ⑭C$20～

デンマン通り　MAP P134A2

エスパーニャ
Espana

気軽に行けるスペイン居酒屋

スペインの居酒屋「タパス」スタイルの人気店。パタタス・ブラバスC$14や各種パエリア(時価)など本格的なメニューが揃う。ビールやワインはすべてスペイン産。
DATA ⊗⑤5番Denman St. × Pendrell St.から徒歩1分 ⊕1118 Denman St. ☎604-558-4040 ⊕17～22時 ㉬月曜 ⑭C$20～

ギャスタウン　MAP P138B3

ラ・タクエリア
La Taqueria

フレンドリーなサービスも人気

評判のメキシカン・タコス・スタンド。メニューはオーガニック牛のほか肉を使ったカシェットC$8.50など。テイクアウトもできる。
DATA ⊗⑤Waterfront駅から徒歩6分 ⊕322 W Hastings St. ☎604-568-4406 ⊕11時～21時30分(土・日曜は12時～) ㉬なし ⑭C$10未満

キツラノ　MAP P141B2

ヌードルボックス
The Noodle Box

アジアン・メニューが充実

東南アジア料理をカナダ風にアレンジした、新感覚の料理が味わえる。タイスタイル・チャウメンC$11.95。辛さは5段階から度合いを指定することもできる。
DATA ⊗④4、7、84番Burrardから徒歩1分 ⊕1867 W 4th Ave. ☎604-731-1460 ⊕11～20時(土・日曜は12時～) ㉬なし

ロブソン通り周辺　MAP P137D2

ジョイユー・カフェ&レストラン
Joyeaux Cafe & Restaurant

ビジネス街のベトナム料理店

シーフードやビーフなど、種類豊富なヌードルスープC$15.50が人気。ランチタイムはとても混雑するので、少し時間を外すかテイクアウトで。
DATA ⊗⑤Burrard駅またはGranville駅から徒歩3分 ⊕551 Howe St. ☎604-681-9168 ⊕8～20時 ㉬なし ⑭⑭C$16～

🔔要予約　👔ドレスコード　Ｊ日本語スタッフ　Ｊ日本語メニュー

ロブソン通り周辺　MAP P136B3

麒麟
Kirin Mandarin Restaurant

新鮮な海鮮料理が自慢の高級中国料理

地元の中国人にも人気の北京料理店。さっぱりと軽い中国北部の味付けとなっている。人気メニューは目の前で切り分けてくれる北京ダックのコース1羽C$95.75(ハーフC$52.75)や椎茸とアワビのスープC$83.50〜、活けすロブスター(時価)など。ロブスターの調理法はクリームバター和えやスパイシーなものなどさまざまだ。美しく彩られた盛付けにも注目。ランチタイムには飲茶も味わえる。

DATA ⊗ ⑤Burrard駅から徒歩7分　⑪1172 Alberni St.　☎ 604-682-8833　⑱ 11時〜14時30分(土・日曜・祝日は10時〜)、17時〜22時30分　⑭なし　㋺C$10〜㋞C$30〜　J

ロブスター料理がおすすめ

ゴージャスな雰囲気の店内

デンマン通り　MAP P134A1

ウクレイニアン・ビレッジ
Ukrainian Village Restaurant

家族で営むアットホームな店

ウクライナ料理を中心にした東欧料理店。シュニッツェルC$24.95やミートローフC$21.95、ビーフストロガノフC$24.95などが人気。

DATA ⊗ ⑬5番 Denman St. × Robson St.からすぐ　⑪815 Denman St.　☎604-687-7440　⑱12〜22時(土・日曜は8時〜)　⑭なし　㋺C$20〜㋞C$35〜

デンマン通り　MAP P134A2

ファラフェル・キング
Falafel King

チキン・ジャマワが人気

香ばしい匂いが店の周囲に漂う正統派レバノン料理店。リーズナブルな値段と確かな味が地元の人に支持されている。

DATA ⊗ ⑬5番 Denman St. × Pendrell St.からすぐ　⑪1110 Denman St.　☎604-669-7278　⑱11〜23時　⑭なし　㋺㋞C$10〜

デンマン通り　MAP P134A1

キンギョ
Kingyo

おしゃれな創作居酒屋

地元の人も多く利用する人気店で、和モダンな店内は落ち着いた雰囲気。刺身サラダC$16.80や豚トロ自家製ミソ漬け焼きC$10.80などがおすすめ。メンチカツ&コロッケ定食C$14.80や金沢カレーC$10.80などの日本の定番料理のほか、トリュフカルボナーラうどんC$18.80など変わり種も揃う。

DATA ⊗ ⑬5番 Denman St. × Haro St.からすぐ　⑪871 Denman St.　☎604-608-1677　⑱12時〜14時30分、16時30分〜22時　⑭なし　㋺C$15〜㋞C$30〜
🍴🍺J

カフェ

ワッフルやハンバーガーなどの軽食を出すところからコーヒー専門店、メープルシロップを使ったカナダらしいお菓子を出すところなど、バラエティ豊かに揃うカフェ。歩き疲れたときはカフェでホッとひと息つきたい。

キツラノ　MAP P141B2

ルミネ・コーヒー
Lumine Coffee

店内の工房で作るパンが人気

焼きたてのパンと自家焙煎のコーヒーが自慢のカフェ。キツラノのメイン・ストリートに面しており、ジムやヨガに帰りのローカルが多い。

DATA ⊗ ⑬W 4th Ave. × Maple St.からすぐ　⑪#103 1965 W 4th Ave.　☎604-855-6459　⑱7〜19時(日曜は8〜17時)　⑭なし　㋺C$10未満

ロブソン通り　　MAP P136B3

ドロ・ジェラート・カフェ
D'oro Gelato e Caffe

店の外まで行列ができるなめらかジェラート

バナナやラズベリー、イチゴなどのフルーツをはじめ、たくさんのフレーバーが揃うジェラート店。季節によって登場するフレーバーは異なるが、35種類以上あるので、訪れるたびにどれにしようか迷いそう。ショーケースに並ぶ色とりどりのジェラートはディスプレイも凝っていて、目にも楽しい。コーンとカップが選べる。天気のいい日は外のテーブル席で味わおう。

DATA ⊗ Ⓑロブソン・スクエアから徒歩8分 ⊕1222 Robson St. ☎604-694-0108 ⊕8～23時 ㊡なし ㊨㊥㊦C$6.75～

冬でもたくさんの人
がやってくる人気店

どれもおいしそうで目移りしてしまう

キツラノ　　MAP P141B2

ソフィーズ・コスミック・カフェ
Sophie's Cosmic Café

古きよき60年代へ

地元の老若男女が列をなすほど人気があるカフェ。店内の壁一面には60年代の写真やオブジェが飾られ、ダイナーそのもの。映画、『アメリカン・グラフィティ』の中にいるような気分にさせてくれる。その雰囲気から、賞を受けたこともある。メニューもハンバーガーやワッフル、ベネディクトなどアメリカン。おすすめはミルクシェイクC$7.49。フレーバーを追加C$0.99できる。

DATA ⊗ Ⓑ4、7、14番 W 4th Ave. × Maple St.から徒歩2分 ⊕2095 W. 4th Ave. ☎604-732-6810 ⊕8～15時 ㊡なし ㊨㊥㊦C$20～

パティオからは
海を一望できる

大きなフォーク
とナイフが目印

ロブソン通り周辺　　MAP P136B3

ジェイ・ジェイ・ビーン
JJ Bean

早朝から利用できるカフェ

地元誌で「ベスト・コーヒーショップ・チェーン」を受賞。ローストコーヒー(S) C$2.40～。ガラス張りの店は気軽に入りやすい雰囲気。市外を含め計25店舗ある。

DATA ⊗ Ⓢ Burrard駅から徒歩7分 ⊕1188 Alberni St. ☎604-254-3724 ⊕6～18時 (土・日曜は7時～) ㊡なし ㊨㊥㊦C$2.40～

メイン・ストリート　　MAP P133B4

フォグリフター・コーヒー・ロースター
Foglifter Coffee Roasters

地元客に愛されるカフェ

自家焙煎のコーヒーが自慢のカフェ。早朝からオープンしていて常連客も多い。アボカドやチーズ、玉子などが入ったベジタリアン・ラップC$11.25が一番人気。

DATA ⊗ Ⓑ3番 Main St. x E 18 Ave.から徒歩2分 ⊕3590 Main St. ☎604-428-9022 ⊕6～18時(土・日曜は7時～) ㊡なし ㊨C$10未満

スタンレー・パーク　　MAP P141B4

バイシクル・ビストロ
Bicycle Bistro

スタンレー・パーク内の癒やしスポット

スタンレー・パークのバンクーバー水族館の隣にあるカフェ。朝はパンやサンドイッチ、11時からはタコスやポキ丼などの料理を提供している。全てテラス席。

DATA ⊗ Ⓢ19番 Stanley Park Dr. × Pipeline Rd.から徒歩9分 ⊕スタンレー・パーク内845 Avison Way ☎778-655-9554 ⊕9時30分～18時 ㊡なし ㊨C$10未満

メイン・ストリート　　MAP P133B3

ノヴェラ
Novella

洗練されたおしゃれカフェ

2022年にオープンしたカフェ。ほのかな甘さが口の中に広がる抹茶ラテC$5.50とサクッとおいしいクロワッサンC$4.75を味わいながら、ゆっくりとした時間を過ごせる。

DATA ⊗ Ⓑ3番 Main St. x E 12 Ave.からすぐ ⊕2650 Main St. ☎604-428-6711 ⊕8時30分～17時 ㊡なし ㊨C$10未満

イエールタウン　MAP P135C4　大判▶表-E3

スモール・ビクトリー
Small Victory

ペストリーやケーキの種類豊富

店内のオープン・キッチンで作る焼きたてペストリーの香りが店内に広がる。開店とともに満席になるほど人気。淹れたてのコーヒーと一緒に召し上がれ。
DATA ⊗ Ⓢ Yaletown-Round house駅から徒歩4分 ㊤1088 Homer St. ☎604-899-8892 ㊗8～16時 ㊡なし ㊄C\$10～

バー＆パブ

ビールの種類が豊富なカナダ。ここバンクーバーでは、自家製のクラフトビールを味わってみたい。もちろんワインやカクテルなど各種アルコールも楽しめる。ホテル内をはじめ、旅行者でも安心して入れるバー＆パブが多い。

ロブソン通り周辺　MAP P137C3

ティエリー
Thierry

スイーツ好きにはたまらない！

フランス出身、パティシエ歴35年以上のティエリー氏によるカフェ。チョコレートにケーキ、クッキーなどすべて手作りの洋菓子が自慢。人気なのがマカロンC\$2.80。カプチーノはC\$4.25。
DATA ⊗ Ⓢ Burrard駅から徒歩4分 ㊤1059 Alberni St. ☎604-608-6870 ㊗8～21時（金・土曜は～22時）㊡なし

ギャスタウン　MAP P138B3

スチームワークス ブルーパブ
Steamworks Brewpub

季節のクラフトビールが揃う

ビール醸造所併設のレストラン。ピルスナー、エール、ポーターなど様々な種類のビールを20種類ほど用意しており、できたてのビールを味わうことができる。
DATA ⊗ Ⓢ Waterfront駅から徒歩3分 ㊤375 Water St. ☎604-689-2739 ㊗11時30分～24時（土・日曜は11時～）、ショップは11～23時 ㊡なし ㊄C\$20～ ㊅C\$25～

キツラノ　MAP P141A2

49th パラレル・コーヒー
49th Parallel Coffee Roasters

自家焙煎コーヒーとドーナツ

厳選したオーガニックの生豆を用い、自家焙煎したコーヒーの味に評価が高いロースター・カフェ。店内で作るドーナツC\$4.25～も人気だ。エスプレッソC\$4、カプチーノ\$4.75など。（→P26）
DATA ⊗ アービュータス通りの交差点から徒歩2分 ㊤2198 W. 4th Ave. ☎604-420-4901 ㊗7～19時 ㊡なし

ベイエリア　MAP P138A3

TCライオンズ・パブ
Lions Pub at Terminal City Club

大人の雰囲気が漂う

Ⓗフェアモント・ウォーターフロント（→P67）の正面にある、本場イギリスの雰囲気を醸し出しているパブ。フィッシュ＆チップスC\$16～と国内外の銘柄のビールを扱う。
DATA ⊗ Ⓢ Waterfront駅から徒歩3分 ㊤888 W. Cordova St. ☎604-488-8602 ㊗11～23時（金・土曜は～24時）㊡祝日 ㊄㊅C\$30～

新感覚ソフトクリームを食べ歩き

真っ黒なコーンが印象的なソフトクリームが食べられる「パーバティッド・アイスクリーム Perverted Ice Cream」。テイクアウトもできるので食べ歩きもOK。甘さ控えめで大人好みのソフトクリームも。
DATA ⊗ Ⓢ Burrard駅から徒歩6分 ㊤797 Thurlow St. ☎604-684-6914 ㊗13～23時（金・土曜は12時30分～24時 30分、日曜は12時30分～）㊡なし ㊄C\$10未満
ロブソン通り　MAP P136C3

屋外にはハイ・テーブルがある

メイン・ストリート　MAP P133B3

ブラスネック・ブルワリー
Brassneck Brewery

気軽に一杯できるブルワリー

昼間からビールを味わう人で賑わう、クラフト・ビールファンに人気のブルワリー。店内にあるブルワリーで作るフレッシュなビール12種類が常備されている。
DATA ⊗ Ⓑ Main St × E 5th Ave から徒歩2分 ㊤2148 Main St. ☎604-259-7686（自動音声）㊗14～23時（土・日曜は12時～、日・月曜は～22時）㊡なし ㊄C\$10～

プチ情報　アルコールを販売するショップを併設しているバーやレストランもあるので、気に入ったものを買い求めるのもいい。

メイン・ストリート　　　MAP P133B3

メイン・ストリート・ブリューイング
Main Street Brewing

ブルワリー激戦区の人気店

100年以上の歴史ある建物にオープンしたブルワリー。店内にある大きなタンクで作る10種類以上のクラフト・ビールを味わうことができる。バーガーなどフードメニューも充実。
DATA ⊗ ⑤ Main St × E 5th Ave から徒歩2分 ⊕ 261 E 7th Ave. ☎ 604-336-7711 ⊕ 12〜23時 ⑭ なし ⑭ C$10〜

バンクーバー中心部　　　MAP P135C3

シャーク・クラブ
Shark Club

スポーツ好きに人気が高い

ホッケーやアメフトのスタジアムに近く、試合の前後になると大勢の人で賑わう人気のスポーツ&バー。店内は皆ノリノリとして明るい雰囲気。
DATA ⊗ ⑤ Stadium-Chinatown 駅から徒歩4分 ⊕ 180 W. Georgia St. ☎ 604-687-4275 ⊕ 8〜11時、15〜23時(水・木曜は〜24時、土曜は12〜24時) ⑭ 日曜ディナー ⑭⑭⑭ C$15〜

ノース・バンクーバー　　　MAP P132B2

ノース・ポイント・ブリューイング
North Point Brewing Co.

生演奏とおいしいクラフト・ビール

新たなブルワリー激戦区といわれるシップヤード・ディストリクトにあるブルワリー。ライブやムービー・ナイトが定期的に行われる。ビールはC$8〜。
DATA ⊗ ⑧ E 3rd St. × St. Andrews Ave.から徒歩4分 ⊕ 266 1st St E ☎ 778-340-4677 ⊕ 12〜23時(日曜は〜21時) ⑭ なし ⑭ C$10〜

グランビル・アイランド　　　MAP P140B3　大判 ▶表-B5

バックステージ・ラウンジ
The Backstage Lounge

毎晩のように若者が集う

店内はアルコールを片手に向かう若者で座る場所もないほど混むことも。アルコール類のほかに軽食もある。
DATA ⊗ ⑧ 50番 W. 2nd Ave. × Anderson St.から徒歩5分 ⊕ 1585 JohnstonSt. ☎ 604-687-1354 ⊕ 12時〜翌2時(日曜は〜24時) ⑭ なし ⑭⑭ C$15〜(20時以降はチャージ C$6〜12。イベントにより異なる)

☆ ショッピングモール &デパート

バンクーバー中心部で最も有名な大型ショッピングモールといえば「パシフィック・センター」。また、一流ブランドが充実しているデパートも点在している。いずれも時間の限られた旅行者にうってつけ。思い切り買物三昧！

ロブソン通り周辺　　　MAP P137D2

パシフィック・センター
Pacific Centre

フードコートもある巨大ショッピングモール

ダウンタウンの中心、2ブロックにおよぶ大ショッピングモール。100店のショップが集まり、デパート「ハドソンズ・ベイ(→P59)」ともつながっていて、ここだけでたいていの品物を調達できる。館内はとにかく広いので、案内図を参考に目当てのブランドをあらかじめチェックし、だいたいの場所をつかんでから出発しよう。地下は各国の料理が豊富に揃う巨大なフードコートに。(→P19)
DATA ⊗ ⑤ Granville 駅から徒歩1分 ⊕ 701 W. Georgia St. ☎ 604-688-7235 ⊕ 10〜19時(木・金曜は〜21時、土曜は〜20時、日曜は11〜19時) ⑭ なし

ジョージア通り側の入口には、夏期のみ案内所も開設

活用度大のフードコート

ベイエリア　　　MAP P138A3

シンクレア・センター
Sinclair Centre

歴史的建物を利用した高級デパート

グランビル通りとハウ通りの角に立つバロックスタイルの建物がシンクレア・センター。ここは、かつてバンクーバー市内で初の郵便局として使われていた場所。
DATA ⊗ ⑤ Waterfront 駅から徒歩4分 ⊕ 757 W.Hastings St. ☎ 604-488-1685 ⊕ 10時〜17時30分 ⑭ 日曜

ロブソン通り周辺　MAP P137D2

ハドソンズ・ベイ
Hudson's Bay

カナダの老舗デパート

1階にはM・A・C大型店やクリニーク等の化粧品売り場があり、ブティックにはカジュアル・ブランドが揃っている。ハドソンズ・ベイのオリジナルアイテムはおみやげにも人気。

DATA ⊗ Ⓢ Granville駅直結
⊕674 Granville St.
☎604-681-6211
⊕10〜19時(木〜土曜は〜20時、日曜は11時〜)
⊕なし

カナダ
ブランド

ファッションはもとより、スポーツウエアやヨガウエア、コスメなど、カナダらしさを感じさせるブランド。地元の人もすすめる上質なアイテムが揃っている。日本未入荷のブランドも多いので、ぜひチェックしてみよう。

ロブソン通り周辺　MAP P137D2

ホルト・レンフリュー
Holt Renfrew

高級ブランドが集まるデパート

グッチ、プラダなど高級ブランドからトレンディファッションまで豊富に揃う。香水売り場も充実していて、50ブランド以上が並ぶ。

DATA ⊗ Ⓢ Granville駅から徒歩3分 ⊕737 Dunsmuir St.
パシフィックセンター内
☎844-922-4658
⊕10〜19時(木・金曜は〜21時、土曜は〜20時) ⊕なし

ロブソン通り　MAP P137C3

ルーツ
Roots

ビーバーのマークでおなじみカナダ人に愛されるブランド

カナダを代表するブランドで、オリンピックの公式ユニフォームを手がけたことで有名。アテネ・オリンピックではアメリカ選手団のユニフォームも手がけた。すぐ近くに子ども服専門店もある。(→P18)

DATA ⊗ Ⓢ Burrard駅から徒歩4分 ⊕1001 Robson St.
☎604-683-4305 ⊕10〜20時 ⊕なし

バンクーバー郊外　MAP P132B1

パーク・ロイヤル
Park Royal

1950年から続く老舗モール

スーパー、ブティック、レストランなど約200店舗が3つのエリアに集結。リニューアルが続いている。

DATA ⊗ Ⓑ 253、254、256番 Marine Dr. × Bayから徒歩2分
⊕2002 Park Royal South, W. Vancouver ☎604-922-3211
⊕10〜19時(木・金曜は〜21時、土曜は〜20時、日曜は〜18時)
⊕なし

ロブソン通り　MAP P137C3

クラブ・モナコ
Club Monaco

日本未入荷が狙い目

トロント生まれのカナダ・ブランド。シンプルな中にもさり気なく流行を取り入れているところが人気だ。日本では手に入りにくいコスメも豊富に揃っている。

DATA ⊗ Ⓢ Burrard駅から徒歩5分 ⊕1040 Robson St.
☎604-687-8618 ⊕10〜20時(日曜は11〜19時) ⊕なし

ロブソン通り　MAP P137D3

マック
M・A・C

自分のカラーを見つけよう

メイクアップ業界では常に注目のトロント発コスメブランド。豊富なカラーバリエーションで微妙な色合いのチークやアイシャドウ、リップが揃う。(→P18)

DATA ⊗ Ⓢ Burrard駅から徒歩5分 ⊕908 Robson St.
☎604-682-6588 ⊕10〜19時(木〜土曜は〜20時) ⊕なし

郊外の巨大ショッピングセンター

「メトロポリス・アット・メトロタウン」はB.C.州最大のショッピングセンター。ダウンタウンからスカイトレインで20分ほど、メトロ駅前下車すぐにある広大な施設には、人気ブランドから家電、スポーツ用品まであらゆるジャンルのショップが揃う。また上層階には巨大なフードコートもある。

DATA ⊗ Ⓢ Metro Town駅からすぐ
⊕4700 Kingsway, Burnaby ☎604-438-4715
⊕10〜21時(日曜、祝日は11〜19時) ⊕なし
URL https://metropolisatmetrotown.com
MAP P132B3　大判▶表-F1

プチ情報　ショッピングセンターやデパートはロブソン通りに交差するグランビル通りに集中している。

ファッション

ショッピングの目抜き通りであるロブソン通りをはじめ、おしゃれの発信地といえるイエールタウンやキツラノ、サウス・グンラビルなども巡りたいエリア。レディスウエアはもちろん、アクセサリーやシューズ専門店も揃う。

キツラノ　MAP P141A2

ルルレモン・アスレティカ
Lululemon Athletica

ヨガウエアといえばここ

日本でも厚い支持を得ているヨガやランニングウェアを中心としたスポーツウェアブランド。今や世界中に支店をもつが、ここキツラノがルルレモンの創業店だ。明るい店内で、最新のアイテムを探してみて。着心地のよいアウターから、身体にフィットするインナー、アクセントとなる小物など、日本未入荷のアイテムも豊富に取り揃えている(→P35)。トータルコーディネートを楽しんでみてはいかが?　DATA ⊗ B4、7、44番 W 4th Ave. × Yew St.からすぐ ⊕2101 W. 4th Ave. ☎604-373-6022 ⊕10〜20時 ㊡なし

ランドマーク的な存在

レディース、メンズともに豊富な品揃え

ロブソン通り　MAP P137C3

アリツィア
Aritzia

シンプルさが魅力

1984年に誕生した20〜30代の女性に人気のブランド。モノトーンでシンプルなデザインが多く、カジュアル過ぎない。ブラウスC\$50〜、TシャツC\$35〜、パンツC\$38。　DATA ⊗ S Burrard駅から徒歩4分 ⊕1110 Robson St. ☎604-684-3251 ⊕10〜22時(日曜は11〜21時) ㊡なし

ロブソン通り　MAP P137C3

ハーシェル・サプライ・カンパニー
Herschel Supply Company

日本でも人気のバッグブランド

2010年にバンクーバーで誕生したバッグブランド。デザイン性が高く使い勝手がよいリュックが人気。子ども用のバッグもあるので、親子コーデも楽しめる。　DATA ⊗ S Burrard駅から徒歩7分 ⊕1080 Robson St. ☎604-336-7271 ⊕10〜20時(日曜は11〜19時) ㊡なし

キツラノ　MAP P141B2

ヒルズ・ドライ・グッズ
Hill's Dry Goods

選りすぐりのアイテムが勢揃い

世界中のアパレルやアクセサリーを厳選し、日々ワクワクするような品揃えを目指すセレクト・ショップ。シンプルからエキゾチックなデザインまで幅広い。　DATA ⊗ B4、7、14番 W 4th Ave. x Maple St.からすぐ ⊕2081 West 4th Ave. ☎604-734-4425 ⊕10〜18時(日曜は11時〜) ㊡なし

ロブソン通り　MAP P137D1

アルド
Aldo

お手ごろ価格のシューズ

デザイン性の高いものからシンプルで歩きやすいものまで幅広く揃うカナダの靴専門店。C\$100前後とお手ごろ価格が中心。バッグやアクセサリー、サングラスなども。　DATA ⊗ S Burrard駅から徒歩3分 ⊕パシフィック・センター内 ☎604-688-7235 ⊕10〜19時(木・金曜は〜20時、土曜は10時〜、日曜は11時〜) ㊡なし

ギャスタウン　MAP P138B3

シルバー・ギャラリー
Silver Gallery

センス抜群のアクセサリーが多彩に揃う

ガラス張りの明るく広々としたギャラリー。先住民の手による手彫りのアクセサリーが中心で、どれも現代的で洗練されたデザインが魅力。　DATA ⊗ S Waterfront駅から徒歩4分 ⊕312 Water St. ☎604-681-6884 ⊕11〜19時 ㊡なし Ⓙ

ロブソン通り　　MAP P137D3

アーバン・アウトフィッターズ
Urban Outfitters

欧米で人気のセレクトショップ

1、2階の2フロアある広々とした店内に洋服やアクセサリー、下着、雑貨、レコードやカセットテープなどがずらり。ブラウスC\$79、デニムトートバッグC\$59。
DATA ⊗ S Granville駅から徒歩4分 ⊕822-830 Granville St. ☎604-685-1970 ⊕10〜20時(木・金曜は〜21時、日曜11〜19時) ㉫なし

ロブソン通り　　MAP P137C3

プレンティ
Plenty

宝探し気分でお気に入りを探そう

いつでも流行の最先端を意識した品揃えで、2フロアに渡ってたくさんのアイテムが並んでいる。フランスやロサンゼルスからの奇抜で独創的なアイテムが多い。
DATA ⊗ Burrard駅から徒歩6分 ⊕1107 Robson St. ☎604-689-4478 ⊕10〜21時(日〜火曜は〜20時。時期により変更あり) ㉫なし

イエールタウン　　MAP P134B3

エイス&メイン
8th & Main

カジュアル・セレクトならここ

手頃な価格の衣料品を幅広く取り揃えるコンセプトのアパレル・ショップ。LEVI'Sのパンツやスニーカーブランド・VANSのトップスなどカジュアルなものが多い。
DATA ⊗ S Yaletown-Round house駅から徒歩9分 ⊕1105 Granville St. ☎604-336-7199 ⊕10〜19時 ㉫なし

ギャスタウン　　MAP P138B3

ブロック
The Block

若々しいデザインが人気

カナダの新進デザイナーの服やアクセサリーをセレクトしているショップ。個性的なお服が揃っているので、自分だけのお気に入りを見つけられる。ブラウスC\$148〜。
DATA ⊗ S Waterfront駅から徒歩4分 ⊕350 W Cordova St. ☎604-685-8885 ⊕11〜18時(日曜は12〜17時) ㉫なし

イエールタウン　　MAP P140B1

ファイン・ファインズ
Fine Finds Boutique

まるで小さなデパートのよう

トレンド・エリアのイエールタウンにあるおしゃれなブティック。店内には、オーナーが世界各地でセレクトしたユニークな品が並ぶ。星型コースターC\$10。
DATA ⊗ S Yaletown-Round house駅から徒歩4分 ⊕1014 Mainland St. ☎604-669-8325 ⊕11〜18時(日・月曜は〜17時) ㉫なし

イエールタウン　　MAP P140A1

ブルックリン・クロージング
Brooklyn Clothing

男性用ジーンズの宝庫

約60種類、1000本以上というジーンズC\$117〜をストックしている。サイズも28〜40インチまで揃い、季節ごとの新作入荷も注目したい。革ジャケットC\$198〜。
DATA ⊗ S Yaletown-Round house駅から徒歩2分 ⊕418 Davie St. ☎604-683-2929 ⊕10〜19時(金・土曜は〜21時) ㉫なし

メイン・ストリート　　MAP P133B4

ベアフット・コンテッサ
Barefoot Contessa

ラブリー雑貨が豊富

ラブリーでガーリーなテイストのワンピースC\$129.99〜や、女の子なら誰もが好きな可愛い雑貨を扱うショップ。結婚式用のドレスやギフト選びにもおすすめ。
DATA ⊗ メイン通りとイースト・キング・エドワード通りの角から徒歩5分 ⊕3715 Main St. ☎604-879-8175 ⊕11〜18時 ㉫なし

メイン・ストリート　　MAP P133B4

フロント&カンパニー
Front & Company

古着でバッチリ決めたい

主に2年以内の古着を扱う。レディース、メンズのウエアや、バッグ、アクセサリーのほか、オーナーがセレクトした新品の商品もある。
DATA ⊗ メイン通りとイースト・キング・エドワード通りの角から徒歩3分 ⊕3772 Main St. ☎604-879-8431 ⊕11時〜18時30分 ㉫なし

プチ情報　オンリーショップが目当てなら、キツラノがおすすめ。ロブソン通り周辺で物足りない人はバスでキツラノへ行ってみよう (→ P26)。

雑貨&ギフト

インテリアやキッチングッズをはじめ、あらゆる生活雑貨や玩具にいたるまで、寒さの厳しいカナダならではのアイテムが数多く揃う。先住民族が作りつづけてきた伝統工芸品など、おみやげにしたいものも多い。

スタンレー・パーク　|MAP| P141A3

ザ・トレーディング・ポスト
The Trading Post

センスがよいギフトが揃う

スタンレー・パーク内のプロスペクト・ポイントにあるギフト・ショップ。定番のカナダみやげだけではなく、パッケージがおしゃれなナッツC$12.99やB.C.州のボウエン・アイランドで自生するハーブなどを用いて作られたハーブソルトC$24.99など、ユニークでハイセンスな品揃え。

DATA ⊗ Ⓑ19番 Stanley Park Dr. x Pipeline Rd.から自転車11分 ⊕5601 Stanley Park Dr. ☎604-669-2737 ⊕9時30分～17時30分 ㊡火・水曜

定番みやげのメープル・シロップ商品も豊富

カフェの隣に併設されたギフト・ショップ

メイン・ストリート　|MAP| P133B4

ギビング・ギフト
Giving Gifts

おしゃれな雑貨が見つかる

ローカル・アーティストが作った雑貨を取り揃えるギフト・ショップ。ボディケア商品、ベビー商品、ポストカード、ジュエリーなどバラエティ豊富な取り揃え。

DATA ⊗ Ⓑ Main St × E 30 Ave からすぐ ⊕4570 Main St. ☎604-561-7780 ⊕11～18時（土曜は10時～、日曜は12～17時） ㊡なし

カテゴリー別で5つの部屋に分かれている

特別なお祝いのギフトもみつかる

グランビル・アイランド　|MAP| P140A3　大判▶表-B5

ウィッカニニッシュ・ギャラリー
Wickaninnish Gallery

先住民ギフトの専門店

先住民が手がけたアートやクラフトを揃えるアート・ショップ。伝統的な魔除けであるドリームキャッチャーのペンダントC$34.99は、11種類の天然石から選べる。

DATA ⊗ パブリック・マーケットからすぐ ⊕1666 Johnston St. ☎604-681-1057 ⊕10～18時 ㊡なし

ロブソン通り　|MAP| P137C3

カナディアン・クラフツ
Canadian Crafts

カナダ定番みやげがぎっしり

1979年創業のおみやげショップ。アクセスがよいことから、世界中から来た観光客が立ち寄る。品揃えが多く、カナダ定番のおみやげを買いたいなら、ここがおすすめ。

DATA ⊗ Ⓢ Burrard駅から徒歩3分 ⊕1023 Robson St. ☎604-684-6629 ⊕11時～19時30分 ㊡なし

ギャスタウン　|MAP| P138B2

ハドソン・ハウス
Hudson House

みやげにカナダらしさを求めているならココで

開拓当時を偲ばせる雰囲気の店内には、ミニチュアのトーテムポールやイヌットの置物などのネイティブ・アートがずらりと並ぶ。定番カナダみやげが豊富。(→P20)

DATA ⊗ Ⓢ Waterfront駅から徒歩4分 ⊕321 Water St. ☎604-687-4781 ⊕9～21時 ㊡なし

イエールタウン　｜MAP｜P140A1

クロス・デコ＆デザイン
The Cross Decor & Design

アンティークとモダンがミックスされたインテリア

赤れんがの歴史的な建物を利用したインテリアショップ。広い店内の天井からはシャンデリアが下がり、テーブル＆イス、インテリア雑貨、ベッド、バス・グッズなど、さまざまなアイテムがセンスよく並べられている。カナダをはじめアメリカやフランスのアンティーク家具なども取り扱っているほか、現代の素材を使ってアンティーク風に仕上げたユニークなアイテムも揃えている。
DATA ⊗ ⑤ Yaletown-Round house駅から徒歩2分　㉓1198 Homer St.　☎604-689-2900 ㉟10〜18時(火〜木曜は11時〜、日・月曜は11〜17時)　㉑なし

文具やボディケア用品などもある　ロマンチックな雰囲気

キツラノ　｜MAP｜P141B2

カントリー・ビーズ
Country Beads

手作りアクセサリーに挑戦

アフリカから入荷された不思議な色合いのリサイクルガラス、ビーチガラスなど、さまざまな種類のビーズが揃う。ストーン製の珍しいデザインのビーズなどに注目。
DATA ⊗ ⑤ 4、7、14番 W 4th Ave. × Maple St.からすぐ ㉓2015 W. 4th Ave. ☎604-730-8056　㉟11〜18 時(日曜は12〜17時)　㉑月曜

キツラノ　｜MAP｜P141B2

サインド・シールド・デリバード
Signed Sealed Delivered

カードが充実した文具店

カードを贈る習慣が多いカナダならではの文具店。ラックにずらりと並んだカードは2500種類。C$5.95〜。ほかイラストがかわいい靴下C$15〜など。
DATA ⊗ ⑤ 4、7、14番 W 4th Ave. × Maple St.からすぐ ㉓1988 W. 4th Ave. ☎604-732-0020　㉟11〜18 時(日曜は〜17時)　㉑なし

ギャスタウン　｜MAP｜P139C2

キムプリンツ
Kimprints

「カナダ」を持ち帰るなら

趣ある建物を利用したカードやポスターが豊富な店。バンクーバーのストリート・アーティスト、ケン・フォスター氏をはじめカナダ人アーティストの作品が手に入る。
DATA ⊗ ⑤ Waterfront 駅から徒歩9分　㉓41 Powell St. ☎604-685-0443 ㉟10〜19時 ㉑なし

サウス・グランビル　｜MAP｜P133A3

ポッタリー・バーン
Pottery Barn

快適な生活を送るために

高品質なテーブルウェアや照明、インテリアに関するものを揃えた店。豊富な知識をもつスタッフがインテリアのアドバイスもしてくれる。
DATA ⊗ ⑤ 10、14番 W 10 Ave. からすぐ　㉓2600 Granville St. ☎604-678-9897　㉟10〜18 時(日曜は11時〜)　㉑なし

グランビル・アイランド　｜MAP｜P140B3　大判▶表-B5

キンドリー・ビーズ
Kimdoly Beads

ビーズ＆クラフト用品が充実デザイナーの手作りアイテムも

天然石やクリスタルのビーズとクラフト用品の店。ビーズは大きさや色、形などバラエティ豊富。海外から買い付けに訪れるデザイナーもいるほど。
DATA ⊗ ⑤50番 W 2nd Ave.× Anderson St.から徒歩5分 ㉓103-1551 Johnston St. ☎604-683-6323 ㉟10〜18時　㉑なし

サウス・グランビル　｜MAP｜P133A3

レストレーション・ハードウエア・バンクーバー
RH Vancouver

住まいをお洒落にリフレッシュ

細部にまでこだわった上質なアイテムを揃えるインテリアショップ。ドアノブやフックなどは驚くほど種類が豊富。ショールームは、見ているだけでも楽しめる。
DATA ⊗ ⑤ 10、14番 W Broad wayからすぐ　㉓2555 Granville St. ☎604-731-3918 ㉟10〜19時(日曜は11〜18時) ㉑なし

食品

サーモンの加工食品やメープルシロップはカナダみやげの定番人気。専門店やスーパーで購入しよう。あらゆる食品が並ぶスーパーは、見ているだけでも楽しめる。コーヒーやお菓子など、おみやげにしたい食品も多い。

ロブソン通り周辺　| MAP P137C3

アーバン・フェア
Urban Fare

オリジナルブランドも展開こだわり食材充実のスーパー

ビジネスマンやオーガニック食材にこだわる人も多く利用する高級スーパー。地元農家のオーガニック野菜やフルーツをはじめ、世界各地から仕入れた食材も数多く揃えている。コーヒー豆C$12.99など、自社ブランドはパッケージもおしゃれなので、ちょっとしたおみやげにもなりそう。スパイシー・サーモンいなりC$10.99などの軽食や食品のほか、日用雑貨やサプリメントも扱っている。(→P33)
DATA ⊗ⓈBurrard駅から徒歩5分　⊕1133 Alberni St.
☎604-648-2053　⊕7~21時
㉘なし

店内には新鮮な食材がぎっしり並んでいる

軽い食事なら店内のデリカテッセンでどうぞ

グランビル・アイランド　| MAP P140A3　大判▶表-B5

メープルズ・シュガー・シャック
Maples' Sugar Shack

B.C.州産のメイプル・シロップ

B.C.州で生産するメイプル・シロップを取り扱う専門店。メープルシュガーリーフC$10やメープルバターC$13など、メープル・シロップから作る商品もおすすめ。
DATA ⊗パブリック・マーケットからすぐ　⊕1666 Johnston St.
☎604-966-6789　⊕10~18時
㉘なし

グランビル・アイランド　| MAP P140A3　大判▶表-B5

ロングライナー・シーフーズ
Longliner Seafoods

種類豊富なサーモン商品

地元の漁師が始めた鮮魚店。パブリック・マーケットがオープンした1979年から営業。保存料・添加物不使用のサーモンの缶詰C$5.49はおみやげにおすすめ。
DATA ⊗グランビル・アイランドのパブリック・マーケット内
⊕1689 Johnson St.
☎604-681-9016　⊕9~18時
㉘なし

イエールタウン　| MAP P140A1

チョイシーズ
Choices

一日中過ごせそうなこだわりのスーパー

健康志向のスーパーマーケットで、地元の契約農家から仕入れるオーガニックな果物や肉など、品揃えにこだわりがある。ビタミン剤やハーブの種類も豊富。
DATA ⊗Ⓢ Yaletown-Roundhouse駅から徒歩3分
⊕1202 Richards St.
☎604-633-2392
⊕8~22時　㉘なし

サウス・グランビル　| MAP P133A3

マインハート
Meinhardt

ヨーロッパの食材の宝庫

ヨーロッパの食材を揃える専門店。ランチボックスのコーポレートC$15.29は、サンドウィッチまたはラップ、水、クッキー、フルーツがセットになっている。
DATA ⊗Ⓑ10番 Granville St. × W 13 Ave.からすぐ
⊕3002 Granville St.
☎604-732-4405　⊕8~20時
(日曜は9時~)　㉘なし

ロブソン通り　| MAP P141B4

セーフウェイ
Safeway

バンクーバー生まれのスーパー

バンクーバーから始まり、今はカナダ中に店舗を設ける大型スーパー。地元産プロダクツを集めたコーナーもあるので、お手頃なおみやげ探しにぴったりだ。
DATA ⊗Denman St. × Robson St.からすぐ　⊕1766 Robson St.
☎604-683-6115　⊕7~23時
㉘なし

コスメ＆ビューティ

食品と並んでバンクーバーみやげにしたいのが、コスメやビューティ・グッズ。シャンプーや石けんなど天然素材を使った体に優しいアイテムも多い。ドラッグストアからスパ・ブランドまで、取り扱う店も商品もさまざま。

ロブソン通り　MAP P136B3

ロンドン・ドラッグス
London Drugs

日用品ならロンドラへ。みやげのまとめ買いにも

B.C.州を拠点とするカナダのドラッグストア・チェーン。バンクーバー在住の日本人の間では「ロンドラ」の愛称で親しまれている。各種サプリメントやシャンプー類をはじめ、食品、家電、雑誌にいたるまで、あらゆる商品を揃えている。この店のほかバンクーバー市内に13店舗あるので、日用品など必要なものを買うときに活用したい。オリジナル商品も多く、小さなみやげをまとめて買うのにも便利。

DATA ⊗ ⑤ Burrard駅から徒歩9分　⊕1187 Robson St.
☎604-448-4819　⊕9〜21時（日曜は10〜20時）⑭なし

品数豊富で見ているだけでも楽しめる

滞在中にはなにかと便利

ロブソン通り　MAP P137C3

ラッシュ
Lush

ナチュラル派は見逃せない

100％植物性のハンドメイド・コスメの店。入浴剤は20種類以上の香りが揃う。オリーブオイルから作る石けんは、敏感肌の人におすすめ。

DATA ⊗ ⑤ Burrard駅から徒歩5分　⊕1020 Robson St.
☎604-687-5874
⊕10〜20時（金・土曜は〜21時、日曜は11時〜）⑭なし

ロブソン通り　MAP P137C3

セフォラ
Sephora

バンクーバー生まれのコスメも

世界最大級のコスメセレクトショップで、ロブソン通りに店を構える。ブランドコスメからプチプラコスメまで幅広く取り揃え、カナダ発の環境に優しいブランド・ILIAやビーガン・動物実験フリーのブランド・ヌードスティックスもある。

DATA ⊗ ⑤ Burrard駅から徒歩6分　⊕1045 Robson St.
☎604-681-9704　⊕9〜21時（日曜は10〜20時）⑭なし

日本未上陸のカナダ発ブランド

目移りするほどの豊富な品揃え

メイン・ストリート　MAP P133B4

ソープ・ディスペンサリー
The Soap Dispensary and Kitchen Staples

エコ・フレンドリーな日用雑貨

環境を配慮したボディケアやスキンケア商品、日用雑貨を取り扱う。竹を使った天然素材の歯ブラシなどエコ・フレンドリーな商品が並ぶ。

DATA ⊗ ⑧3番のMain St. x E 22nd Ave.からすぐ
⊕3718 Main St.　☎604-568-3141　⊕10〜19時（土・日曜は〜18時）⑭なし

キツラノ　MAP P141A2

セージ
Saje

店先にも香りが広がるナチュラルショップ

1992年誕生したナチュラルグッズ・ブランド。健康と美をトータルに考えた100％天然素材のアイテムを揃える。大人にも子どもにも使える品質の安全さが魅力。

DATA ⊗ ⑤ W4番通りとアービュタス通りの交差点から徒歩4分
⊕2252 W 4th Ave.
☎604-738-7253
⊕10〜18時　⑭なし

プチ情報　長期滞在するならスーパーマーケットで食材を買ってサンドイッチなど簡単なメニューを作ってみては。

ホテル

ダウンタウンを中心にさまざまな宿泊施設が揃うバンクーバー。ラグジュアリーな気分を味わえる高級ホテルをはじめ、長期滞在に便利なキッチン付きのコンドミニアム、リーズナブルでアットホームなB&Bも充実している。

ロブソン通り周辺　｜MAP｜P137C3　大判▶表-E3

フェアモント
The Fairmont Hotel Vancouver

1882年創業のバンクーバーのシンボル

エリザベス女王をはじめ、世界中の要人や賓客が利用する迎賓館的ホテル。青銅の屋根と石造りの外観は、まるでヨーロッパの古城のよう。スタッフの堅実な対応にも老舗の風格が感じられる。すべてに上質な調度品を配した客室は落ち着いた雰囲気。ハイレベルなレストランをはじめ、スパや屋内プールなど館内設備も高級感にあふれている。ダウンタウンの中心という好立地も魅力。
DATA ⊗Ⓢ Burrard駅から徒歩2分　⊕900 W. Georgia St.
☎604-684-3131
⊛ⓈⒸC$381〜　556室
ⓇⓅⒻ🔳🔳

ベッドにも上質のリネンが使用されている

堂々とした風格が漂う超一流ホテル

ロブソン通り周辺　｜MAP｜P138A4　大判▶表-E3

ハイアット・リージェンシー
Hyatt Regency Vancouver

眺望最高のランドマークホテル

ビジネス街に立つ34階建ての高層ホテル。客室はモダンで広々。屋外温水プールやジャクジーを併設し、都会の喧騒とは無縁のリラックス空間が広がる。
DATA ⊗Ⓢ Burrard駅から徒歩1分　⊕655 Burrard St.
☎604-683-1234
⊛ⓈⒸC$277〜　644室
ⓇⓅⒻ🔳🔳

ベイエリア　｜MAP｜P137C1　大判▶表-E2

マリオット・ピナクル・ダウンタウン
Vancouver Marriott Pinnacle Downtown Hotel

ハイクラスなサービスが人気

モダンな内外装が好評のホテル。ビジネスマンからツーリストまで幅広い層に利用されている。買物や食事にも便利な立地がうれしい。
DATA ⊗Ⓢ Burrard駅から徒歩5分　⊕1128 W. Hastings St.
☎604-684-1128
⊛ⓈⒸC$378〜　438室
ⓇⓅⒻ🔳🔳

ベイエリア　｜MAP｜P136B1　大判▶表-E2

コースト・コール・ハーバー
Coast Coal Harbour Hotel

施設充実の快適ホテル

コール・ハーバーの近くに建つ20階建ての高層ホテル。館内はシックなアースカラーでまとめられている。朝食からバータイムまで利用できる便利なダイニングもある。
DATA ⊗Ⓢ Burrard駅から徒歩5分　⊕1180 West Hasting St.
☎604-697-0202
⊛ⓈⒸC$349〜　220室
ⓇⓅⒻ🔳🔳

ロブソン通り周辺　｜MAP｜P135C3　大判▶表-E3

ヒルトン・バンクーバー・ダウンタウン
Hilton Vancouver Downtown

全室スイートタイプの高級ホテル

全室クイーンサイズ以上のベッドを備え、33㎡以上と広々とした客室が人気。通年営業の屋上温水プールから眺めるロブソン通りが絶景だ。
DATA ⊗Ⓢ Vancouver City Centreから徒歩5分　⊕433 Robson St.
☎604-602-1999
⊛ⓉⒸC$440〜　207室
ⓇⓅ🔳🔳

ロブソン通り周辺　｜MAP｜P137C3　大判▶表-E3

シャングリ・ラ
Shangri-La Hotel Vancouver

バンクーバーで一番の高層ホテル

ひと際目立つガラス張りの超高層ホテル。客室は広々としており高級感たっぷり。予約が取りにくい人気レストラン「カルニノ」をはじめ設備も充実。
DATA ⊗Ⓢ Burrard駅から徒歩4分　⊕1128 W. Georgia St.
☎604-689-1120
⊛ⓈⒸC$544〜　119室
ⓇⓅⒻ🔳🔳

ベイエリア 〔MAP〕P136A2 大判▶表-D2

ウエスティン・ベイショア・リゾート&マリーナ
The Westin Bayshore Resort & Marina

スタンレー・パークの隣に立つ眺めのいい20階建てホテル

客室からヨットハーバーとバラード入江が見渡せる開放感抜群のホテル。敷地内には散歩道があるので、のんびり散策したり、ジョギングをして過ごすこともできる。晴れた日にはレストランのパティオで食事やカクテルを楽しむのもいい。古代インドのアユールヴェーダと西洋の手法を合わせたエステが受けられるスパも完備。シングルルームも多いので、ビジネスでの宿泊にもおすすめ。

DATA ⊗B19番 W.Georgia St.
から徒歩5分 ⊕1601 Bayshore
Dr. ☎604-682-3377
⑭⑤①C$357～ 511室
[R][P][F][🖥][📶]

キングサイズのベッドが入ったダブルルーム

マリーナはすぐ目の前

バンクーバー中心部 〔MAP〕P138A3 大判▶表-E2

フェアモント・パシフィック・リム
Fairmont Pacific Rim Hotel Vancouver

豪華さと自然さが融合 清潔感あふれる最高級ホテル

ダウンタウンの最高級ホテル。ウォーターフロントに位置し、すばらしい眺めを堪能できる。館内は全体に落ち着いた色調でまとめられており、洗練された雰囲気。シンプルですっきりとした客室には、各部屋にタブレットが完備されており、ルームサービスやスパの予約ができる。フィットネスセンターやスパ、各種ダイニングなどもラグジュアリー。スタッフのきめ細やかなサービスもうれしい。

DATA ⊗SWaterfront
駅から徒歩8分
⊕1038 Canada Place
☎604-695-5300
⑭⑤①C$629～
376室
[R][P][F][🖥][📶]

落ち着いた雰囲気の客室はリラックスできる

ウォーターフロントに位置する最高級ホテル

ロブソン通り周辺 〔MAP〕P136B3 大判▶表-D2

リステル
The Listel Hotel

ギャラリーのようなホテル

さりげなくオブジェや絵画が飾られたギャラリーのようなホテル。このホテルのために地元のアーティストが描いた作品も飾られている。

DATA ⊗SBurrard駅から徒歩
10分 ⊕1300 Robson St.
☎604-684-8461
⑭⑤①C$299～ 129室
[R][F][🖥][📶]

イエールタウン 〔MAP〕P134B3 大判▶表-E3

ベストウエスタン・プラス・シャトーグランビル
Best Western Plus Chateau Granville

機能的な6タイプの客室が好評

ダウンタウンでは珍しく、大半の客室が専用テラス付き。グランビル通り沿いにあり、グランビル・アイランドも徒歩圏内。全客室に冷蔵庫と電子レンジを完備。

DATA ⊗SYaletown-Round
house駅から徒歩8分 ⊕1100
Granville St. ☎604-669-7070
⑭⑤①C$400～ 118室
[R][F][🖥][📶]

ベイエリア 〔MAP〕P138A3 大判▶表-E2

フェアモント・ウォーターフロント
The Fairmont Waterfront

窓に広がる大パノラマ

カナダ・プレイスの向かいに立つホテル。パシフィック・センターやロブソン通りにも近く、買物に便利。一年中利用可能な屋外温水プールやサウナなどを備える。

DATA ⊗SWaterfront駅から
徒歩1分 ⊕900 Canada Place
Way ☎604-691-1991
⑭⑤①C$526～ 489室
[R][P][F][🖥][📶]

バンクーバー中心部 〔MAP〕P134B3 大判▶表-D3

シェラトン・バンクーバー・ウォール・センター
Sheraton Vancouver Wall Centre Hotel

近未来をイメージさせる

ひと際目立つ斬新なデザインのガラス張りのツインタワー。館内の調度品からスタッフにいたるまで、すべてがスタイリッシュ。ヘアサロンやフィットネス施設も充実。

DATA ⊗B22番 St. Paul's Hospitalから徒歩2分 ⊕1088 Burrard St. ☎604-331-1000
⑭⑤①C$509～ 733室
[R][P][F][🖥][📶]

プチ情報
ホテルの値段は高級からエコノミーまでさまざま。予算に合わせて選ぼう。また、季節により客室料金は変動するので、予約の際に必ず確認をしよう。

イエールタウン 　MAP P140A1　大判▶表-E3

オーパス
Opus Hotel Vancouver

人気のデザインホテル

ハリウッドセレブやアーティストに人気のホテル。ラウンジはモダンアートのよう。それぞれにインテリアが異なる客室もおしゃれ。1階にはオーパス・バーがある。
DATA ⊗⑤Yaletown-Roundhouse駅から徒歩1分 ⊕322 Davie St. ☎604-642-6787 ⊕⑤①C$322〜　96室
R

ロブソン通り周辺 　MAP P137C3　大判▶表-D3

カルマナ・ホテル
Carmana Hotel

ダウンタウンで暮らすように滞在

各部屋にキッチン、冷蔵庫、調理器具を完備し、暮らす感覚で滞在できる。ダウンタウンの中心部にあり、買物にも便利。
DATA ⊗⑤Burrard駅から徒歩5分 ⊕11128 Alberni St. ☎604-683-1399 ⊕C$399〜　96室
R 🧊 🧺

ロブソン通り周辺　MAP P137C1　大判▶表-E2 **ピナクル・ホテル・ハーバーフロント** Pinnacle Hotel Harbourfront	ウォーターフロントで眺望抜群。客室の大きな窓が開放感たっぷり。 ⊗⑤Burrard駅から徒歩5分 ⊕1133 W. Hastings St. ☎604-689-9211 ⊕⑤①C$320〜　442室	R P F 🧊 🧺
ロブソン通り周辺　MAP P138A4 **メトロポリタン** Metropolitan Hotel Vancouver	高級感あふれる調度品でまとめられたホテル。1階にある「ディーバ」はトレンディなレストラン。　⊗⑤Granville駅から徒歩3分 ⊕645 Howe St. ☎604-687-1122 ⊕⑤①C$343〜　197室	R P F 🧊 🧺
ロブソン通り周辺　MAP P137C3　大判▶表-E3 **サットン・プレイス** The Sutton Place Hotel	エレガントな雰囲気が女性に人気。パソコン環境、スパやフィットネスセンターなど設備充実。　⊗⑤Burrard駅から徒歩6分 ⊕845 Burrard St. ☎604-682-5511 ⊕⑤①C$235〜　397室	R P F 🧊 🧺
ロブソン通り周辺　MAP P137D4　大判▶表-E3 **モーダ・ホテル** Moda Hotel	コンパクトな客室だが、機能的で洗練されており、カジュアルな滞在にぴったり。　⊗⑤Vancouver City Centreから徒歩5分 ⊕900 Seymour St. ☎604-683-4251 ⊕C$180〜　69室	R 🧊 🧺
ロブソン通り周辺　MAP P136B3 **ブルー・ホライズン** Blue Horizon	観光の拠点に便利な立地。客室はハーバービューとシティビューがある。1階にレストランも。　⊗⑤5番 Robson St.から徒歩1分 ⊕1225 Robson St. ☎604-688-1411 ⊕⑤①C$179〜　214室	R P F 🧊
ロブソン通り周辺　MAP P138A4 **ル・ソレイユ** LeSoleil	ビジネス街に位置するブティックホテル。クラシカルな上品な内装で、落ち着いた滞在が可能。　⊗⑤Burrard駅から徒歩3分 ⊕567 Hornby St. ☎604-632-3000 ⊕⑤①C$239〜　119室	R 🧊 🧺
バンクーバー中心部　MAP P134B3 **レジデンス・イン・バイ・マリオット・バンクーバー・ダウンタウン** Residence Inn by Marriott Vancouver Downtown	全室フルキッチン完備で長期滞在向き。部屋代は朝食込。無料の無線LANも整備。　⊗6、10番 Davie St. × Howe St.から徒歩2分 ⊕1234 Hornby St. ☎604-688-1234 ⊕C$306〜　201室	R P F 🧊 🧺
バンクーバー中心部　MAP P134B3 **センチュリー・プラザ・ホテル&スパ** Century-Plaza Hotel & Spa	ほとんどの客室がキッチン付きで、広い1ベッドルームスイートが人気。便利なロケーション。　⊗2、22番 Burrard St.から徒歩1分 ⊕1015 Burrard St. ☎604-687-0575 ⊕⑤①C$202〜　240室	R P F 🧊 🧺
バンクーバー中心部　MAP P134B3 **サンドマン・スイーツ** Sandman Suites on Davie	全室バルコニー付きのスイートタイプ。ビーチやショッピング街にも近く、長期滞在におすすめ。　⊗6番 Davie St.から徒歩1分 ⊕1160 Davie St. ☎604-681-7263 ⊕⑤①C$192〜　198室	R P F 🧊 🧺
イエールタウン　MAP P134B3 **ホリデイ・イン・スイーツ・バンクーバー・ダウンタウン** Holiday Inn Suite Vancouver Downtown	観光の拠点に便利な立地。レストランやフィットネスセンターなど施設も充実。　⊗⑤Yaletown-Roundhouse駅から徒歩9分 ⊕1110 Howe St. ☎604-684-2151 ⊕⑤①C$245〜　245室	R P F 🧊 🧺
ベイエリア　MAP P138B3　大判▶表-E3 **デルタ・ホテル・バンクーバー・ダウンタウン・スイーツ** Delta Hotel Vancouver Downtown Suites	全客室がリビングと寝室に分かれているスイートタイプ。大きな机やネット環境がいい。　⊗⑤Waterfront駅から徒歩5分 ⊕550 W.Hastings St. ☎604-689-8188 ⊕⑤①C$379〜　225室	R F 🧊 🧺
ベイエリア　MAP P138A2　大判▶表-E2 **パン・パシフィック** Pan Pacific Vancouver Hotel	カナダ・プレイス内にあり、エントランスの大きな吹き抜けが圧巻。 ⊗⑤Waterfront駅から徒歩2分 ⊕300-999 Canada Place ☎604-662-8111 ⊕⑤①C$314〜　503室	R P F 🧊 🧺

　R レストラン　P プール　F フィットネスジム　🧊 冷蔵庫、ミニバー　🧺 ランドリーサービス

バンクーバー発
1Day Trip
Victoria & Whistler

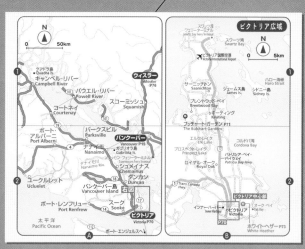

バンクーバーからひと足延ばして花々が彩るビクトリアや

アウトドア＆スキーリゾート、ウィスラーへも行ってみたい。

せっかくなら周辺の街をプラスするのもおすすめ。

英国文化が薫る美しき花の街

ビクトリア

Victoria
MAP P130A4

カナダ本土とは海を隔てたブリティッシュ・コロンビア州の州都。英国の香り漂う街並みには花があふれ、別名「ガーデン・シティ」ともよばれる。

1 水辺の美しい風景が広がるインナー・ハーバー **2** かわいいショップも多い **3** ブッチャート・ガーデン **4** ビクトリアのシンボル的存在・州議事堂

バンクーバーからのAccess

● 飛行機&水上飛行機で　バンクーバー国際空港からビクトリア国際空港までエア・カナダ便で所要約25分、C$108〜、1日15便ほど。また、カナダ・プレイス横のバンクーバー・ハーバー水上空港（MAP P135C1）からは、ハーバー・エア・シープレインズが水上飛行機を運航。ビクトリアのインナー・ハーバーまで所要約35分、1日11〜18便。基本料金はC$185〜（時期により異なる）。要予約

● バスで　バンクーバーのパシフィック・セントラル駅（MAP P135D4）からBCフェリーズ・コネクターのバスとフェリーで所要約3時間50分。バスは1日3〜8便、C$64.95〜

Information

●観光案内所
Visitor Information Centre
MAP P70A1
㉣バスティーポから徒歩5分
㊟812 Wharf St.
☎250-953-2033
㉦8時30分〜20時30分（冬期は9〜17時）
㊡なし

市内への交通

ビクトリア国際空港からタクシーで所要30分、C$60が目安。

市内交通

ダウンタウン内は徒歩で十分回れる。郊外のブッチャート・ガーデン（→P71）へはB.C.トランジットが運行する市バスが便利。路線にもよるが、だいたい6〜24時運行。料金は市内一律C$2.50。ブッチャート・ガーデンへも同料金。ブッチャート・ガーデンへはツアーバス（サイトシーイング・ビクトリアが運行。フェアモント　エンプレス前発着、入園料込みC$88〜）も出ている。

問合せ先

■ハーバー・エア・シープレインズ Harbour Air Seaplanes
URL https://harbourair.com/
■BCフェリーズ・コネクター BC Ferries Connector
URL https://bcfconnector.com/
■サイトシーイング・ビクトリア Sightseeing Victoria
URL https://sightseeingvictoria.com/
■B.C.トランジット B.C. Transit
URL www.bctransit.com

ビクトリア

Point
インナー・ハーバー "the ビクトリア" ともいえる撮影スポット。のんびり散歩がオススメ

フェアモント エンプレス
Fairmont Empress

ジョンソン通り
Johnson St. Bridge

フィッシャーマンズ・ワーフ P74
Fisherman's Wharf

インナー・ハーバー P72
Inner Harbour

観光案内所
Visiter Infomation Centre

ベンドレイ・イン・アンド・ティーハウス
ホテル・グランド・パシフィック

マクドナルド・パーク
MacDonald Park

ホーランド・ポイント
Holland Point

バスティーポ

ベルムケン・ハウス

ロイヤルB.C.博物館 P74
The Royal BC Museum
フェリー発着所

エミリー・カー・ハウス P75
Emily Carr House

P74 州議事堂
Legislative Assembly of BC

マイル・ゼロ
Mile 0

ドン・ミー P75

P75 クレイダー・ロック城
Craigdarroch Castle

サンダーバード・パーク P74
Thunderbird Park

ガバメント・ハウス
Government House

ビーコン・ヒル・パーク P75
Beacon Hill Park

ビクトリア美術館
The Art Gallery of Greater Victoria

0　500m

右図

チャイナタウン P75
ファン・タン・アレー
Fan Tan Alley P73

マーケット・スクエア P75
ジョンソン通り Johnson St. P72

P72 ボタン＆ニードルワーク

P73 トラウンス・アレー
Trounce Alley

バスチョン・スクエア P72

レッド・フィッシュ・ブルー・フィッシュ P72

P72 ロジャース・チョコレート

P74 ミニチュア・ワールド

P74 海洋博物館
ティー・ロビー フェアモント エンプレス P73、77

水上飛行機発着場

0　100m

N

ビクトリアを楽しむ　Keyword ⑤

① ブッチャート・
ガーデン
Butchart Gardens
1年中緑の草花が美しいビクトリア最大の観光ポイント。

② インナー・
ハーバー
Inner Harbour
遊歩道、州議事堂などが取り囲む、船の発着場所。

③ ガバメント通り
Government st.
英国調の趣漂う、街のメインストリート。みやげ物探しなどが楽しい。

④ アフタヌーン・
ティー
Afternoon Tea
英国から伝わるアフタヌーン・ティーの習慣が残る。

⑤ 路地裏散策
Alley Stroll
ダウンタウンを歩けば、思わず迷い込んでみたくなる魅力的な路地裏に出会える。

Keyword ① ブッチャート・ガーデン

The Butchart Gardens　MAP P69B1

色彩豊かに花が咲き誇る大庭園

ビクトリアの北郊外、1年を通して草花に彩られる美しい庭園。1906年、セメント王とよばれたブッチャート氏の夫人が、石灰岩の採掘跡に手を入れたのが始まりで、22haに及ぶ広大な敷地はサンケン・ガーデンやバラ園など5つのエリアで構成される。

DATA ⊗ Ⓑ75番でビクトリア中心部から60分。またはタクシーで30分、C$60〜　⊕800 Benvenuto Ave.　☎250-652-4422　⊕8時30分〜23時（冬期は9〜17時。時期により異なる）　⊛なし　⊛C$25.50〜39.50（時期により異なる）

世界中のバラが一堂に集まるバラ園。夏は蔓バラのアーチができてロマンチック

ブッチャート・ガーデン

日本庭園 Ⓒ
Ⓑ バラ園
ダイニング・ルーム
「タッカ」の像
サンケン・ガーデン Ⓐ
コーヒーショップ
入口
シード＆ギフト・ストア
ロス噴水
P

サンケン・ガーデン Ⓐ

Sunken Garden
園内最大のみどころともいうべきガーデン。"サンケン"とは窪地を意味し、かつて石灰を掘った穴に沿ってすり鉢状に庭園が築かれている。見晴らし台からの眺めは格別。

見晴らし台の階段を下りると、日本楓に囲まれたロス噴水。夜はライトアップされる

バラ園 Ⓑ Rose Garden

サンケン・ガーデンを抜け、芝生が広がる道を抜けるとバラ園に出る。6月下旬が見ごろ。

CHECK

●アフタヌーン・ティー
園内にあるダイニング・ルームでは11〜16時の間、アフタヌーン・ティーが楽しめる（冬期を除く）。要予約。

ダイニング・ルーム
Dining Room
DATA ☎250-652-8222
⊕11〜15時、17〜20時（時期により異なる）　⊛冬期

●みやげ
園内のシード＆ギフト・ストアは庭園にちなんだ花モチーフのみやげが見つかる。紅茶や花のイラストが描かれたマグカップが人気。

スノードーム
C$15〜

日本庭園 Ⓒ

Japanese Garden
バラ園の隣、鳥居の入口を抜けると日本庭園。園内でも有名な花、ヒマラヤ・ブルーポピーが晩春に花をつける。

開花カレンダー

日照時間が長く、冬でも氷点下にならないビクトリアでは、2月中旬ごろから花が楽しめる。

2月〜	パンジー、水仙
3月〜	アネモネ、ポリアンサス、紅スモモ
4月〜	ヒアシンス、桜草、アネモネ、忘れな草
5月〜	チューリップ、ライラック、あやめ、リンドウ
6月〜	バラ、ベゴニア、オダマキ

Keyword 2 インナー・ハーバー
Inner Harbour MAP P70A1

美しい港の景観を楽しんで

季節の花が彩る遊歩道

ダウンタウンの中心部に位置し、ビクトリア観光の起点となるエリア。ハーバー沿いには、季節の花かごが飾られた美しい遊歩道があり、その周囲には州議会堂などのみどころが並ぶ。遊歩道に沿って西へ行くとフィッシャーマンズ・ワーフ(→P74)に出る。

DATA ⊗🚶から徒歩すぐ

夜はライトアップされてロマンチックな雰囲気

フィッシュ&チップスC$15〜

レッド・フィッシュ・ブルー・フィッシュ
Red Fish Blue Fish MAP P70C2

海に面した爽快なロケーション

ビクトリア名物をお気軽に

英国の伝統が息づく、ビクトリアならではの名物といえばフィッシュ&チップス。輸送用のコンテナを使った屋台前は晴れた日ともなれば、ランチ目当ての客でいっぱいに。

DATA ⊗🚶から徒歩3分 ⊕1006 Wharf St. ☎250-298-6877 ⊕11〜19時(金〜日曜は〜20時) ㊡11〜2月

ラップサンド各種C$9〜

CHECK

観光フェリーに乗ってみよう!

港を往来するハーバー・フェリーから景観を楽しむのもおすすめ。乗り場はインナー・ハーバーに12ヵ所。料金はC$14〜。詳しくは🌐http://victoriaharbourferry.com

Keyword 3 ガバメント通り
Government St. MAP P70C2

賑やかなメインストリート

インナー・ハーバーから州議会堂を背に北にまっすぐ行くと、ビクトリア発祥の地、バスチョン・スクエアが現れ、さらに進むとチャイナタウンに出る。ロジャース・チョコレートなどの老舗店も多い。 DATA ⊗🚶から徒歩1分

路地に入るとかわいいショップも

刺繍糸と布がセットされたクロスステッチ・キット

ボタン&ニードルワーク
Button & Needlework MAP P70C1

DELFT TULIPS

かわいい手芸小物発見!

大小さまざまなボタンや刺繍糸など、ハンドメイド好きにはたまらない裁縫用品が揃う。ヘリテージ・クロスステッチ・キットC$15〜など。

DATA ⊗🚶から徒歩6分 ⊕Trounce Alley 614 View St. ☎250-384-8781 ⊕9時30分〜17時30分(日曜は12〜17時) ㊡なし

歴史と風格を感じさせる外観

ロジャース・チョコレート
Roger's Chocolates MAP P70C2

伝統の製法を守る名店

1885年創業の、長い歴史を誇るチョコレート専門店。名物はさまざまなフレーバークリームを包んだ大粒チョコ、ビクトリア・クリーム各C$3.50。

DATA ⊗🚶から徒歩4分 ⊕913 Government St. ☎250-881-8771 ⊕10〜20時 ㊡なし

チェックの包装がかわいいしい

ガバメント通りと交差するジョンソン通りも賑やかな一帯

Keyword 4 アフタヌーン・ティー
Afternoon Tea

優雅に楽しむティータイム

カナダで最も英国の伝統が残るとされるビクトリア。ホテルのラウンジはもとより、市内のレストランやカフェでもさまざまなスタイルでアフタヌーン・ティーを提供。サンドイッチやスコーンも付き、結構なボリュームがあるので小腹を空かせて行こう。

フェアモント・エンプレス
The Fairmont Empress

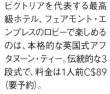

堂々たる風格のフェアモント・エンプレス

MAP P70C2

市内随一の格式を誇る

ビクトリアを代表する最高級ホテル、フェアモント・エンプレスのロビーで楽しめるのは、本格的な英国式アフタヌーン・ティー。伝統的な3段式で、料金は1人前C$89（要予約）

優雅な雰囲気を満喫したい。カジュアルすぎる服装はNG

🚇⛩から徒歩すぐ
🏨Hフェアモント・エンプレス（→P75）内 ☎250-389-2727
🕐11時～15時30分（木～日曜は～17時30分）⊗なし

3段式のトレイを使った伝統的なスタイル。最下段から食べるのが流儀

C H E C K

ここでも楽しめる！アフタヌーン・ティー

ホワイト・ヘザー
White Heather MAP P69B2
DATA🚇⛩から車8分
⊕1885 Oak Bay Ave.
☎250-595-8020
🕐11時30分～15時
⊗日～水曜 要予約

ペンドレイ・イン・アンド・ティー・ハウス
Pendray Inn&Tea House MAP P70A1
DATA🚇⛩から徒歩10分 ⊕309
Belleville St. ☎250-388-3892
🕐7～10時、11～16時（金～日曜は～18時）⊗なし

Keyword 5 路地裏散策
Alley Stroll

ワクワク気分で路地裏探検

ダウンタウン散策するなら、迷い込んでみたい路地が2つ。ひとつはチャイナタウンにあるファン・タン・アレー、もうひとつがガバメント通りの途中にあるトラウンス・アレー。どちらも表通りとはひと味違う雰囲気だ。

ファン・タン・アレー
Fan Tan Alley

ファンタン・カフェ横の路地がファン・タン・アレー

MAP P70C1

秘密めいた細い路地

チャイナタウンの中心部にある路地は、なんと一番狭いところで幅約90cm。昔は賭博が行われた場所だったが、今はユニークな雑貨店などが軒を連ねる観光名所に。
DATA🚇⛩から徒歩12分

狭い路地に個性的なショップが立ち並ぶ

中国風な看板もちらほら

ガバメント通りを曲がるとすぐ

トラウンス・アレー
Trounce Alley

MAP P70C1

花咲くかわいい小道

ガス灯や花かごが飾られた細い路地に小さなショップが集まり、かわいらしい雰囲気。ボタンの看板が目を引くボタン＆ニードルワーク（→P72）もここに。
DATA🚇⛩から徒歩7分

C H E C K

マーケットならこちらへ

歴史ある広場、バスチョン・スクエアでは4月下旬～9月下旬の木～日曜日と祝日に、パブリック・マーケットが開催される。手作り小物や食材の露店が並び、そぞろ歩きが楽しい。
DATA→P74

◻️📷 見る ｜   MAP P70A1

ロイヤルB.C.博物館
The Royal BC Museum   必見

ユニークな展示で学ぶB.C.州の自然や歴史

州議事堂の隣にある博物館。3つのフロアに分かれた展示室で、B.C.州の自然・文化・歴史について幅広く紹介。トーテムポールや仮面も多く展示され、B.C.州の歴史が視覚的に理解できる。

DATA ⊗📶から徒歩5分 ⊕675 Belleville St. ☎250-356-7226 ⊕10～17時(6～9月の金・土曜～22時) ⊛なし ⊕C$18 (IMAXシアターC$11.95) ⏳30～120分

◻️📷 見る ｜   MAP P70C1

バスチョン・スクエア
Bastion Square

ビクトリア発祥の地

1843年、ジェームス・ダグラスによりビクトリア城塞が築かれた場所で、ビクトリア発祥の地。広場周辺に立ち並ぶ歴史的建築は昔の外観を残したままリノベーションされ、カフェやショップとなって賑わっている。

DATA ⊗📶から徒歩5分 ⊕Bastion Square ⏳~30分

◻️📷 見る ｜   MAP P70A1

州議事堂
Legislative Assembly of BC

宮殿のように壮麗な街のランドマーク

1898年に完成した州議会の議事堂。インナー・ハーバーに面した広大な敷地に立ち、街のシンボル的存在となっている。無料のガイドツアーも開催(所要約45分)。夜はライトアップが美しい。

DATA ⊗📶から徒歩5分 ⊕501 Belleville St. ☎250-387-3046 ⊕9～17時(時期により異なる) ⊛土・日曜 ⊕無料 ⏳~30分

◻️📷 見る ｜   MAP P70C2

ミニチュア・ワールド
Miniture World

ガリバー気分を満喫しよう

ミニチュア模型の博物館。世界でも最大級を誇る鉄道模型やドールハウス、11年かけて仕上げた世界最小の製材工場など、細部にいたるまで非常に精巧な造りに驚嘆させられる。

DATA ⊗📶から徒歩2分 ⊕649 Humboldt St. ☎250-385-9731 ⊕10～20時(時期により異なる) ⊛なし ⊕C$19 ⏳~30分

◻️📷 見る ｜   MAP P70A1

フィッシャーマンズ・ワーフ
Fisherman's Wharf

海風に吹かれて散策

インナー・ハーバーの西側、カラフルなフローティングハウス(海に浮かぶ家)が並ぶ波止場。フィッシュ＆チップスで人気のバーブス・プレイスなど軽食店も多く、人気のエリアで、特に夏場は賑わう。アシカが出没することでも知られる。

DATA ⊗📶から徒歩15分 ⊕Fisherman's Wharf ⏳~30分

◻️📷 見る ｜   MAP P70A1

サンダーバード・パーク
Thunderbird Park

トーテムポールが立つ公園

ロイヤルB.C.博物館に隣接する公園。園内にはたくさんのトーテムポールが立っており、運がよければアーティストが作る様子が見られる。州で最古の家、ヘルムケン・ハウスもある。

DATA ⊗📶から徒歩6分 ⊕675 Belleville St.(ロイヤルB.C.博物館の敷地内) ⊕⊛見学自由 ⊕無料 ⏳~30分

◻️📷 見る ｜   MAP P70C2

海洋博物館
The Maritime Museum of BC

100年以上の歴史を持つ

B.C.州の航海の歴史を紹介する博物館。世界一周を試みた探検家たちが使った大型カヌーや船のエンジンを再現した動く模型などが展示されている。

DATA ⊗📶から徒歩5分 ⊕744 Douglas St. ☎250-385-4222 ⊕10～17時(冬期は～16時) ⊛日～水曜 ⊕C$10 ⏳30～120分

花の街を馬車で観光

季節の花々に彩られたビクトリアの街を馬車で巡るツアーはいかが。インナー・ハーバー、ビーコン・ヒル・パークなど市内各所を馬車から眺めるロイヤルツアーは約60分でC$255(コースによって異なる)。6人まで乗車可能。

ビクトリア・キャレッジ・ツアー   Victoria Carriage Tour

DATA ☎250-383-2207/1-877-663-2207(北米専用フリーダイヤル) 🌐www.victoriacarriage.com

📷 見る | MAP P70C1

チャイナタウン
Chinatown

中国移民のパワーを感じる

ガバメント通り沿いのパンドラ通りから先の一角が、19世紀半ばにできたチャイナタウンだ。看板に書かれた極彩色の中国語や入口の大きな門など、別世界が広がっているエリア。ランチタイムには飲茶が楽しめるレストランもある。

DATA 🚇 🚶から徒歩15分 ⏱30〜120分

📷 見る | MAP P70A2

エミリー・カー・ハウス
Emily Carr House

女流画家の足跡をたどる

カナダを代表する女流画家、エミリー・カーの生家跡。イギリスから移住してきた両親によって、1863年に建てられた。現在は彼女の足跡をたどる博物館として開放されている。

DATA 🚇 🚶から徒歩15分 🏠207 Government St. ☎250-383-5843 🕐11〜16時(時期により異なる) 🗓9〜5月の日〜木曜、6〜8月の月曜 💴寄付(C$5程度) ⏱30分

📷 見る | MAP P70A·B2

ビーコン・ヒル・パーク
Beacon Hill Park

緑あふれる憩いの公園

ダウンタウンの南端、アメリカとの国境である海峡を望む市民のオアシスとして親しまれている。公園の西側にあるマイル・ゼロMile Zeroの標識はカナダを横断するトランス・カナダ・ハイウェイの西の起点。全高39mのトーテムポールはギネス記録の高さ。

DATA 🚇 🚶から徒歩12分 ⏱30分

🍴 食べる | MAP P70C1

ドン・ミー
Don Mee

本場の味が楽しめる老舗店

チャイナタウンにある広東と四川料理が味わえる店。ランチは飲茶がおすすめ。60種類以上の点心がワゴンで運ばれてくるので、目の前で注文できてよい。

DATA 🚇 🚶から徒歩12分 🏠538 Fisgard St. ☎250-383-1032 🕐11〜22時(土・日曜は10時〜) 🗓なし 💴C$15〜C$30〜 🇯

🎁 買う | MAP P70C2

ベイ・センター
The Bay Centre

買物好きには見逃せない

ダウンタウンの中心にある大きなショッピングセンター。約90のカジュアル・ブランド店が連なっている。最上階の4階にはフードコートがある。

DATA 🚇 🚶から徒歩4分 🏠1150 Douglas St. ☎250-952-5690 🕐10〜18時(木〜金曜は〜21時、日曜は11時〜)※店舗や時期により異なる 🗓なし

🎁 買う | MAP P70C1

マーケット・スクエア
Market Square

趣のあるレンガの建物

中庭を囲むように店舗が並ぶ、レンガ造りの2階建てショッピング・センター。18世紀後半に建てられた倉庫街で趣のある造り。個性的なショップなどが入る。

DATA 🚇 🚶から徒歩6分 🏠560 Johnson St. ☎250-386-2441 🕐10〜17時(日曜は11時〜)※店舗により異なる 🗓なし

🏨 泊まる | MAP P70C2

フェアモント・エンプレス
The Fairmont Empress

ビクトリアのランドマーク

優雅な外観のビクトリアを代表するホテル。客室も豪華だ。1階のティールームでは本格的な英国式アフタヌーン・ティーで優雅なひとときが過ごせる。(→P73)

DATA 🚇 🚶から徒歩2分 🏠721 Government St. ☎250-384-8111 💴夏期⑤①C$550〜、冬期⑤①C$325〜 Ⓡ Ⓟ Ⓕ

クレイダー・ロック城

1890年、石炭と鉄道で財を成したロバート・ダンスミュアが建てた豪邸だが、本人は完成前に逝去。4階建てに全39室と、当時の富豪の暮らしぶりが伺える。

DATA 🚇 🚶から車5分 🏠1050 Joan Crescent ☎250-592-5323 🕐10〜16時 🗓月・火曜 💴C$20.60 MAP P70B1

プチ情報　ビクトリア周辺の海域はシャチやアザラシ、クジラなどがやって来ることで知られる。運がよければ、海沿いの遊歩道を歩いている際に見られることもある。

一年中楽しいマウンテン・リゾート

ウィスラー
Whistler
MAP P130A3

バンクーバーからバスで2.5時間

山や湖、森といった恵まれた大自然をフィールドに、冬はスキー、夏はハイキングなど、さまざまなアクティビティを楽しめる。コンパクトな町づくりは、短期の滞在でも動きやすい

1 観光の拠点となるウィスラー・ヴィレッジ。緑の中にロッジが点在する　**2** グルメにも評判のレストランが多い　**3** ウインターシーズンは白銀の世界に　**4** 紅葉のウィスラーを走るランナーたち

バンクーバーからのAccess

●バスで　バンクーバーからYVRスカイ・リンクスとエピック・ライズのバスが運行。バンクーバー国際空港、バンクーバーダウンタウンから乗車可能。所要2時間25分～3時間。ダウンタウンからC$32～、空港からC$55～。
YVRスカイ・リクス
🔗https://yvrskylynx.com/

エピック・ライズ
🔗https://epicrides.ca/
冬期のスキーシーズン中のみ運行するスノーバスもある。1日2便（金曜は3便）。往復C$76、リフト券付きパッケージC$180～。
🔗www.snowbus.com

Information

🏢 **観光案内所**　MAP P76A2
Whistler Visitor Centre

⊗バスディーポからすぐ　⊕4230 Gateway Dr.　☎（フリーダイヤル）1-877-991-9988　🕘9～17時（時期により異なる）　㊡なし　●ウィスラー観光局
🔗www.whistler.com（英語）

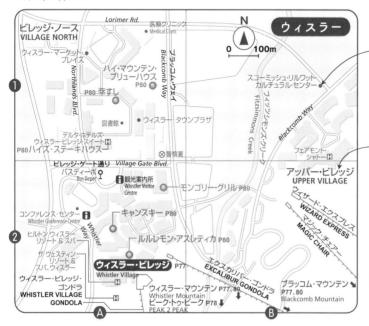

ビレッジ・ノース
VILLAGE NORTH

Lorimer Rd.

医療クリニック
● Medical Clinic

ウィスラー・マーケット・プレイス

ハイ・マウンテン・ブリューハウス P80

P80 幸すし

図書館

● ウィスラー・タウンプラザ

デルタ・ホテルズ・ウィスラー・ビレッジ・スイート
P80 ハイ・ステージハウス

ビレッジ・ゲート通り　*Village Gate Blvd.*

バスディーポ
Bus Depot

● 警察署

N
0　100m

ウィスラー

スコーミッシュ・リルワット・カルチュラル・センター

フェアモント・シャトー

観光案内所
Whistler Visitor Centre

● モンゴリー・グリル P80

コンファレンス・センター
Whistler Conference Centre　ℹ

ヒルトン・ウィスラー・リゾート＆スパ

サ・ウェスティン・リゾート＆スパ・ウィスラー

ウィスラー・ビレッジ・ゴンドラ
WHISTLER VILLAGE GONDOLA

● キャンスキー P80

ルルレモン・アスレティカ P80

ウィスラー・ビレッジ P77
Whistler Village

ウィスラー・マウンテン P77、80
Whistler Mountain
ピーク・トゥ・ピーク P78

エクスカリバー・ゴンドラ
EXCALIBUR GONDOLA

Ⓐ

アッパー・ビレッジ
UPPER VILLAGE

ウィザード・エクスプレス
WIZARD EXPRESS

マジック・チェアー
MAGIC CHAIR

ブラッコム・マウンテン P77、80
Blackcomb Mountain

Ⓑ

Point.2
スコーミッシュ・リルワット・カルチュラル・センター
ウィスラー周辺の先住民族の伝統文化を紹介する施設。カフェを併設。

Point.1
アッパー・ビレッジ
ウィスラー・ビレッジに比べると店も少なく静かな雰囲気。ゆったり過ごしたい人向き

ウィスラー・ビレッジ内を彩る季節の花々

ウィスラーを楽しむ **Keyword 3**

① ウィスラー・ビレッジ
Whistler Village

歩行者専用の敷地内には施設が点在。グルメもショッピングも楽しめる。

② 2大スキー・マウンテン
Top 2 Ski Mountain

ウィスラー山とブラッコム山のコース約200以上と北米最大級規模。

③ 夏の人気のアクティビティ
Activity

スノーモービルやヘリスキー、馬ゾリ、ありとあらゆる雪遊びに挑戦できる。

グリーン・シーズンも美しい

Keyword **1**

ウィスラー・ビレッジ
Whistler Village MAP P76A2

リゾート・ステイの中心地

3つのエリア(ウィスラー・ビレッジ、ビレッジ・ノース、アッパー・ビレッジ)に分かれ、ショップやレストラン合わせて300店以上が並ぶ。エリア内は車の通行が禁止なので、安心してリゾート散策が楽しめる。

夏の水・日曜にはファーマーズマーケットを開催

イベントも多く、リゾートを盛り上げる

カフェで寛ぐ人々

ビレッジ内は歩行者天国

連なる2つの山に多数のゲレンデがある

Keyword **2**

2大スキー・マウンテン
Top 2 Ski Mountain MAP P76A・B2

スキーヤーたち憧れの地

ビレッジを囲むようにそびえるウィスラー・マウンテンとブラッコム・マウンテン。2つの山に広がるゲレンデはなんと200以上。ビレッジからゲレンデまでは、ゴンドラが直結しているので、便利だ(→P80)

www.whistlerblackcomb.com
(ウィスラー／ブラッコム・スキーリゾート)

開放感いっぱいのゲレンデを滑走

ウィスラー山とブラッコム山の頂上をつなぐゴンドラ

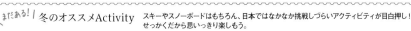

まだある！ **冬のオススメActivity** スキーやスノーボードはもちろん、日本ではなかなか挑戦しづらいアクティビティが目白押し！せっかくだから思いっきり楽しもう。

スノーモービル
森の中から湖上まで、専用トレイルがある

スノーシュー
深い雪の上を歩けるスノーシューで森を散策

クロスカントリー
全長90kmのオリンピックパーク。ツアーも出ている

ヘリスキー
リフトのない高所からパウダースノーを滑走可能

※詳細はウィスラー観光局(→P76)やウィスラー／ブラッコム・スキーリゾートホームページ(英語)で

Keyword 3 夏の人気アクティビティ
Popular Activities

四季を通して楽しみ満載

ウィンター・スポーツが有名だけれど、ウィスラーの魅力はそれだけにとどまらない。ビレッジからすぐそこに広がる大自然のなかで、緑の季節に体験できるアクティビティはとにかく豊富。時間の許す限り、とことん遊び尽くそう。

ピークからの爽快なビューを堪能しよう

ウィスラー・マウンテンの山頂展望台

山の上は真夏も地面に雪が残っている

ハイキング Hiking

誰でも気軽に楽しめる

ウィスラー山周辺には散歩感覚で楽しめる散策路から本格的なルートまで、たくさんのハイキングコースがある。ゴンドラでアクセスするも、日本語ガイド付ツアーに参加するのもよい。体力や目的に合わせて選んで。

スリル度	★★★☆☆
ビュー度	★★★★☆
難易度	★☆☆☆☆

DATA [問合せ先]ジャパナダ・エンタープライズ Japanada Enterprises ☎604-932-2685(日本語可) ㊜約4時間C$170〜 ㊟www.japanada.com

「ピーク・トゥ・ピーク」で2つの山頂を制覇

ウィスラーとブラッコムの各山頂付近をつなぐゴンドラがある。その名も「ピーク・トゥ・ピークPEAK 2 PEAK」。全長約4.4kmを11分で結び、最高地点・地上436mの高さを通過する。これに乗れば、いったん谷底に降りることなく、2つのピークを制覇できる。

DATA ㊙10〜17時 ㊡なし ㊜1日券C$90(ウィスラー・マウンテン、ブラッコム・マウンテンのリフトと共通)

MAP P76A2

知っておきたい ウィスラーハイキングADVICE

アクセスが良好
ウィスラー・ビレッジから徒歩でゴンドラ乗り場へ。山上でゴンドラを乗り換えて空中散歩やハイキングが楽しめる。

大きい標高差
ウィスラーのベースは標高600mで、周囲は2000m級の山々。気軽に上れるが服装や気圧の変化にご注意。

右側通行で
狭いトレイルでほかのハイカーとすれ違う際は、車と同じ右側通行で。譲ってもらったときはお礼を忘れずに。

乗馬 Horseback Riding

馬の背に乗り自然を体感

馬とふれあいながら普段と違った目線で景色が楽しめる。日本語で説明してくれるので、初心者でも安心。

DATA [問合せ先]ジャパナダ・エンタープライズ Japanada Enterprises ☎604-932-2685(日本語可) ㊜1時間C$260、2時間C$400(4月下旬〜10月の開催) ㊟www.japanada.com/

インストラクターの説明をよく聞いて乗ろう

新品はNG。慣れた靴で行こう

スリル度	★★☆☆☆
ビュー度	★★★☆☆
難易度	★★☆☆☆

※問合せ先は主なツアー催行会社を掲載。料金は目安のものです。ツアーは予約が必要なものが多いため、事前にご確認ください。

よし!一気に
駆け降りるぞ!

起伏に富んだ地形を走る

マウンテン・バイク& サイクリング　Mountain Bike

スリル度	★★★★☆
ビュー度	★★★☆☆
難易度	★★★☆☆

風を切って走り抜ける

ウィスラー・ビレッジ周辺には35kmに及ぶサイクリングルート「バレー・トレイル」が整備されている。ゴンドラに乗り山上から駆け下りる中〜上級者向けルートも充実。

DATA [問合せ先]ウィスラー・マウンテン・バイク・パーク
Whistler Mountain Bike Park
☎1-800-766-0449
㊵1日レンタルC$60〜
🌐www.whistlerblackcomb.com

ダイナミックなビューを満喫

ウィスラーの夏といえば…
ウィスラーの冬がスキーなら、夏はこれ、マウンテン・バイク。ウィスラーには世界的なレースが開催される本格コースがあり、多くの愛好家が訪れる。

ジップトレック　Ziptrek

スリル度	★★★★★
ビュー度	★★☆☆☆
難易度	★★★☆☆

体験するとクセになる

ウィスラー山とブラッコム山の間に張られたケーブルを時速60kmほどの速度で、最長約600mを一気に下る。スリルと絶景を味わえるアクティビティ。

DATA [問合せ先]ジップトレック・エコツアーズ　Ziptrek Ecotours
☎1-866-935-0001
㊵約2時間30分C$169.99〜
🌐www.ziptrek.com

思わず夢中になる大迫力

ここがスタート地点

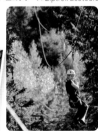
ターザンのように森から森へ移動する

ラフティング　Rafting

力を合わせてチャレンジ!

急流をチーム全員が一体となって乗りこなしていく。フィールドはチーカマス川やエラホ川で、参加者のレベルに応じて川を選んでくれる。

DATA [問合せ先]ウェッジ・ラフティング　Wedge Rafting
☎604-932-7171/1-888-932-5899
㊵約2時間C$179.99〜 🌐www.wedgerafting.com

ライフベストは必ず着用してね

スリル度	★★★★☆
ビュー度	★★☆☆☆
難易度	★★★☆☆

まだある! 夏のオススメActivity

キャンプ　Camp
キャンプ場はあちこちにあり、設備も充実している。冬場はクローズが多い。
DATA [問合せ先]ジャパナダ・エンタープライズ(→P78/ハイキング参照)㊵ハイク&キャンプ2日間1名C$590〜

フィッシング　Fishing
大物が釣れるが、基本はキャッチ&リリースで。
DATA [問合せ先]ウィスラー・フィッシング・ガイド ☎855-522-3474 ㊵半日1名C$450(2名以上はC$250〜)🌐www.whistlerfishingguides.ca

カヌー&カヤック
White Canoe&Kayak
景色を楽しみつつ流れが穏やかな川を下る。
DATA [問合せ先]バックロード・ウィスラー ☎604-932-3111 ㊵3時間1名C$115 🌐www.backroadswhistler.com

ゴルフ　Golf
ビレッジから徒歩圏内にコースがある。
DATA [問合せ先]シャトー・ウィスラー・ゴルフ・クラブ ☎604-938-2092 ㊵C$135〜(15時以降はC$80〜)🌐www.whistlermountaingolf.com

📷 見る | MAP P76A2

ウィスラー・マウンテン
Whistler Mountain

自然の地形を生かしたコース

200以上ものコースを持つ巨大なスキー場。ウィスラー・ビレッジからゴンドラを乗り継ぎ、約20分で頂上まで行ける。このあたりのコースは上級者向き。夏はハイキングが楽しめる。(→P78)
`DATA` ⊗ ⓘからウィスラー・ビレッジ・ゴンドラ乗り場まで徒歩10分
☎ (フリーダイヤル)
1-800-766-0449

📷 見る | MAP P76B2

ブラッコム・マウンテン
Blackcomb Mountain

スノーボード・パークもある

ウィスラー・マウンテンの隣、標高差1609mを生かしたダイナミックなコースが人気のスキー場。初級者から上級者まで楽しめる。ホーストマン氷河では夏スキーも可能。(→P77)
`DATA` ⊗ ⓘからエクスカリバー・ゴンドラ乗り場まで徒歩10分
☎ (フリーダイヤル)
1-800-766-0449

🍴 食べる | MAP P76A2

モンゴリー・グリル
Mongolie Grill

好みの具材を選んでグリル

モンゴル・スタイルの鉄板焼きレストラン。肉や魚介、野菜の中から食べたいものを選ぶと、大きな鉄板でグリルしてくれる。味付けのソースも選べる。
`DATA` ⊗ ⓘから徒歩2分
⊕201-4295 Blackcomb Way
☎604-938-9416
🕐11時30分～22時(金～日曜は12時～) 休なし 料C$30～

🍴 食べる | MAP P76A1

幸すし
Sachi Sushi

名物の寿司ロールはぜひ

巻き寿司だけでも20種類以上。工夫を凝らしたオリジナル巻き寿司は地元の人にも人気だ。寿司以外のメニューも充実しており、日本酒ベースのカクテルもある。
`DATA` ⊗ ⓘから徒歩5分
⊕106-4359 Main St.
☎604-935-5649 🕐17時30分～22時 休なし 料C$30～
🗾🗾

🍴 食べる | MAP P76A1

ハイズ・ステーキハウス
Hy's Steakhouse

本格的なステーキが味わえる

カルガリー発のステーキ・レストラン。高級感漂う落ち着いた雰囲気の店内では、ステーキ以外にオイスターやロブスター、カニなどの海鮮も味わえる。
`DATA` ⊗ ⓘから徒歩5分
⊕4308 Main St.
☎604-905-5555
🕐16～21時(土・日曜は～22時) 休なし 料C$60～

🍴 食べる | MAP P76A1

ハイ・マウンテン・ブリューハウス
High Mountain Brewhouse

アクティビティの後はここで一杯

ウィスラーで唯一の自家製ビールは5種類。各種ピザなど、地ビールに合う軽食メニューが揃う。スポーツ中継を常時放映しており、カジュアルな雰囲気だ。
`DATA` ⊗ ⓘから徒歩2分
⊕4355 Blackcomb Way
☎604-905-2739 🕐12～21時(金・土曜は～22時) 休なし
料C$40～ 夜C$60～

🎁 買う | MAP P76A2

キャンスキー
Can-Ski

ウィスラーきっての品揃え

スキー&スノーボードの専門店。ウィスラー・ブラッコムのオリジナル・ロゴ商品も扱っている。ウエアや小物も豊富。ボードのメンテナンスもしてくれるので心強い。
`DATA` ⊗ ⓘから徒歩2分
⊕4253 Village Stroll
☎604-938-7755
🕐8時30分～18時(金・土曜は～20時) 休なし

🎁 買う | MAP P76A2

ルルレモン・アスレティカ
Lululemon Athletica

おしゃれなヨガ・ウエア

カナダ発のヨガ・ウエアの専門店。肌にやさしい素材を使い、着心地がよくて動きやすいおしゃれなウエアを提案している。ヨガ・マットや小物も多種類ある。
`DATA` ⊗ ⓘから徒歩2分
⊕118-4154 Village Green
☎604-332-8236
🕐10～19時(金・土曜は～20時) 休なし

必見! 眺望抜群 所要時間30～120分 所要時間120分以上
要予約 🗾日本語スタッフ 🗾日本語メニュー

Topic 3

カナディアン・ロッキー

Canadian Rockies

ダイナミックな大自然の宝庫、カナディアン・ロッキー。

雄大な山々が連なり、大氷原や輝く湖に息をのむ

自然が造り出した絶景を見に行こう。

自然が造り上げた大パノラマ

カナディアン・ロッキー 早わかり

北米大陸西部を南北に貫くロッキー山脈。
なかでもカナダ国内に連なる部分はカナディアン・ロッキーとよばれ、
エメラルドの湖や氷河などのダイナミックな景観で知られる。

世界遺産

「カナディアン・ロッキー山脈自然公園群」は1984年に登録されたユネスコの世界自然遺産。登録の対象となったのは4つの国立公園と3つの州立公園。総面積は約2万3400㎢。3000m級の険しい山々や氷河、緑豊かな針葉樹林の森、滝、峡谷など、今も手つかずの自然が残されている。

❶ 4つの国立公園で構成

バンフ国立公園、ジャスパー国立公園、クートニー国立公園、ヨーホー国立公園の4つの国立公園とブリティッシュ・コロンビア州の3つの州立公園で構成。入園料は国立公園内共通でC$15(購入の翌日16時まで有効)。通常、ツアー料金に含まれるが、個人の場合は公園入口で支払う。

ジャスパー国立公園
ジャスパー
バンフ国立公園
コロンビア大氷原
アルバータ州
マウント・ロブソン州立公園
B.C.州
レイク・ルイーズ
バンフ
ハンバー州立公園
ヨーホー国立公園
クートニー国立公園
マウント・アシニボイン州立公園

❷ 観光の拠点はどこ?

南北に連なるカナディアン・ロッキーの南側のゲート・タウンがバンフ(→P96)、北側がジャスパー(→P104)。その中間地点にあたるレイク・ルイーズ(→P100)を合わせ、3カ所がそれぞれ観光の拠点となる。

●バンクーバーからのアクセスは?
カナディアン・ロッキーの空の玄関はカルガリー空港。日本からは直行便もある。バンクーバーからは国内線で約1時間20分。長距離バスは半日以上かかる。のんびり派には観光列車のVIA鉄道やロッキー・マウンテニア号(→P93)でもアクセス可能。

❸ 必見の2大ハイライト

コロンビア大氷原→P89、90
1万年前の氷河期から残る広大な大氷原。北極を除けば、北半球最大の大きさを誇る。
レイク・ルイーズ→P87、100
エメラルド・グリーンの湖水が"カナディアン・ロッキーの宝石"と讃えられる美しい氷河湖。

1モレーン・レイクのダイナミックな自然の美を満喫しよう　2ロッキーに暮らす野生動物たちに出合える　3南極大陸に次ぐ規模を誇るコロンビア大氷原　4エメラルドグリーンの湖面が美しいレイク・ルイーズ　5バンフはロッキーへのゲート・シティ　6高山植物が彩るサンシャイン・メドウズ

④ ツアーとレンタカーどっちがいい?

ツアーに参加する　ホテルまでの送迎付きツアーは、現地発オプショナル・ツア　が各種あるので電話やホームページで予約をする。　→P111

レンタカーで行く　バンフやジャスパーなどは車の台数が少ないため、カルガリーなど近郊の都市で借りるのも手だ。ただしガソリン・スタンドが少なく、こまめな給油が必須。また2023年より、レイク・ルイーズとモレーン・レイク周辺ではマイカー規制が敷かれ、シャトルバス利用が一般的となる。シャトルバスの予約はウェブから。🔗https://reservation.pc.gc.ca/

⑤ 観光のシーズン&服装

シーズンは夏場　冬に凍った湖がしっかり解ける6月中旬くらい〜8月までの夏が一番の観光シーズン。気温30度近くになることもあるが、雪が降ることも。10月頃から雪が降り始め、11月頃にはスキーシーズンになる。

服装、持ち物　山の気候は変わりやすいもの。夏場の昼は温かいが、夜や朝方はぐっと冷え込むのでウインドブレーカーやフリースなどの防寒具は必携。標高が高く、晴天時には日差しが強いため、サングラスや帽子なども持っておきたい。

⑥ こうして遊ぶ!

ハイキング　ハイキングのトレイルはよく整備されているので個人でも楽しめるが、自然や歴史などの説明も聞ける現地ツアーに参加したほうが安心だ。　→P102、103

アクティビティ　乗馬、サイクリング、カヌー&カヤック、釣り……と、山のアクティビティなら何でも揃う。せっかく来たのなら、十分に遊び尽くしたい。

ココに注意!

動物　生態系を壊す恐れがあるのでエサやりはNG。また、動物を見かけても近づかないこと。

ゴミ　野生動物が人間の食べ残しを食べないよう、ゴミは持ち帰るか、所定のゴミ箱に捨てること。

クマに注意　「クマ出没注意」の看板があるルートは数人のグループでないと入れないので確認を。クマ鈴は必携。

カナディアン・ロッキー
エリアNAVI

観光のゲートタウンとして賑わうバンフ、湖畔にマウンテン・リゾートが立つレイク・ルイーズなど、ロッキー周辺でポイントとなるいくつかの町&名所をまずは頭に入れよう。

1 バンフ
Banff

MAP P130A3　大判▶裏-D4

バンフ国立公園の中心にあたり、カナディアン・ロッキーエリア内では最大の町。バンフ大通りは、背景にカスケード・マウンテンがひかえ、観光のシーズンは賑わう。ダウンタウンの南のはずれには高級ホテル、フェアモント・バンフ・スプリングスが立つ。

CHECK!
- ●バンフ大通り(→P97)
- ●カスケード・ガーデン(→P97)
- ●ボウ滝(→P97)
- ●サルファー・マウンテン(→P97)

宿泊拠点>>>バンフに滞在してロッキー観光へ

2 レイク・ルイーズ
Lake Louise

MAP P84A2　大判▶裏-D4

カナディアン・ロッキーの2大観光名所のひとつ。"ロッキーの宝石"といわれる美しい湖で、バックには氷河を抱いたマウント・ビクトリアがそびえる。湖の周辺はリゾートホテルが立つ以外、町らしい町はない。

CHECK!
- ●レイク・ルイーズ(→P101)
- ●フェアモント・シャトー・レイク・ルイーズ(→P102)
- ●ハイキング(→P103)

宿泊拠点>>>レイク・ルイーズまたはバンフ

SNARING 16　ミエット・ホット・スプリングス A
Miette Hot Springs
FOOTHILLS

LUSCAR　●Cadmin

●マリーン・キャニオン P105 ホワイトホース州立公園
Maligne Canyon　Whitehorse Wildland Provincial Park
●MOUNTAIN PARK

3 ジャスパー P104
Jasper

ウィスラーズ・マウンテン P105
Whistlers Mt.

▲3608　▲3130
Mormot Min　Mt. Balinhard

Mt. Edith Cavell &
Angel Glacier　マリーン・レイク P105
Albabasca　●Maligne Lake
Falls

▲3268　ジャスパー
Mt. Unwin　国立公園
Jasper
1　▲3470　National Park
Mt. Brazeau

Brazeau River
Blackstone River

ノルデッグ
Nordegg

Hooker Icefield

ハンバー州立公園

コロンビア・
アイスフィールド・
P89, 91 スカイウオーク
Columbia Icefield Skywalk
Mt. Columbia
▲3747

Abraham
Lake
Mt. Michener
▲2337

P89, 90 コロンビア大氷原　アサバスカ氷河
Columbia Icefield　Athabaska Glacier
Mt. Cline
▲3361

5

P89 ウィーピング・ウォール
Weeping Wall

サスカチュワン・
クロッシング P89
Saskatchewan Crossing

ブリティッシュ・
コロンビア州
BRITISH COLUMBIA

Lyell
Icefield

P89 ウォーターフォール・レイク
Waterfowl Lakes
Freshfield　Mt. Willingdn
Icefield　▲3373

P89 スノーバード氷河
Snowbird Glacier

P88 ペイト・レイク
Peyto Lake
Wapta
P88 ボウ・レイク
Icefield　Bow Lake

P92 タカカウ滝　P88 クロウフット氷河
Takakkaw Falls　Crowfoot Glacier

Donald
Station

P92 スパイラル・トンネル
Spiral Tunnel

レイク・
ルイー
Lake Lou

グレイシャー
国立公園
Glacier National Park

P92 エメラルド・レイク
Emerald Lake

P92 ナチュラル・ブリッジ
Natural Bridge

2

P101, 103 レイク・アグネス
Lake Agnes

Golden

6 レイク・ルイーズ
1 Lake Louise
P87, 100, 101

Ve

Kicking Horse

モレーン・レイク
P92 Moraine Lake
Marble Canyor

ヨーホー国立公園 P92
Yoho National Park

Parson

Spillmachen River

Spillmack

95 Verm
Cros

Brisco

Canadian Rockies

Duncan River

Kirk Mountains

Purcell Mountains

Columbia River

Edgewater
ラジウム・ホット・スプリ
Radium Hot S
Radium Hot Sprin

A

3 ジャスパー
Jasper

MAP P130A3　大判▶裏-B2

カナディアン・ロッキーの国立公園では最も広いジャスパー国立公園の中にある。南北に延びるコンノート通り沿いが中心だが、バンフに比べると小ぢんまりとしていて、のんびりした雰囲気が漂う。

CHECK!
●マリーン・キャニオン（→P105）
●ウィスラーズ・マウンテン（→P105）
●マリーン・レイク（→P105）
宿泊拠点>>>ジャスパー

4 カルガリー
Calgary

MAP P130A3　大判▶裏-F4

人口は100万人を超えるアルバータ州最大の都市。1988年には冬季オリンピックが開催された。ロッキー山麓から約80kmに位置し、カルガリー空港は空の玄関口として知られ、バンフからバスで約1時間40分。

CHECK!
●カルガリー・タワー（→P109）
●グレンボウ博物館（→P109）
宿泊拠点>>>カルガリー（一般的には宿泊せずロッキーに向かう）

5 コロンビア大氷原
Columbia Icefields

MAP P84A1　大判▶裏-C3

カナディアン・ロッキー最大のみどころ。雪上車のアイスエクスプローラーに乗って氷原に行き、真夏でも氷の世界を体験できる。

宿泊拠点>>>バンフまたはレイク・ルイーズ

6 ヨーホー国立公園
Yoho National Park

MAP P84A2　大判▶裏-C4

カナダ随一の落差を誇るタカカウ滝とエメラルド・レイクが2大名所。モレーン・レイクと一緒に回るツアーが多い。

宿泊拠点>>>バンフまたはレイク・ルイーズ

7 クートニー国立公園
Kootenay National Park

MAP P85B2　大判▶裏-D5

マーブル・キャニオンなど変化に富んだ自然が魅力。天然温泉のラジウム・ホット・スプリングスがよく知られている。

宿泊拠点>>>バンフ

Lodgepole
Brazeau Res.
Nordegg River
N Saskatchewan River

11
0　50km

ロッキー・マウンテン・ハウス
Rocky Mountain House

Caroline

Bentley
Eckville
Sylvan Lake
Gull Lake
1

アルバータ州
ALBERTA

Sundre
オールズ Olds
Didsbury

Barrier Mtn ▲2962
Red Deer River

バンフ国立公園
Banff National Park
100, 101

Carstairs

キャッスル・マウンテン
Castle Mountain P87
ドン・ゲッティ州立公園
Don Getty Wildland Provincial Park

Cremona

Bow Valley
マウント・ノーケイ
Mt. Norquay P98

レイク・ミネワンカ
Lake Minnewanka P97

Crossfield
エイドリー Airdrie

リオン・レイク
Vermilion Lakes
バンフ
Banff P87, 96
サルファー・マウンテン
Sulphur Mauntain P97

カルガリー国際空港
Calgary International Airport
Cochrane
2

ナンシャイン・メドウズ
shine Meadows P103

キャンモア カナナスキス
Canmore Kananaskis

Bow River

3618▲
Mt. Assiniboine

バウ・バレー州立公園
Bow Valley Wildland Provincial Park
Nakiska

Spray Lks Res

Wintergreen
P108 カルガリー
Calgary 4
Bragg Creek

クートニー国立公園
Kootenay National Park P85

Fortress

ピーター・ローヒード州立公園
Peter Lougheed Provincial Park

エルボー・シープ州立公園
Elbow Sheep Wildland Provincial Park

Okotoks

Turner Valley
B

みどころ盛りだくさん!

カナディアン・ロッキー ゴールデンコース

そそり立つ高峰と大小の滝や川、青く輝く湖、さらには度肝を抜くスケールの大氷河と、大自然の魅力がいっぱい。コースはさまざまあるが、バンフ発のツアーを利用して回ると効率的だ。

1 キャッスル・マウンテンを一望 **2** レイク・ルイーズ **3** 大氷原を歩こう

ツアーに参加してみました!

1 バンフ
↓ バスで30分
2 キャッスル・マウンテン
↓ バスで30分
3 レイク・ルイーズ
↓ バスで40分
4 クロウフット氷河
↓ バスで5分
5 ボウ・レイク
↓ バスで5分
6 ペイト・レイク
↓ バスで5分
7 スノーバード氷河
↓ バスで25分
8 ウォーターフォール・レイク
↓ バスで25分
9 ウィーピング・ウォール
↓ バスで25分
10 コロンビア大氷原
↓ バスで10分
11 コロンビア・アイスフィールド・スカイウオーク
↓ バンフまで車で3時間

ツアーデータ

〈バンフ発〉コロンビア大氷原ツアー(英語ツアー)
Columbia Icefield Discovery

●時間…8時台出発、所要7時間30分〜 ●時期…5月〜10月中旬 ●標高…約1900m ●料金…C$315(雪上車、スカイウオーク、昼食込み) ●出発時間…フェアモント・バンフ・スプリングス7時35分、マウント・ロイヤル・ホテル7時40分、ブリュースター・トランスポーテーション・センター8時(ほかにも数カ所のホテルに停車。レイクルイーズやカルガリー、ジャスパーからも乗降可。) ●主催…バンフ・ジャスパー・コレクション Banff Jasper Collection ☎(フリーダイヤル)1-866-606-6700(英語) 🌐 www.banffjaspercollection.com

日帰りツアーでも十分カナディアン・ロッキーが楽しめますよ

start

1 バンフ
Banff
MAP P85B2 大判▶裏-D4

ロッキー観光拠点の街

6641㎢の広さを誇るバンフ国立公園の中心に位置し、カナディアン・ロッキーの南の玄関口となる町。メインストリートであるバンフ大通り(→P97)沿いにレストランやショップが立ち並ぶ。ツアー参加はここを拠点にすると便利!

車窓から

2 キャッスル・マウンテン
Castle Mountain
MAP P85B2 大判▶裏-D4

荒々しい山容が印象的

氷河の侵食によって削り取られてできた。その姿がヨーロッパの城を思わせることから、この名前が付いた。

標高2766m、石灰岩の岩肌が迫る絶景はロッキーでも指折り

山間に広がるバンフの町。小さい町だがロッキー周辺では最大規模だ

湖岸に咲く季節の花々も楽しめる

フォトジェニックなポイントがあちこちに

神秘的なブルーの湖

View Point

3 レイク・ルイーズ
Lake Louise
MAP P84A2 大判▶裏-D4

"ロッキーの宝石"の異名を取る湖

カナディアン・ロッキーで最も美しいといわれる湖。長さ2km、幅500m、最大水深90m。湖の奥にはマウント・ビクトリアがそびえている。刻一刻と変化する湖面のエメラルドグリーンがとても美しい。(→P100)

ロッキーの山のタイプは5つ

1 ライティング・デスク型
例：マウント・ランドル
南西のなだらかな斜面と、対照的な北東の絶壁のような斜面が特徴。

2 犬歯型
例：マウント・エディスキャベル
垂直に立ち上がった岩層が侵食を受け、浸食されなかった岩が尖塔のような形で残っている。

3 鋸歯型
例：ソウバック・レンジ
鋸型の南西の斜面は風雨による侵食によって小渓谷がいくつも並び、鋸の歯のように見える。

4 キャッスル型
例：キャッスル・マウンテン
平らな地層が横からの力によって皺を造り、山になった。そのため下の地層が見える。

5 角型山
例：マウント・アシニボイン
山の側面にできた氷河によってそれぞれの側面が削られて尖塔のような角型になった。

※ツアー開催日によっては立ち寄らないスポットがあったり、車窓からのみの見学となることもあるので、予約時に確認しよう。

青みが強いことで知られる氷河・ロッキーの氷河はその見た目から名前が付けられていることが多い

撮影point 5分

4 クロウフット氷河
Crowfoot Glacier

MAP P84A2　大判 ▶裏-D4

青白く輝く"カラスの足跡"

カラスの足跡のような氷河。クロウフットとは「カラスの足」の意味。1940年代に発見された当時は3本指だったが、その後氷河が退行したために足先が2本になってしまっている。

車窓から

5 ボウ・レイク
Bow Lake

MAP P84A2　大判 ▶裏-D4

ボウ・バレーの氷河が造りだした湖

バンフ国立公園内で3番目に大きい湖。ボウ・バレーの溶けた氷河でできている。ツアーでは車窓からの見学のみとなる。

バンフを流れるボウ川の源流がここ。湖畔には宿泊施設のナムティ・ジャ・ロッジもある

アイスフィールド・パークウェイから眺められる

クマが立ちあがった形に似ているといわれている

View Point

6 ペイト・レイク
Peyto Lake

MAP P84A2　大判 ▶裏-D4

1896年、探検家のビル・ペイトが発見したことから名付けられた

まるで一幅の絵画のような美しさ

夏はコバルト・ブルー、秋はエメラルド・グリーンと季節によって色を変える湖。ペイト氷河から流れ込む堆積物の影響によるもので、時間帯や陽光の加減によっても色は変化する。立ち寄らないツアーもあるので注意。

ロッキー山脈ができるまで

1 誕生

ロッキーの山々は1億2000万年前の地殻変動により、北米大陸の下のプレートが大陸と衝突した際の衝撃で海底が隆起してできたといわれている。そうしてできた山頂は風雨の浸食により崩れ落ち、現在とは異なる丸く穏やかな山だった。その山の間を流れる川は山と山を徐々に隔て、V字の渓谷を形成していった。

2 形成期

幾度か訪れた氷河期の間に山々は分厚い氷に覆われてしまった。氷河期が終わりを告げた約1万1000年前頃、標高の高い山から氷河が周囲の谷間へゆっくりと流れ落ち、渓谷にはU字型に広がった氷原が生まれ、山腹の窪みには氷河がたまり、氷原が形成された。この時に丸みのあった山頂は流れ落ちる氷河に削られ、険しい山容となった。

3 現在

標高の高い渓谷からU字型の渓谷の上に流れ落ちる支流は、滝や渓谷となった。また北側の山腹や窪みには多くの氷河が残され、そこから溶けだした水が氷河湖を造り出し、魅力ある美しい景色が誕生した。現在、地球温暖化により氷河は年々後退の一途をたどっている。コロンビア大氷原はこの10年で約20m後退、クロウフット氷河では"カラスの足"が1本消えてしまった。

垂直に切り立った岩肌が目の前に迫ってくる

車窓から

7 スノーバード氷河
Snowbird Glacier
MAP P84A2　大判　▶裏-C4

リスなど可愛い小動物に出会うこともしばしば

翼を広げたような形の氷河
羽を広げた鳥が下降している姿に見えることから名づけられた。壁岩の氷河としてはロッキーでも有数の美しさ。

かつては大きな湖だったが、今では2つに分かれてしまった

マウント・パターソンの岸壁に貼りついて広がるさまは圧巻

車窓から

9 ウィーピング・ウォール
Weeping Wall
MAP P84A1　大判　▶裏-C3

にじみ出る雪解け水が壁を伝って流れ出す
垂直に切り立った岩壁。シラス・マウンテン山頂の雪が溶けると、この壁を無数の滝が流れ落ち、その姿があたかも壁が泣いているかのように見える。

断崖絶壁を伝う雪解け水がまるで涙のよう。冬は凍りつく

車窓から

8 ウォーターフォール・レイク
Waterfowl Lakes
MAP P84A2　大判　▶裏-C3

2つの湖によって構成される
アッパーとロウアーの2つの湖からなる。ロウアーは氷河湖で、小さいながらも美しい。背後にはピラミッド型のマウント・ケフレンが望める。ツアーでは車窓のみ。

サスカチュワン・クロッシング
Saskatchewan Crossing
MAP P84A1　大判　▶裏-C3
バンフとジャスパーのちょうど中間地点にあり、アイスフィールド・パークウェイと11号線が交差する場所。

ハイライト

10 コロンビア大氷原
Columbia Icefield
MAP P84A1　大判　▶裏-C3

どこまでも続く一面の氷の世界。周囲の山からは冷たい風が吹いてくる

ロッキー観光でも随一のハイライト
北半球では北極圏に続いて大きな氷原。ツアーではアサバスカ氷河を訪れる。氷河へは大型雪上車アイスエクスプローラーで向かう（→P91）。

View Point

11 コロンビア・アイスフィールド・スカイウオーク
Glacier Skywalk
MAP P84A1　大判　▶裏-C3

空中にいるような絶景展望台
崖から突き出るようにして造られた展望台「ディスカバリー・ヴィスタ」から、大迫力のロッキーの景観を一望する。

※ツアーのフリータイムや撮影タイムの時間は目安。人数や道路事情によって変更あり。自由に行動したいなら、レンタカーもおすすめ（→P116）。ただし、夏でも雪が降ることがあるので道路の凍結には注意。現地情報を事前によくチェックしてから出かけたい。

北極圏に次ぐ最大規模！
コロンビア大氷原ウォーク

Let's GO!

氷河ウォークへのアクセスはアイスエクスプローラーで

標高3747mの山頂を覆うコロンビア大氷原は6つの氷河となって流れ出している。観光ツアーでは、そのうちのひとつアサバスカ氷河を訪れる。

コロンビア大氷原 Columbia Icefield

MAP P84A1　大判▶裏-C3

過去4回の氷河期を経て形成された氷原は、最大時にはカルガリーにまで達していたという。●総面積…325k㎡(小豆島の約2倍)　●最高標高点…3747m　●平均標高…3000m　●最深度(推測)…365m　●年間平均降雪量…7m　★アサバスカ氷河 Athabasca Glacier／●総面積…6k㎡　●全長…6km　●氷の厚さ…90～350m　●標高…2700m

---

How to 大氷原ウォーク

※車でバンフから3時間、レイク・ルイーズから2時間

1 グレーシャー・ディスカバリー・センターでチケット購入

↓ シャトルバスで5分

2 アイスエクスプローラーで氷河へ向かう

↓ アイスエクスプローラーで15分

3 大氷原を歩く

※車でバンフまで3時間、レイク・ルイーズまで2時間

---

1 グレーシャー・ディスカバリー・センターでチケット購入

個人で来るなら、まずはアイスフィールド・パークウェイ沿いのジャスパーとバンフのほぼ中間にある、グレーシャー・ディスカバリー・センターへ。ここでシャトルバスと雪上車のチケット(コロンビア・アイスフィールド・アドベンチャー)を買う。詳細は下記のツアーを参照。

ここで乗車券を購入

奥にアサバスカ氷河が見える

ツアーデータ

コロンビア・アイスフィールド・アドベンチャー(雪上車ツアー)

現地発のツアー。シャトルバス、雪上車、グレイシャー・スカイウォークがセットになっている。当日でも買えるが予約しておくと安心。
[所要] 1時間30分～ ●9～17時までの15分ごとに出発(5～10月までの営業) ●C\$97.60～ ●https://www.banffjaspercollection.com/attractions/columbia-icefield

レイク・ルイーズとコロンビア大氷原1日観光

バンフ、レイク・ルイーズ発着の日本語ガイドツアー。クロウフット氷河やペイト・レイクなどのみを巡る充実の内容。
[所要] 11時間(5～10月あたりの営業) ●C\$367(日本語ガイド、雪上車、スカイウオーク、昼食、税金・チップ込み) [問い合わせ] バンフ・ガイド・サービス ☎403-762-5366 ●https://banffguideservice.com/columbia.html

人気のスカイウォークは雪上車ツアーに含まれている

※上記ツアーデータは2023年のものです

服装&持ち物　●歩きやすく、滑りにくい靴　●風を通しにくい上着　●サングラス　●双眼鏡

2 アイスエクスプローラーで氷河へ向かう

グレイシャー・ディスカバリー・センターから専用のシャトルに乗り、氷原手前のターミナルへ。ここからアイスエクスプローラーに乗り換え、アサバスカ氷河の中央へと向かう。

Point アイスエクスプローラーって？

重量19.5t、最高速度は時速42km、直径1.5m、幅1mのタイヤが6つ付いている。32度の傾斜でも簡単に走行できるのだ。

高さ3・86m

全長13m

車内はこうなっている

56人乗り！

こんなこともできる

手をひたしてみよう
氷河が溶けて流れ出ているところがある。冷たい氷河の水にふれてみよう。

歩いて行くこともできる
アイスエクスプローラーに乗らずに歩いて氷河に行くこともできるが、歩行距離が長い上、事故も発生しているので、催行は各ツアー会社に問い合わせてみてください。

太古に思いを馳せてみては？

歩行距離10〜12km
所要3〜4時間くらい

3 大氷原を歩く

氷河の中央地点に到着。アイスエクスプローラーから降りると、そこは一面氷の世界だ。青白く輝く氷河はまさに1万年前の氷河期の地球。夏の氷河はシャーベット状になっている。

晴れた日はサングラスがあるとよい

大氷原のしくみって？

❶コロンビア大氷原 ❷氷河 ❸氷河のクレバス（深い裂目）❹へり付近のクレバス ❺中央クレバス ❻氷河の先端 ❼氷河から溶けた水 ❽氷河からの水でできた湖（サンワプタ）❾氷河の支流 ❿モレーン（氷河の運んだ土砂石塊）⓫側面のモレーン

毎年降り積もった雪が解けずに残り、厚さ30mを超えると下層部が圧縮されプラスチック状の氷となる。そしてさらに積雪が増すと、谷間から溢れ出て氷河となって流れ出す。氷河は12mの積雪で1cmの氷ができ、1年間で平均15m移動しているといわれている。近年、温暖化の影響で氷河が減少している。

コロンビア・アイスフィールド・スカイウオーク

Glacier Skywalk

MAP P84A1 大判▶裏-C3

氷河の力で数千年をかけて削られてできた急峻なサンワプタ谷沿いに、突き出すようにして作られた展望台。落差280mの谷底をのぞいたり、見渡す限りの氷河と山々の絶景を楽しめる。

Ⓐグレイシャー・ディスカバリーからシャトルバスで10分 ☎1-866-506-0515 ⏰10〜16時（季節により延長あり）Ⓗ10月後半〜4月後半 Ⓕコロンビア・アイスフィールド・アドベンチャーに込み。単体でC\$37〜 ⊞www.banffjaspercollection.com/attractions/columbia-icefield

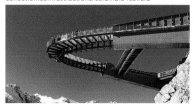

こちらもおすすめ！

ヨーホー国立公園 &モレーン・レイクを巡る

ダイナミックな自然が魅力のヨーホー国立公園と神秘的な深い青をたたえるモレーン・レイク。ちょっぴり秘境感を味わいたい人におすすめのスポットをご紹介。

1 スパイラル・トンネル
Spiral Tunnel

MAP P84A2 大判▶裏-D4

大陸横断鉄道最大の難所だったキッキング・ホース・パスにあるトンネル。

2 タカカウ滝
Takakkaw Falls

MAP P84A2 大判▶裏-D4

轟々と水しぶきをあげ迫力満点。落差254mはカナダでも最大級。

5 モレーン・レイク
Moraine Lake

MAP P84A2 大判▶裏-D4

氷河の堆積物が造りだした神秘の湖。背後にはテン・ピークスがそびえる。

4 エメラルド・レイク
Emerald Lake

MAP P84A2 大判▶裏-D4

ヨーホー国立公園最大の湖。カヌーや湖畔巡りなどが楽しめる。

3 ナチュラル・ブリッジ
Natural Bridge

MAP P84A2 大判▶裏-C4

長い年月を経て水に浸食されてできた石の橋。下を激流の川が流れる。

ヨーホー国立公園
Yoho National Park

MAP P84A2 大判▶裏-C·D4

ダイナミックな自然美が魅力

ヨーホーとは先住民の言葉で「畏怖」を意味する言葉。そそり立つ岩山に深く切れ込んだ谷間、轟音を立てて流れ落ちる滝を見て、かつての人々は驚異を覚えたのだろう。ロッキーにある4つの国立公園のなかでは面積が最も小さいが、3000m級の山々が連なる景色は雄大なもの。バンフ国立公園のモレーン・レイクとセットでツアーになることが多い。

DATA ⊗バンフから車で1時間30分、レイク・ルイーズから車で30分 ☎250-343-6783(ヨーホー・ビジター・センター) ⊕見学自由 ⊕入園料C$15(購入の翌日16時まで有効) URLwww.pc.gc.ca

観光地開発が後発だったため手付かずの自然が多く残る

オプショナルツアーならもっとラクチン♪

ヨーホー国立公園とモレーン湖1日観光

[ツアー問合せ] マイバス (→P111)
日本語ガイドが同行するツアー。ナチュラル・ブリッジやタカカウ滝などみどころを網羅。[所要]約8時間30分 ⊕2万5543円～

モデルコース 1～5は所要約3時間

1 スパイラル・トンネル ┄▷車で15分 2 タカカウ滝 ┄▷車で20分 3 ナチュラル・ブリッジ ┄▷車で5分 4 エメラルド・レイク ┄▷車で40分 5 モレーン・レイク

※バンフからスパイラル・トンネルまで、モレーン・レイクからバンフまで共に車で約1時間30分

スパイラル・トンネル
タカカウ滝
ボウ・レイク
クロウフット氷河
エメラルド・レイク
ナチュラル・ブリッジ
フィールド
Field
レイク・ルイーズ
Lake Louise
キャッスル・マウンテン
Castle Mountain
ヨーホー国立公園
モレーン・レイク
ボウ・バレー・パークウェイ
Bow Valley Parkway
バンフ
Banff
N
0 20km

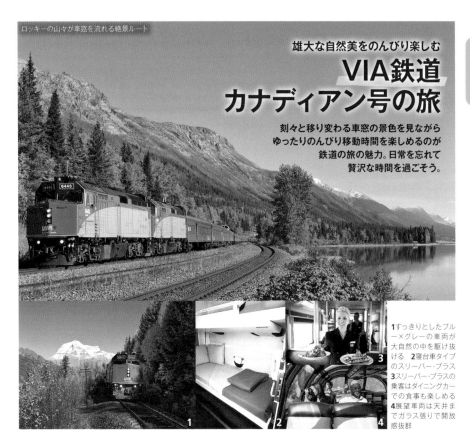

ロッキーの山々が車窓を流れる絶景ルート

雄大な自然美をのんびり楽しむ
VIA鉄道 カナディアン号の旅

刻々と移り変わる車窓の景色を見ながら
ゆったりのんびり移動時間を楽しめるのが
鉄道の旅の魅力。日常を忘れて
贅沢な時間を過ごそう。

1 すっきりとしたブルー×グレーの車両が大自然の中を駆け抜ける　**2** 寝台車タイプのスリーパー・プラス　**3** スリーパー・プラスの乗客はダイニングカーでの食事も楽しめる　**4** 展望車両は天井までガラス張りで開放感抜群

VIA鉄道 カナディアン号
VIA Rail Canada
The Canadian
MAP 大判▶裏-A・B2

車窓からロッキーの絶景を満喫

バンクーバー～トロント間を4泊5日でつなぐ、カナダ随一の大陸横断特急。雄大なロッキーの山々を越え、大草原を抜け、東部の湖水地方へと、変化に富んだ大自然を満喫できるルートだ。行程の中でも一番人気はバンクーバー～ジャスパー間で、1泊2日の列車の旅を楽しめる。車内はフットレスト付き座席のエコノミーと寝台車タイプのスリーパー・プラス、優雅な旅が楽しめるプレステージクラスがある。

DATA ☎1-888-842-7245（北米フリーダイヤル）
㊖㊗発着時間・運行曜日は時刻表参照
㊋バンクーバー～ジャスパー間 ●エコノミーC$192～ ●スリーパー・プラスC$946～
🌐www.viarail.ca（英語）

時刻表	週2便運行	
15:00発	バンクーバー	8:00着
0:17着 0:52発	カムループス	19:03発 18:28着
11:00着	ジャスパー	9:30発

■ VIA鉄道 カナディアン号　■ ロッキー・マウンテニア号

ジャスパー　5時間30分　エドモントン
19時間　カムループス　10時間30分　バンフ
バンクーバー　13時間　カルガリー
10時間

Point 鉄道旅のオキテとは!?
大きな手荷物は客席への持込み不可。車内預けになり下車まで取り出せないので、洗面道具などは事前に手荷物に分けておこう。車内は全面禁煙。夏期は込み合うので早めに予約を。

こんな列車も!

ロッキー・マウンテニア号
Rocky Mountaineer Rail Tours
MAP 大判▶裏-A・B2

バンクーバー～カナディアン・ロッキー間を1泊2日、2泊3日で結ぶ豪華観光列車。バンクーバーを起点にジャスパー行き、バンフ行きがある。夏期のみの運行。カムループスでホテル泊。ヨーホー国立公園や氷河などみどころ満載。

マウント・ロブソンを行く列車

ロッキーで出合える
動物&花図鑑

雄大な自然に包まれたカナディアン・ロッキーは、野生動物と高山植物の宝庫。ハイキング中はもちろん、観光スポットや街なかで目にすることもあるのでチェックしておこう。

意外と凶暴なので注意してね

よく出会う動物たち

ムース Moose

和名では「ヘラジカ」とよばれる大型の草食動物。泳ぎが得意で、川辺や湿地帯など水辺に出現することが多い。

特徴
体長 約250〜300cm
体重 約200〜825kg
角 オスにはヘラのような平たくて大きな角が生えている。
毛 黒褐色

川辺や湿地帯にいるよ

足あと

エルク Elk

カナダの先住民にワピティ（白いお尻）とよばれていた草食動物。低山帯の森林や草地に生息し、9〜10月にはバンフやジャスパーの街なかに出てくることも多い。

特徴
体長 約230〜270cm
体重 約330kg（オス）
角 オスだけにあり、毎年2月ごろに古い角が落ちて春先に生え変わる。
毛 首から頭が濃い茶色、お尻の周りがベージュ。

足あと

ビッグホーン・シープ Bighorn Sheep

低山帯から高山帯の岩場、草地に生息するヒツジ。10〜50頭の群れで行動し、夏はオスだけが高山帯へ移動してメスと子どもは低山帯に残る。アイスフィールド・パークウェイ沿いやミネワンカ湖畔、バーミリオン湖畔などで出合えるチャンスあり。

10〜50頭の群れで行動しているよ

マウンテン・ゴート Mountain Goat

岩山や断崖絶壁などに生息する。ゴート（ヤギ）という名だが実際はカモシカの仲間で、和名は「シロイワヤギ」。

カモシカの仲間だよ

特徴
体長 約130〜190cm
体重 約60〜140kg（オス）
角 少し湾曲していて、長さは15〜25cmほど。細くて鋭い。**毛** クリーム色のふかふかの体毛に覆われている。首や尻回りはたてがみ状。

足あと

特徴
体長 約170cm
体重 約120kg（オス）
角 オスの角は根本が太く耳をグルリと巻いている。メスの角は短い。**毛** 灰色っぽい薄茶色。お尻の周りが白い。夏は生え変わる。

足あと

✿ **よく見かけるのはこの4種類！** ✿

ロッキー
花図鑑

ハイキングの途中で出合う、可憐で美しいカナディアン・ロッキーの花たち。主に雪どけから夏にかけて多種多彩な花が咲き、ハイカーの目を楽しませてくれる。

イエロー・コロンバイン
Yellow Columbine
オダマキ属の植物。6〜8月ごろに黄色い花を咲かせる。レイク・アグネス湖畔に多い。

ワイルド・ヘリオトロープ
Wild Heliotrope
花期は7〜8月。咲きはじめはピンク色で、次第に白く変化する。強い香りを放つ。

ウエスタン・アネモネ
Western Anemone
5〜6月にクリーム色の大きな花をつけるイチリンソウ属の植物。

アークティック・ポピー
Arctic Poppy
山地のガレ場を好んで生育するケシ科の植物で、背丈は5〜10cm。花期は7〜8月。

ロッキーの2大王者

見学時の注意！

Do not feed
the coyotes

・動物には近づきすぎない
・動物に食べ物を与えない
・親子の動物の間に入らない
・音を立てない、脅かさない

特徴

タンポポが好物なんだ

(体長) 約170cm
(体重) 約170kg（オス）
(顔) 面長で耳は長め
(足) グリズリーより小さい
(体) 黒毛に覆われており、肩に筋肉のコブはない

日本のヒグマの近縁だよ

これがクマの引っかき痕！

足あと

特徴

(体長) 180〜200cm
(体重) 約250〜350kg（オス）
(顔) 丸顔で耳が短い
(足) 前足30cm、後足50cmが平均
(体) 灰色がかった薄茶色の毛と、肩に筋肉のコブが特徴

グリズリー・ベア
Grizzly Bear

カナディアン・ロッキー全域の森林限界付近に生息。基本的に草食だが性格は凶暴で攻撃的。木登りはできないが短距離走が得意だ。

足あと

ブラック・ベア
Black Bear

谷間や低山地に生息するクマ。性格は大人しく臆病だが、驚くと凶暴になることもあるので注意。木の実やベリー類、小動物などを食す雑食。

足あと

カワイイ小動物とそのほかの動物たち

ビイッ〜となくよ

足あと

マーモット
Marmot

ズングリ体系をしたリス科の動物。山岳地帯の岩場などに生息している。

足あと

ピカ Pika

高い鳴き声が特徴的なナキウサギ。耳は小さくハムスターに似ている。

足あと

うまそうなにおいがするゾ

足あと

コヨーテ
Coyote

オオカミよりも小型で耳が大きいイヌ科の哺乳類。近寄らないように。

足あと

スノーイ・オウル
Snowy Owl

北極圏に近いツンドラ地域に住む大型のフクロウ。草原や湿地帯、岩場などに生息している。

ホワイト・テイルド・ジャックラビット
White-Tailed Jackrabbit

ノウサギ属の一種で、草原や森林に生息。ウサギとしては大型で足が速い。

足あと

ビーバー
Beaver

夜行性で森林に生息。泳ぎが得意。警戒心が強く、なかなか見られない。

❋ ほかにもまだある！ロッキーの花 ❋

ホワイト・グローブ・フラワー
White Globe Flower
シナノキンバイの近縁にあたり雪解けを待って白い花を咲かせる。

アーニカ
Arnica
強い香りを放つキク科の植物。打ち身に効く薬草としても知られている。

アルパイン・バターカップ
Alpine Buttercup
内側に光沢のある黄色い花が特徴的なキンポウゲ科の多年草。

インディアン・ペイントブラシ
Indian Paintbrush
先住民が使う絵筆に似ていることが名の由来。場所により色が異なる。

コモン・ヘアベル
Common Harebell
ホタルブクロの一種で「ウサギの鈴」という意味のカワイイ名前。バーミリオン・レイクに多い。

エレファント・ヘッド
Elephanthead
7〜8月に象の頭が集合したような赤紫色の花をつける高山植物。

ウエスタン・ウッド・リリー
Western Wood Lilly
鮮やかなオレンジまたは赤色の花をつけるスカシユリの仲間。

雄大な景色と街歩きを楽しむ
バンフ
Banff
MAP P85B2
大判▶裏-D4

カナディアン・ロッキー観光の拠点として知られ、周辺では最も大きい町。目抜き通りのバンフ大通りにはレストランやホテルが立ち並ぶ。

1 森の中にたたずむお城のような **H** フェアモント・バンフ・スプリングス **2** バンフ大通りからカスケード・マウンテンが望める **3** 高山植物が美しいサンシャイン・メドウズ（→P103） **4** サルファー・マウンテンのゴンドラ

バンフを楽しむ Keyword 3

① バンフ大通り
Banff Avenue

通りの北側にカスケード・マウンテンがそびえるさまはバンフの象徴的な風景。食事や買物も楽しみ。

② サルファー・マウンテン
Sulphur Mountain

迫力満点のゴンドラに乗り、山頂からバンフ周辺の山々を一望。バンフに来たら、ぜひ訪れて。

③ カスケード・ガーデン
Cascade Gardens

バンフ中心部では有名な撮影スポット。美しい花とロッキーの山々を収めたショットが定番。

Access
バンフは保護地域に指定されているため、空港はない。最寄りの空港はカルガリー国際空港。空港からバンフ・エアポーターやブリュースター・エクスプレスなどのバスで約2時間。観光列車「ロッキー・マウンテニア号（→P93）」でもアクセス可能だ。バスディーポからは市内中心部まで徒歩約10分。

Information
H 観光案内所
Banff Vistor Centre

住 224 Banff Ave.
☎ 403-762-8421
営 8〜20時（冬期は9〜17時）休 なし
MAP P96A2

Point
バンフ大通り周辺は観光シーズンは非常に賑やか。観光案内所も。

街歩きADVICE
南北に延びるバンフ大通りがメインストリート。カスケード・プラザ付近からボウ川までの約600mが中心で、徒歩で回れる。山や湖へは公共のバスや観光バス、レンタカーで。

市内の交通
バンフ・パブリック・トランジット（通称ローム）とよばれるバスが公共の足。中心部とサルファー・マウンテン、トンネル・マウンテンなど6ルートをつなぐ。ルートにより異なるが6〜23時頃まで運行。料金一律C$2。

★ モデルコース ★

バンフ中心部
↓ 車で5分
バーミリオン・レイク
↓ 車で10分
ケイブ＆ベイスン国定史跡
↓ 車で10分
サルファー・マウンテン
↓ 車で10分
ボウ滝
↑ 車で10分
バンフ中心部
↑ 車で5分
ボウ滝

📷 見る | [MAP] P96A2

バンフ大通り
Banff Avenue

バンフ随一の繁華街

町の中心となる目抜き通り。約400m続く通りには、レストランやショップが軒を連ねており、賑やか。夏期には一部が歩行者天国となる。ロッキーの山々が見える街の目抜き通りをウィンドウショッピングを楽しみながらの散策に最適だ。

DATA ⊗ ❶の前の通りがバンフ大通り ⏳~30分

📷 見る | [MAP] P85B2　大判▶裏-D4

バーミリオン・レイク
Vermilion Lakes

眺め

抜群の透明度を誇る湖

バンフの西側にある3つに分かれた湖。周辺にはビーバーやエルク、コヨーテなどたくさんの野生動物や鳥が生息している。湖底が見えるほど透明度の高いこの湖では、カヌーや釣りも楽しめる。バードウォッチングなら、ぜひ早朝訪れて。

DATA ⊗ ❶から車で5分 ⏳30〜120分

📷 見る | [MAP] P96B3

カスケード・ガーデン
Cascade Gardens

眺め

バンフの町を一望できる絶好の撮影ポイント

バンフ大通りを南へ進み、ボウ川を渡ったところにある公園。園内の中央、公園管理事務所のあたりからはバンフ大通りとカスケード・マウンテンが一望でき、記念撮影におすすめだ。公園内の花壇には、春から夏にかけて色とりどりの花が咲き、訪れる人を楽しませてくれる。

DATA ⊗ ❶から徒歩10分 ⏳30〜120分

📷 見る | [MAP] P85B2　大判▶裏-D4

レイク・ミネワンカ
Lake Minnewanka

バンフ国立公園最大の湖

町の北約12kmの場所にある。公園内で唯一エンジンボートの使用が認められており、ニジマスを釣ろうと多くの釣り人が訪れる。夏には遊覧船が運航している。湖畔には展望スポットがいくつかあり、ピクニックもおすすめ。

DATA ⊗ ❶から車で20分 ⏳~30分

📷 見る | [MAP] P96A3

ホワイト博物館
Whyte Museum

ロッキーの歴史にふれる

絵画、彫刻などカナディアン・ロッキーに関する作品を中心に展示している。美術館と歴史資料館があり、ロッキーに関する歴史・文化が学ぶことができる。ショップも併設。

DATA ⊗ ❶から徒歩5分 ⊕111 Bear St. ☎403-762-2291 ⊕10〜17時 ⊛なし ㊫C$12 ⏳~30分

📷 見る | [MAP] P96B3

ボウ滝
Bow Falls

必見

映画の舞台を訪ねよう

❶フェアモント・バンフ・スプリングス（→P99）の近くにある滝。幅が広く、輝きながら落ちていく様子が美しい。マリリン・モンロー主演の映画『帰らざる河』のロケ地としても知られる。流れがおだやかなので乗馬ツアーなども開催される。

DATA ⊗ ❶から徒歩25分または車で5分 ⏳~30分

📷 見る | [MAP] P96B2

バッファロー・ネイション・ラクストン博物館
Buffalo Nations Luxton Museum

先住民の生活にふれてみよう

先住民族の住居や生活風景などを紹介している。色鮮やかなビーズをあしらった豪華な衣装や、住居のティピなども展示されており、ロッキー先住民族の文化を知ることができる。

DATA ⊗ ❶から徒歩10分 ⊕1 Birch Ave. ☎403-762-2388 ⊕10〜18時 ⊛なし ㊫C$12 ⏳~30分

📷 見る | [MAP] P85B2　大判▶裏-D4

サルファー・マウンテン
Sulphur Mountain

眺め

大自然の中で空中散歩

町の南に位置する標高2285mの山。山頂の展望台からの景色が見事。展望台まではゴンドラで8分ほど。山頂駅にはショップやレストランがある。

DATA ⊗ ❶から車で10分 ☎866-756-1904 ⊕8〜21時（6月28日〜9月4日は〜22時）⊛1月の2週間 ㊫ゴンドラ往復C$64 ⏳30〜120分

プチ情報　ホワイト博物館では、夏期にヘリテージ・ホームズ・ツアーやヘリテージ・ギャラリー・ツアーなど、さまざまなツアーを催行している。いずれも参加無料。

📷 見る | MAP P96B3

ケイブ&ベイスン国定史跡
Cave and Basin National Historic Site

町の人々を癒した元温泉施設

昔は病気にも効くといわれていた温泉。展示から温泉やバンフ国立公園の歴史がわかる。夏期はガイドツアーがある(1日2回、11時と14時30分)。

DATA 🚗📖から車で10分 ⊕311 Cave Ave. ☎403-762-1566 ⊕9時30分～17時 ⊛月曜(10月中旬～5月は月・火曜休、夏期は無休) ⊛C\$8.50

⏳～30分

📷 見る | MAP P85B2 大判▶裏-D4

マウント・ノーケイ
Mount Norquay

👁眺め

スキー場としても人気

町から北西の方向に見える標高2514mの山。リフトで山頂付近まで登ると展望台があり、眼下に街を遠く雄大な山々が一望できる。冬にはシャトルバスが運行され、雪質のよいゲレンデを求める大勢のスキーヤーで賑わう。

DATA 📖🏨から車で15分

⏳～30分

🍴 食べる | MAP P96A2

メリッサズ・ミステーク
Melissa's Missteak

アルバータ牛とロブスターが人気の老舗レストラン

1978年創業のバンフで人気の老舗レストラン。厳選されたアルバータ牛のみを使用し、熟練の技で焼き上げるステーキは地元でも評判だ。ステーキはリブアイ12オンスC\$58～、プライムリブ8オンスC\$42～。ランチではサンドウィッチC\$17.5～などが味わえる。夕方からはスポーツバーとしてもオープンし、週末ともなると地元の人々で深夜まで賑わう。

DATA ⊗📖から徒歩1分 ⊕201 Banff Ave. ☎403-762-5511 ⊕8～21時(バーは～翌2時) ⊛なし ⊛C\$30～⊛C\$50～ ロブスターは時価

アルバータ牛は噛みしめるほど深い味わい

🍴 食べる | MAP P96A2

メープル・リーフ
The Maple Leaf

バンフの絶景とカナディアンワインを

アルバータ牛のステーキやシーフードなど、カナダの素材を使った料理が味わえる。ショートリブはC\$57、サーモン&プラウンC\$49。カナダ産のワインもグラスで豊富に取り揃える。

DATA ⊗📖から徒歩3分 ⊕137 Banff Ave. ☎403-760-7680 ⊕10時～21時30分 ⊛なし ⊛⊛朝C\$30⊛C\$40⊛C\$60

🍴 食べる | MAP P96A1

オールド・スパゲティ・ファクトリー
The Old Spaghetti Factory

クオリティにも満足

ファミレス感覚で家族で楽しめるレストラン。スパゲティはメニューも豊富で値段も手ごろ。有機バジルのリングイネC\$18.75。

DATA ⊗📖から徒歩1分 ⊕カスケード・ショップス2階 ☎403-760-2779 ⊕11時30分～21時(土曜は～21時30分) ⊛なし ⊛⊛C\$20～⊛C\$25～

🍴 食べる | MAP P96A2

スリー・ベアーズ・ブルワリー&レストラン
Three Bears Brewery &restaurant

できたてのビールを味わう

併設の醸造所で作られたビールが味わえるレストラン。サラダやピザなどの軽食から、サーロインステーキまでメニューは豊富。15～17時まではハッピーアワーでビール1パイントC\$6.5。

DATA ⊗📖から徒歩3分 ⊕205 Bear St. ☎403-985-8038 ⊕11～22時 ⊛なし ⊛⊛C\$30～

🍴 食べる | MAP P96A2

ルーポ・イタリアン・リストランテ
LUPO Italian Ristorante

本格的イタリア料理とワインで乾杯

カナダのベストレストランで6位に輝いた名店。パスタはC\$23～、テンダーロインステーキC\$59.16～17時(金曜は～)はハッピーアワーでピザ、パスタが\$15。

DATA ⊗📖から徒歩3分 ⊕208 Wolf St. ☎403-985-9180 ⊕16時～21時30分(金曜は15時～) ⊛なし ⊛⊛C\$70～

👁眺め 👀必見 ⏳～30分 30分程度 ⏳30～120分 ⏳120分以上 Ｊ日本語スタッフ Ｊ日本語メニュー ドレスコード 要予約 Ｒレストラン Ｐプール Ｆフィットネスジム

買う | MAP P96A2

ビッグホーン・ギフト
Bighorn Gifts

日本語で買物ができる

日本人オーナー夫妻がセレクトした商品は、日本語の説明付きなのがうれしい。TシャツC$9.99〜ほか、カナダみやげはひと通り揃う。

DATA ⊗ 🚶からすぐ ⊕201 Banff Ave. ☎403-762-0403 🕐9時30分〜21時（時期により異なる）㊡なし 🅹

買う | MAP P96A3

モノド・スポーツ
Monod Sports

アウトドア製品ならお任せ

1949年創業のアウトドア用品ショップ。元カナダ・ナショナル・スキーチームのメンバーであるモノド兄弟が経営。スキーだけでなく、登山など幅広い分野に対応している。

DATA ⊗ 🚶から徒歩4分 ⊕129 Banff Ave. ☎403-762-4571 🕐10〜20時 ㊡なし

買う | MAP P96A2

ハドソンズ・ベイ
Hudson's Bay

歴史のある老舗デパート

1670年創業のカナダの老舗デパート。小規模だが、氷河の水と100%天然素材で作られたソープやメープルシロップなど、カナダ原産の物を使った商品のコーナーがありおみやげ探しにいい。

DATA ⊗ 🚶から徒歩4分 ⊕125 Banff Ave. ☎403-762-5525 🕐10〜22時（時期により異なる）㊡なし

泊まる | MAP P96B3

フェアモント・バンフ・スプリングス
The Fairmont Banff Springs

まるでお城のような豪華リゾートホテル

ロッキー最大の規模を誇る、1888年創業の老舗ホテル。深い森に立つ古城のようなたたずまいは周囲のランドマークとなっている。ヨーロッパ調のインテリアが優美な客室からはロッキーの山々を間近に見ることができる。広大な敷地内には、ゴルフ場や本格スパ、室内プール、テニスコートなども備え、自転車、スキーレンタルも利用可能。まるでホテルを中心に広がるリゾート村のようだ。

DATA ⊗ 🚶から車で5分 ⊕405 Spray Ave. ☎403-762-2211 ㊡Ⓣ夏期C$750〜、冬期C$600〜 740室 ⓇⓅⒻ

客室のインテリアもアンティーク調で落ち着いた雰囲気

5軒のレストランがあり、グルメも楽しめる

泊まる | MAP P96B1

パーク・ロッジ
Banff Park Lodge

ダウンタウンで最高水準の宿

ベッドはキングかクイーンの大きめサイズ。サウナやジャクジー、屋内プールなどの設備が充実している。バンフ大通りにも近く便利。冬はスキー場への送迎あり。

DATA ⊗ 🚶から徒歩5分 ⊕201 Lynx St. ☎403-762-4433 ㊡Ⓣ夏期C$400〜、冬期C$180〜 211室 ⓇⓅⒻ

泊まる | MAP P96B1

カリブー・ロッジ＆スパ
Banff Caribou Lodge & Spa

青い屋根がかわいいロッジ

花で飾られたかわいい外観のホテル。客室はメープル材の家具で統一され、アットホームな雰囲気。スタッフも親切だ。宿泊者は公共バスが乗り放題になるパスがもらえる。

DATA ⊗ 🚶から徒歩10分 ⊕521 Banff Ave. ☎403-762-5887 ㊡Ⓣ夏期C$450〜、冬期C$130〜 190室 Ⓡ

泊まる | MAP P96B3

リムロック・リゾート
The Rimrock Resort Hotel

ゴンドラ乗り場からすぐの最新設備を備えたホテル

ダウンタウンから少し離れた静かな山の中にあり、ロッキー滞在を存分に満喫できる。内装はシックでスタイリッシュ。プールやスパサービスもあり、リゾート滞在を満喫できる。

DATA ⊗ 🚶から車で5分 ⊕300 Mountain Ave. ☎403-762-3356 ㊡Ⓣ夏期C$450〜、冬期C$300〜 333室 ⓇⓅⒻ

プチ情報 エルク（→P94）をダウンタウンなどでよく見かけるが、角のあるオスは危険なのでむやみに近づかないように。繁殖シーズンは100m、それ以外でも30mは距離をおこう。

神秘の輝きを放つ美しき湖

レイク・ルイーズ

Lake Louise
MAP P85A2 大判▶裏 D4

山や湖、森といった恵まれた大自然をフィールドに、冬はスキー、夏はハイキングなど、さまざまなアクティビティを楽しめる。コンパクトな町づくりは、短期の滞在でも動きやすい。

1深い森にたたずむレイク・ルイーズ　2H フェアモント・シャトー・レイク・ルイーズからの眺め　3湖畔の散策も心地いい　4冬は白銀の世界に

レイク・ルイーズを楽しむ

Keyword ❸

❶ レイク・ルイーズ

Lake Louise

エメラルドグリーンの湖を囲むように雪山がそそり立つ名所。湖畔を散策して楽しみたい。

❷ ハイキング

Hiking

湖畔からスタートし、高台から湖を見下ろす所要約5〜7時間のハイキング・コース（→P102）がある。

❸ シャトー・ホテル

Chateau Hotel

湖畔に立つ白亜のシャトー（フランス語でお城）のようなHフェアモントはレイク・ルイーズの象徴。

Access

バンフ・ジャスパー・コレクションのバス、ブリュースター・エクスプレスが、カルガリー、バンフ、レイク・ルイーズ、ジャスパーを結ぶ。またロームバスがバンフからエクスプレスバスを運行している。所要1時間C$10。

Information

🅷 観光案内所
Lake Louise
Vistor Centre

🌐 サムソン・モールに隣接
☎403-762-8421 🕐8時30分〜19時（10月〜5月は9時〜）🈺なし
MAP P100B1

街歩きADVICE

湖畔には町といえる町はなく、ホテルやロッジが点在するリゾート村。ショッピングや食事は基本的にホテル内で済ませることになる。少し足をのばせばサムソン・モール（→P102）がある。

市内の交通

公共の交通機関はないが、湖畔や周囲のハイキングだけなら徒歩で問題ない。各地へ移動するには不便なので、レンタカーやツアーの利用がベター。

水上からの景色は格別。救命具の着用は忘れずに

湖ではボートやカヌーも楽しめる

Point.1
フェアビュー・ダイニング・ルームでは湖を眺めつつ食事を楽しむことができる。

Point.2
観光案内所やバスディーポのあるサムソン・モールは村の中心的ショッピングモール。

レイク・ルイーズ

↑ジャスパー へ
P101 レイク・ルイーズ・ゴンドラ へ↗
ポスト・ホテル&スパ P102
🅷 観光案内所・バスディーポ
Lake Louise Visitor Centre
サムソン・モール P102
レイク・ルイーズ・ジャンクション
Lake Louise Junction
❶ P101 フェアビュー・バー&レストラン
レ キビック・ブティック P101
イ フェアモント・ストア P102
ク ストーンズ・ジュエリー
ア P101 P101
グ 103
ネ
ス ❷ フェアモント・シャトー・レイク・ルイーズ P102
P101 レイク・ルイーズ・ステーション・レストラン
ディア・ロッジ P102
ルイーズ・クリーク
Louise Creek
レクリエーション・センター
Recreation Center
キャンプ場 ①
ボ ボ
ウ ウ
・ バ
バ レ
レ ・
ー パ
ド ー
ラ ク
イ ウ
ブ ェ
イ

レイク・ルイーズ
P100,101
モレーン・レイク・ロード
Moraine Lake Rd.
↓モレーン・レイクへ
↓バンフ へ

Ⓐ　Ⓑ

0 500m
N

★ モデルコース ★

P103
レイク・アグネス参照

📷 見る | MAP P84A2 大判▶裏-D4

レイク・ルイーズ
Lake Louise

ロッキーの宝石に酔いしれる

ロッキーで最も美しい湖のひとつ。沈泥が太陽の光を反射することで、青から緑へと神秘的な色の変化を見せてくれる。氷河を抱くようにそびえるマウント・ビクトリアを眺め、湖畔散策やボートも楽しめる。

DATA ⊗サムソン・モールから車で10分

📷 見る | MAP P84A2 大判▶裏-D4

レイク・アグネス
Lake Agnes

奥地にひそむ神秘の湖

レイク・ルイーズ〜レイク・アグネス間は、ハイキングで訪れる人が多い定番コース。"雲上の湖"とも形容され、切り立った岩山に囲まれた透明度の高い湖だ。湖畔にはログハウス風のティーハウスがある。

DATA ⊗レイク・ルイーズから徒歩2時間

📷 見る | MAP P103上

ミラー・レイク
Mirror Lake

鏡のような湖面をたたえる

レイク・アグネスへのルートの途上、中腹に口をあける比較的小さな湖。その名の通り、鏡のように周囲の風景を映し出す。湖の右手には、その名の通りの大きな蜂の巣のような山、ビッグ・ビーハイブが鎮座している。

DATA ⊗レイク・ルイーズから徒歩1時間30分

📷 見る | MAP P100B1

レイク・ルイーズ・ゴンドラ
Lake Louise Gondola

ゴンドラで一気に山上へ高台から湖の全容を一望

標高3399mのマウント・ホワイトホーンの中腹まで行けるゴンドラ。山麓から標高差500mを約14分でつなぐ。レイク・ルイーズをはじめ、ボウ・バレーやビクトリア氷河といった雄大な景観が一望できるが、グリズリー・ベアの出没ポイントとしても知られるので注意。ゴンドラ乗り場までは夏期の間、サムソン・モールやレイク・ルイーズ周辺の主要ホテルから無料シャトル・バスが出ている。

DATA ⊗レイク・ルイーズから車で15分 ⊕Whitehorn Rd. ☎403-522-3555 ⊕9〜16時 ⊛10月中旬〜5月初旬 ⊕往復C$60

🍴 食べる | MAP P100A2

フェアビュー・バー&レストラン
Fairview Bar & Restaurant

湖を眺めながら一流料理を

欧州各国の味覚を融合させて作る料理には、カナダの素材をふんだんに使用。湖の美しい景色が望める窓際の席で極上の味を堪能して。男性はスマート・カジュアルで。

DATA ⊗レイク・ルイーズからすぐ ⊕フェアモント・シャトー・レイク・ルイーズ(→P102)内 ☎403-522-1817 ⊕12時〜14時30分(金・土曜は〜16時)、17時30分〜22時 ⊛なし ⊚C$75〜

🍴 食べる | MAP P100B1

レイク・ルイーズ・ステーション・レストラン
Lake Louise Station Restaurant

古き良き時代を伝える

1910年建造の駅舎を利用した趣あるレストラン。クラシックなムードの店内には往時の写真が飾られている。ランチにはハンバーガーなどのメニューが人気だ。

DATA ⊗レイク・ルイーズから車で8分 ⊕200 Sentinel Rd. ☎403-522-2600 ⊕12〜16時、17時〜20時30分 ⊛月・火曜 ⊕C$20〜⊛C$40〜

🎁 買う | MAP P100A2

ストーンズ・ジュエリー
Stone's Jewellery

大切な人へのプレゼントに

Ⓗフェアモント・シャトー・レイク・ルイーズ内にある宝飾店。ロッキーに生息する動物をモチーフにしたオーナーデザインのオリジナルアクセサリーが人気。オーダーメイドもできる。

DATA ⊗レイク・ルイーズからすぐ ⊕Ⓗフェアモント・シャトー・レイク・ルイーズ(→P102)内 ☎403-522-3800 ⊕8〜22時(冬期は〜20時30分) ⊛なし

🎁 買う | MAP P100A2

キビック・ブティック
Qiviuk Boutique

上質のニット製品

カナダ北極圏に生息する大変珍しい、ジャコウ牛の毛で作ったニット製品やトナカイの革小物などが手に入る。すべてメイド・イン・カナダ。英国風デザインの婦人ものや紳士ものも扱う。

DATA ⊗レイク・ルイーズからすぐ ⊕Ⓗフェアモント・シャトー・レイク・ルイーズ(→P102・1階) ☎403-522-2622 ⊕10〜20時 ⊛なし

 プチ情報 サムソン・モールの裏手にはボウ川が流れており、ベーカリーの横の細い道から行くことができる。

買う | MAP P100A2

フェアモント・ストア
The Fairmont Store

ホテル内のギフトショップ

折り畳んで小さく収納でき、大きさも豊富なマギー・ビーのバッグが人気。雑貨や菓子類が並び、ロゴ入りチョコレートなど、フェアモントのオリジナル商品も取り扱う。
DATA ⊗レイク・ルイーズからすぐ ⊞フェアモント・シャトー・レイク・ルイーズ(→P102)内 ☎403-522-3888 ⊕9〜20時 ⊕なし

買う | MAP P100B1

サムソン・モール
Samson Mall

旅先の必需品はここで揃う

レイク・ルイーズ・ジャンクションにある庶民的なショッピング・モール。小ぢんまりとしているがひと通り何でも揃っているので、滞在時には頼りになる存在。観光案内所、バスディーポもここにある。
DATA ☎403-522-3833(観光案内所) ⊕⊕店舗により異なる

泊まる | MAP P100A2

ディア・ロッジ
Deer Lodge

自然に囲まれた山小屋風ロッジ

レイク・ルイーズまで歩いて行ける好立地で、リピーターも多い人気ホテル。ロビーもリビングのようなアットホームなムードでくつろぐことができる。部屋のタイプもいろいろある。
DATA ⊗レイク・ルイーズから徒歩5分 ⊞109 Lake Louise Dr. ☎403-522-3991 ⊕①夏期C$469〜、冬期C$149〜 71室 ℝ

泊まる | MAP P100B1

ポスト・ホテル&スパ
Post Hotel & Spa Lake Louise

ボウ川の近くで優雅にステイ

美しいボウ川が近くに流れるロッジ風の高級リゾートホテル。スパやダイニングも充実し、部屋のタイプは15タイプと豊富。サムソン・モールが近いので、買物にも便利だ。
DATA ⊗レイク・ルイーズから車で15分 ⊞200 Pipestone Rd. ☎403-522-3989 ⊕①C$535〜 ℙ

泊まる | MAP P100A2

フェアモント・シャトー・レイク・ルイーズ
The Fairmont Chateau Lake Louise

神秘の湖レイク・ルイーズのほとりで優雅なステイ

1890年創業。レイク・ルイーズの湖畔に立つ白亜の外観が印象的なロッキーを代表するホテル。ビクトリア調の優雅な装飾に飾られたロビーを抜けると、庭のすぐ先に美しい湖面が見える。客室は上品でクラシカルな雰囲気だ。プールにスパ、レストランやショップなど館内施設が充実している。
DATA ⊗レイク・ルイーズからすぐ ⊞111 Lake Louise Dr. ☎403-522-3511 ⊕①夏期C$1200〜、冬期C$400〜 550室 ℝ ℙ

フェアビュー・ダイニング・ルームからは湖を眺めつつ食事を

レイク・ルイーズのシンボル的存在のホテル

出発前にチェック!

ハイキングの基本

ロッキーの大自然を満喫するには、自分の足で歩くのがイチバン。以下の5つのポイントを押さえてハイキングに出かけよう!

Point!
荷物はコンパクトになるものを選ぼう

1 コースを選ぶ
体力・経験に応じてコース選びを。初心者なら歩行距離は10km以内がベター。観光案内所の天気予報やトレイル情報なども参考に。

2 ガイド付きツアー
個人で歩くこともできるが、国立公園の知識が豊富なガイド付きツアーのほうが、より安心して楽しめる。心付け(チップ)を忘れずに。

3 ベストシーズン
6月〜10月中旬がハイキングにはベスト。7〜8月だと日照時間が長く、天候も安定している。ただし、寒い日もあるので油断は禁物。

4 服装・持ち物
夏でも気候の変化が激しいので、暑さ・寒さ・風雨に対応できる服装を。靴は履きなれたもの、防水加工の上着やレインコートをお忘れなく。

5 マナー
本来の生態系保存のため、国立公園や州立公園からの動植物や化石、岩石の持ち出しは一切禁止。動物へのエサやりも厳禁だ。

野生動物には近づかないこと

 眺め ⯃ 必見 30分程度 30〜120分 120分以上 日本語スタッフ 日本語メニュー ドレスコード 要予約 ℝ レストラン ℙ プール ℉ フィットネスジム

レイク・ルイーズ＆バンフ発の

ハイキングに挑戦！

Course 1 レイク・ルイーズ発　MAP▶P84A2　大判▶裏-D4

レイク・アグネス Lake Agnes

岩山のビッグ・ビーハイブ

湖畔に立つティー・ハウス

ビッグ・ビーハイブからのすばらしい眺め

レイク・ルイーズのその先へ

中級者向け　[距離] 約7km　[歩行時間] 約4時間

レイク・ルイーズだけじゃ物足りないという人におすすめ。🅷フェアモント・シャトー・レイク・ルイーズ（→P102）を起点に、ホテルのボート・ハウスと逆の方向に歩くとトレイルの入口があり、登りの道をしばらく行くとミラー・レイク、レイク・アグネス（→P101）に到着する。湖畔のティー・ハウスでひと休みしたら来た道を引き返してもいいし、さらに1時間ほど登ってビッグ・ビーハイブから湖を俯瞰しても。

ティー・ハウス前からの眺め

マップ：

▲リトル・ビーハイブ
マウント・セント・ピラン
ティー・ハウス内にトイレがある
ミラー・レイク P101
フェアモント・シャトー・レイク・ルイーズ🅷
ティー・ハウス
GOAL!
レイク・アグネス
レイク・ルイーズ
このあたりで7〜8月にマーモットが見られる。また、フラワースポットでもある
ビッグ・ビーハイブ
ビッグ・ビーハイブ・トレイル
START!
〰〰〰〰 ハイキングコース

Course 2 バンフ発　MAP▶P85B2　大判▶裏-D4

サンシャイン・メドウズ Sunshine Meadows

ベスト・シーズンだと一面のお花畑に

なだらかで歩きやすいコース

スタンディッシュ・ビューポイントからの眺め

高原植物が咲き乱れる

初心者向け〜　[距離] 8.5km（スタンディッシュ経由は10.5km）
[歩行時間] 約3時間30分〜

バンフから西へ約20km、標高約2200mにあるネイチャー・センターがスタート地点。コース全体を通して勾配が少なく、幅広い年代の人が楽しめる。ハイライトは、夏場になると高山植物のお花畑が広がるガーデン・パス・トレイル。3つの湖を巡るトレイルを歩いて引き返すと往復8.4kmで、初心者にはちょうどいい距離だ。上級者なら、さらにスタンディッシュ・ビューポイント、モナーク・ビューポイントを目指してもおもしろい。

ツアー情報

サンシャイン・メドウズ
高原ハイキング

[ツアー問合せ]
バンフガイドサービス
Banff Guide Service
☎403-762-5366
営 所要8時間（6月下旬〜9月上旬）料 C$325（2人より催行）
URL www.banffguide service.com

マップ：

〰〰〰〰 ハイキングコース
アルバータ州｜ブリティッシュ・コロンビア州
マウント・アシニボイン
① 大陸分水嶺
ロック・アイル・レイク
サンシャイン・ビレッジ
トレイル付近ではさまざまな高山植物が見られる
トイレ
スタンディッシュ・ビュー・ポイント
② グリズリーが残した大きな穴の跡がある
トイレ
デイロッジ・ネイチャー・センター
START & GOAL
③
ラリックス・レイク
秋になるとカラマツが紅葉する
シンプソン・ビューポイント
ビッグホーン・シープがいることも
↓ヒーリー・パスへ
グリズリー・レイク

山に囲まれた静かな町
ジャスパー

Jasper　MAP P84A1　大判▶裏B2

カナディアン・ロッキー最大の国立公園であるジャスパー国立公園内にあり、ロッキーの北のゲートシティとして知られる。小ちんまりとした素朴な雰囲気の町だ。

1雄大な自然に抱かれたジャスパーの町　2マリーン・レイクの眺めもすばらしい　3ウィスラーズ・マウンテンのゴンドラ　4マリーン・キャニオンの冬景色

ジャスパーを楽しむ Keyword 3

① マリーン・レイク
Maligne Lake

湖に浮かぶスピリット・アイランドの眺めは、カナディアン・ロッキーを代表する景観のひとつ。

② ウィスラーズ・マウンテン
Whistlers Mountain

ゴンドラで一気に山頂へ。ジャスパーの街並みやカナディアン・ロッキーの山々が一望できる。

③ マリーン・キャニオン
Maligne Canyon

カナディアン・ロッキーでも最大級の渓谷。遊歩道から細く深くえぐられた渓谷が見え、迫力満点。

Access

エドモントン国際空港からサンドッグ・ツアーのバスで約5時間30分。カルガリー国際空港からブリュースター・エクスプレスのバスで約4〜8時間。観光列車「VIA鉄道 カナディアン号（→P93）」などでもアクセス可能だ。レイク・ルイーズへはバスで約3時間45分。

Information

🏛 観光案内所
Vistor Experience Centre
🏠414 Patricia St.
☎780-820-1006
🕘9〜19時
休なし
MAP P104B3

【市内の交通】

ジャスパーは町の規模が小さいので、半日もあれば十分に回れる。観光案内所やホテル、レストラン、ショップなどは駅前を走るコンノート通りに集まっているのでわかりやすい。

【街歩きADVICE】

公共の交通機関はないが、ダウンタウンを回るだけなら徒歩で問題ない。それ以外はタクシーをよぶか、宿泊ホテルのシャトルバスを利用することになる。

☆ モデルコース ☆

車で15分　ジャスパー中心部　車で15分
マリーン・キャニオン　ウィスラーズ・マウンテン
車で15分　マリーン・レイク

壮大な山の景色が広がり、周辺には自然を感じるみどころも多い

Point
駅前のこの辺りが街の中心。山小屋風の低層の建物が多く、のんびりした雰囲気。

ジャスパー

N
0 ─── 200m

岡寿司 P106
フェアモント・ジャスパー・パーク・ロッジ P107
イービル・デイブズ・グリル P106へ
トンクィン・イン P107

ベアーズ・ボウ・ベーカリー P107
アストリア P107
ジャスパー・ピザ・プレイス P105
トータム・スキー・ショップ P106

カシオス・イタリアン・レストラン P105
観光案内所
Vistor Experience Center
バッファロー・ベティズ・ギフト P106
ジャスパー駅 JASPER STN.
バスディーポ
ウィスラーズ・イン P107
ベアフット・イン・ザ・パーク P107
フィドル・リバー P106
ジャスパー・マーケット・プレイス

センテニアル・パーク Centennial Park
Maligne Ave. サムシング・エルス P105
パトリシア・センター
Miette Ave. ボムシェル P106
イービル・デイブズ・グリル P108

A　B

見る | MAP P84A1 大判▶裏-C2

マリーン・レイク
Maligne Lake

まるで絵はがきのような景色

氷河から溶け出た水が山崩れでせき止められてできたといわれる細長い形をした湖。夏には遊覧船が運航し、湖に浮かぶ小さな島、スピリット・アイランドを展望台から望める。

DATA ダウンタウンから車で15分

 見る | MAP P84A1 大判▶裏-B2

ウィスラーズ・マウンテン
Whistlers Mountain

雄大な自然を感じよう

ゴンドラ(ジャスパー・スカイトラム)で約10分で、標高約2300mの展望台に到着。ロッキーの山々を眺めながら、町を一望できる。さらに山頂へはトレイルが設けられている(片道30〜40分)。

DATA ダウンタウンから車で15分 ジャスパー・トラムウェイ往復C$46.95

 見る | MAP P84A1 大判▶裏-B2

マリーン・キャニオン
Maligne Canyon

ロッキー最大級の渓谷

マリーン川の急流が1万1000年もの歳月をかけて削ってできた石灰岩の渓谷。橋の遊歩道から見下ろす激しい川の流れは圧倒的な迫力だ。渓谷に沿って散策することもできる。

DATA ダウンタウンから車で15分

見る | MAP 大判▶裏-B2

マウント・ロブソン州立公園
Mount Robson Provincial Park

カナディアン・ロッキー最高峰のロブソン山を擁する公園

雪を抱いた雄大な姿が美しい標高3954mのロブソン山。園内には数多くのトレイルが整備され、ハイキング初心者から上級者まで山歩きを楽しめる。ジャスパーからは車で約1時間。グレイハウンドのバスも出ているが、特に拠点となる町はなく本数も少ないので、レンタカーで行くか、日帰りツアーに参加して訪れるのが便利。

DATA ダウンタウンから車で30分 インフォメーションセンターは8〜16時(季節により異なる) 10月中旬〜5月初旬

ジャスパー・ピザ・プレイス
Jasper Pizza Place

パリパリの薄皮生地が人気のピッツェリア

薪で焼き上げるピザが評判。一番人気は、アーティチョーク、赤ピーマン、キノコに自家製トマトソースとモッツァレラがたっぷりのった、アサバスカ(12インチC$26.95)。パン生地タイプのピザも含め23種類のピザをラインアップする。ビール(C$9.95)やスピリッツも地元産のものを揃えている。

DATA から徒歩3分 402 Connaught Dr, 780-852-3225 11〜23時 なし C$30〜

サンドイッチはC$20.95〜

ジャスパーで薄い生地のピザが食べられるのはここだけ

食べる | MAP P104A3

サムシング・エルス
Something Else Restaurant

リラックスして食事を楽しむ

インテリアはカジュアルで地中海風。ピザ、パスタ、肉、魚料理まで、豊富なメニューを手ごろな価格で楽しめる。スブラキなどの珍しいギリシャ料理も味わえる。

DATA から徒歩6分 621 Patricia St. 780-852-3850 11〜23時(冬期は〜22時) なし C$20〜 C$40〜

食べる | MAP P104B3

カシオス・イタリアン・レストラン
Cassios Italian Restaurant

家庭的なイタリアンでほっこり

ウィスラーズ・イン(→P107)の1階にあり、仲よし夫婦が切り盛りするカジュアルな店。目抜き通りのコンノート通りに面し、ジャスパー駅も目の前というのもうれしい。パスタはC$19.50〜。

DATA から徒歩2分 602 Connaught Dr. 780-852-4070 7時〜21時30分 なし

アルバータ州の買物には州税(PST)がかからず物品税(GST)5%のみ課税される。同じものを買う場合でも、PSTがかかるブリティッシュ・コロンビア州のバンクーバーよりお得になることもある。

🍴 食べる | MAP P104B1

岡寿司
Oka Sushi

カナダならではのネタで本格的すしを味わう

ホテル内にある約10席の小さなすし店。本格的な味を求める地元の人や日本人でいつも賑わっている。威勢のいい板前さんとの会話を楽しみながら、地元のほか日本からも取り寄せた新鮮なネタが味わえる。サーモン、ホタテ、ツナなどを巻いた「ミニ岡スペシャル巻C$14」が大評判。ピリッとスパイシーなジャスパーロールC$7もぜひ味わいたい。

DATA ❌🅷から車で10分
🏨Hフェアモント・ジャスパー・パーク・ロッジ（→P107）内
☎780-852-1114 🕐18～22時
🈺日・月曜 💰C$30～
📱J

フェアモント・ジャスパー・パークロッジ内にある

常連さんも多いアットホームな雰囲気

🎁 買う | MAP P104A3

ボムシェル
Bombshell

日常使いしたいリラックスウェアが多数

肌ざわりのよい綿のワンピースやワイドパンツ、Tシャツなどを揃えるブティック。ゆったりとしたデザインが特徴で、リラックスした感じに。リゾートで目を引くしゃれたデザインで人気が高い。地元アーティストのアクセサリーや、オーガニックコスメ、靴下やマフラーなどの小物類も豊富でおみやげ探しにもおすすめ。

DATA ❌から徒歩3分 🏠611
Patrcia St. ☎780-852-9696
🕐11～22時 🈺なし

地元で人気のブティック

旅先で着たいワンピースも豊富

🍴 食べる | MAP P104A3

イービル・デイブズ・グリル
Evil Dave's Grill

カジュアルな雰囲気で人気

西洋料理にアジアやエスニック料理のエッセンスを融合させたオリジナルメニューが充実。Evil（悪）、Sin（罪）など料理名にもブラック・ユーモアが満載されていて楽しめる。

DATA ❌🅹から徒歩15分
🏠86 Connaught Dr.
☎780-852-3323 🕐17～21時
🈺なし 💰C$50～

🎁 買う | MAP P104B3

バッファロー・ベティズ・ギフト
Baffalo Betty's Gift

ノスタルジー漂うセレクト

マリリン・モンローやエルビス・プレスリー、ジョン・ウェイン、ビートルズなど、懐かしいスターたちにフォーカスした、雑貨や小物、Tシャツなどのセレクトショップ。そのほか、ジャスパー産の雑貨も取り揃えている。

DATA ❌から徒歩3分 🏠622
Connaught Dr. ☎780-852-4231
🕐8～21時 🈺なし

🍴 食べる | MAP P104B3

フィドル・リバー
Fiddle River Restaurant

アレンジが効いた料理を

アルバータ産バイソンのミートボールなど、カナダの素材を使ったユニークな創作料理が楽しめる店。夜はライトが灯り、ロマンチックな雰囲気なので、おしゃれをして出かけたい。

DATA ❌から徒歩2分 🏠620
Connaught Dr. ☎ 780-852-3032 🕐17～22時（時期により異なる） 🈺なし 💰C$50～

🎁 買う | MAP P104B2

トーテム・スキー・ショップ
Totem Ski Shop

アウトドアアイテムならここへ

アウトドアウェアをはじめ、ミニラフやバックパック、シューズ、熊よけのスプレーなども揃う。クロスカントリーのアイテムも豊富でスキー板はC$399～。冬場はレンタルも行う。

DATA ❌から徒歩3分
🏠408 Connaught Dr.
☎780-852-3078
🕐9～22時 🈺なし

👁️ 眺め ⭐ 必見 ⏱-30分 30分程度 ⏱30-120分 30～120分 ⏱120分 120分以上 J 日本語スタッフ J 日本語メニュー ドレスコード 📞 要予約 R レストラン P プール F フィットネスジム

買う | MAP P104B2

ベアーズ・ボウ・ベーカリー
Bear's Paw Bakery

行列のできる焼きたてパン

ウッディな外壁の小ぢんまりした建物ながら、朝から行列ができる、地元で非常に有名なベーカリー。"クマの手"という意味の店名を冠したベアー・ボウズC$2.95というシナモンパンが一番人気で、早朝から営業しているのもうれしい。店の外にはベンチがあるので、焼きたての香ばしい薫りに我慢できない人は、ここで休憩がてら食べてもいい。マフィンC$4.25やペストリー、クッキーなどもおすすめ。

DATA ❌から徒歩2分
🏠4 Pyramid Rd.
☎780-852-3233
🕐6～18時
休なし

外のベンチで買ったパンでほおばっておやつタイム

ついたくさん買ってしまう

泊まる | MAP P104B1

フェアモント・ジャスパー・パーク・ロッジ
The Fairmont Jasper Park Lodge

ジャスパーを代表する宿　静かな環境で快適ステイ

1922年、8つのバンガローから始まった、歴史あるリゾートホテル。静かな環境に立ち、敷地内でテニス、乗馬、ゴルフを、湖ではボートやアイススケートと、アクティビティが充実。レストランも多く、敷地から出なくてもロッキーを満喫できる。アメリカを代表するエンターテイナー、ビング・クロスビーも何度も訪れていたという。客室は山小屋風が多く、スイートは暖炉付きの部屋もある。

DATA ❌から車で10分　🏠Old Lodge Rd.　☎780-852-3301
料夏期Ⓢ①C$450～、冬期Ⓢ①C$250～　446室、キャビン8棟
R P F

スポーツとともに大自然を満喫できる広大なリゾート

郊外の湖畔に立つ高級リゾートホテル

買う | MAP P104B3

ベアフット・イン・ザ・パーク
Barefoot in the Park

ユニークな品揃えに注目

ジャスパー鉄道駅の向かいに立つ便利なロケーション。生活雑貨やみやげ物などのほか、カナディアン・ロッキーで作られているナチュラル素材のせっけんC$8～などが人気。

DATA ❌から徒歩1分
🏠606 Connaught Dr.
☎780-852-2221　🕐10～18時(日曜は11～17時)　休なし

泊まる | MAP P104B3

ウィスラーズ・イン
Whistlers Inn

屋上にはジャクジーも

観光客で賑わうダウンタウンの中心に位置する、便利なロケーションのホテル。レストランやギフトショップもあり、パブでは、不定期でジャムセッションも行われ賑わう。

DATA ❌から徒歩1分
🏠105 MietteAve.
☎780-852-3361　料①C$179～　64室　R P F

泊まる | MAP P104B2

アストリア
Astoria Hotel

山小屋風の三角屋根が目印

1924年、山小屋として建てられた家族経営のアットホームなホテル。町で一番賑やかな場所に立ち、観光にも食事にも便利。部屋はモダンにリノベーションされており、快適に過ごすことができる。

DATA ❌から徒歩2分
🏠404 Connaught Dr.
☎780-852-3351
料Ⓢ①C$158～　35室　R

泊まる | MAP P104B1

トンクィン・イン
Tonquin Inn

自然に囲まれた環境

敷地内に野生の動物が現れるほど、豊かな自然に囲まれており、リゾート気分を満喫できる。屋内プール、屋外にはホットタブなどが整っており、スキーで疲れた体を休めるのに最適。

DATA ❌から徒歩15分
🏠100 Juniper St.　☎780-852-4987　料Ⓢ①C$170～137室　R P

プチ情報　ジャスパーでも乗馬、サイクリング、カヌー、フィッシングなどのアクティビティを楽しむことができる。

ロッキー山麓の大都市
カルガリー

Calgary MAP P85B2 大判 裏-F4

1875年に騎馬警察の基地として誕生、現在は石油生産で知られる。郊外にはロッキーの山々を背景にした平原が広がる。

1高層ビルが立ち並ぶ市街地 2カルガリー・スタンピードは街最大の祭り 3郊外は牧草地帯が広がる大平原 4ランドマークのカルガリー・タワー

カルガリーを楽しむ Keyword 3

1 カウボーイ
Cowboy

カルガリーは西部開発で発展した街。カナダ最大のカウボーイの祭典、スタンピードが有名。

2 カルガリー・タワー
Calgary tower

展望台からは市内だけでなく、カナディアン・ロッキーの山々まで360度のパノラマが広がる。

3 オリンピック
Olimpic

1988年の冬季オリンピックで広く町の名が知られるように。関連施設の多くが今も使われている。

街歩きADVICE

ダウンタウンの街歩きは1日あれば十分。少し足を延ばしたい人は市電のCトレインを使うと便利だ。料金一律C$3.60。

市内の交通

Cトレインと市バスが運行。大きい街ではないので、徒歩とCトレインをうまく組み合わせれば、主なみどころをカバーできる。

Access

成田空港からカルガリー国際空港までウエストジェット航空の直行便が運航。季節により週に3便、所要約9時間。バンクーバー、トロントなどカナダ各都市からの国内線、アメリカからの国際線でつながっている。空港から中心部へは300番のバスで約30〜40分。C$11.25。

Information

🛈 観光案内所（カルガリー空港内）
Tourism Calgary Visitor Information Centre
🏠2000 Airport RD.N.E. ☎403-735-1234 🕐7〜24時 🚫なし
MAP P108B1

☆ モデルコース ☆

徒歩20分 → カルガリー・タワー → 徒歩3分

オ・クレア・マーケット ← グレンボウ博物館

電車10分＋徒歩10分 → カルガリー動物園 ← コア → 徒歩10分

電車10分

カルガリー

サニーサイド駅
SUNNYSIDE STN.
Memorial Dr.
Bow Riv.
Centre St.
プリンスズ・アイランド・パーク
Prince's Island Park
2nd Ave.
ジョイ・レストラン P109
オ・クレアマーケット
2nd Ave.
リージェンシー・スイート
ウエスティン
4th Ave.
6th Ave. SW
ロイヤル・イン
プリンス St.
6th Ave. SE
P108 TDスクエア
9th Ave. SW
マリオット
P125 在カルガリー
日本国総領事館
9th Ave. SW
カルガリー駅
CALGARY STN.
P109 カルガリー・タワー
Calgary Tower
12th Ave. SW
P111 スカイ360
14th Ave.
9th Ave.
17th Ave.
アルバータ・アーツ
サドルドーム
P109
Macleod Trail
Elbow Dr.

🛈観光案内所へ
P109
McDougall Rd.
ブリッジランド/メモリアル駅
BRIDGELAND/MEMORIAL STN.
P109
フォート・カルガリー カルガリー動物園、
Fort Calgary ホリデイ・イン
市庁舎
6th Ave. SE カルガリー・エアポートへ
グレンボウ博物館 P109
Glenbow Museum
12th Ave. SE
ビクトリア・パーク/スタンピード駅
VICTORIA PARK/STAMPEDE STN.
17th Ave.
スタンピード・パーク
Stampede Park
アールトン/スタンピード駅
ERLTON/STAMPEDE STN.
23rd Ave.

0 500m
N

Point.1
フォート・カルガリーは騎馬警察が砦を築いたカルガリー発祥の地。現在は公園に。

Point.2
スタンピード・パークでは毎年7月、カウボーイの祭典「カルガリー・スタンピード」を開催。

レースやロデオなども行われ、盛り上がりを見せる

見る | MAP P108A2

カルガリー・タワー
Calgary Tower

必見 眺め

展望台からの眺めは最高

高さ190.8mのカルガリーのランドマークで、最上階の展望デッキからは、ダウンタウンの街並みやロッキーの山々を望める。回転レストランがあり、夜景も美しい。
DATA ⊗Cトレイン1st Street SW駅から徒歩5分 ⊕101-9th Ave. S.W. ☎403-266-7171 ⊛10～21時(6～8月は～22時) ⊛なし ⊛C$19 30分

買う | MAP P108A1

TDスクエア
TD Square

巨大モールでショッピング

ブティックからフードコートまで揃う大型ショッピングモール。日本でおなじみのGAPやブルックス・ブラザーズなど人気店約120店が入っている。
DATA ⊗Cトレイン1street SW駅から徒歩6分 ⊕32 8th Ave. SW ☎403-441-4940 ⊛10～18時(日曜12～17時) ⊛なし

見る | MAP P108A2

グレンボウ博物館
Glenbow Museum

鉄道の歴史もわかる

ヨーロッパ人によるカナダ西部の開拓の歴史や文化を紹介しているほか、アルバータ州出身のアーティストによる絵画や彫刻も展示している。先住民族のコーナーは特に充実している。
DATA ⊗CトレインCentre Street駅から徒歩4分 ⊕130 9th Ave. S.E. ☎403-268-4100 ⊛11～19時(土・日曜は10～18時) ⊛月・火曜 ⊛寄付 30～120分

買う | MAP P108A2

アルバータ・ブーツ
Alberta Boot Co.

オーダーメイドのブーツを

騎馬警察RCMPのブーツを手がける有名なウエスタンブーツの専門店。広い店内にはブーツC$375～が約6000種類もある。オーダーメイドすることもでき、日本への配送サービスもある。
DATA ⊗Cトレイン39th Avenue駅から徒歩15分 ⊕121 10th Ave. ☎403-263-4623 ⊛10～17時 ⊛日曜

見る | MAP P108B1

カルガリー動物園
Calgary Zoo

巨大な恐竜たちにも合える

700種以上の動物が飼育されている動物園。ダウンタウンの東、ボウ川に浮かぶ島にある。ユーラシア大陸、オーストラリアなど世界各地の130種を超える動物が飼育されている。
DATA ⊗CトレインZoo駅から徒歩すぐ ⊕1300 Zoo Rd. N.E ☎1-800-588-9933 ⊛9～18時 ⊛なし ⊛C$34.95 30～120分

食べる | MAP P108A1

ジョイ・レストラン
Joey Restaurant

オシャレなカクテルも多彩

バンクーバーが拠点のチェーンレストラン。光と音が鮮やかな内装とおしゃれな雰囲気が若者に人気だ。豊富なワインとともに、アジアンテイスト料理を。
DATA ⊗Cトレイン1st Street SW駅から徒歩10分 ⊕208 Barclay Parade SW ☎403-263-6336 ⊛11～24時(金・土曜は～翌1時) ⊛なし ⊛C$20～ ⊛C$35～

食べる | MAP P108A2

スカイ360
Sky 360

ロマンチックな回転レストラン

カルガリー・タワーにある回転展望レストラン。窓からはダウンタウンが見渡せる。本格的なディナーコースは値が張るが、窓からの眺めで思わず納得。
DATA ⊗カルガリー・タワー(上記)内 ☎403-532-7966 ⊛11～14時、17～23時(土曜は～24時) ⊛なし ⊛C$40～ ⊛C$60～

泊まる | MAP P108B2

ホリデイ・イン・カルガリー・エアポート
Holiday Inn Calgary Airport

早朝の出発に便利

空港まで車で約10分。客室に小さなシンクと電子レンジやミニ冷蔵庫付き。空港間の無料シャトルバスや屋内プールがある。
DATA ⊗ダウンタウンから車で約15分 ⊕1250 McKinn on Dr. N. E. ☎403-230-1999 ⊛①C$119～ 168室 URL www.holidayinn.com
P

プチ情報 Cトレインの扉は降りるときにドアの横のボタンを押さなければ開かないので注意。

現地発着 オプショナルツアー

限られた滞在時間で、みどころを効率よく観光できるのが、現地発着のオプショナルツアー。日本語ガイド付きならばよりいっそう楽しめること間違いなし!JTBのマイバスツアーをご紹介。

❶出発時間 ❷所要時間 ❸催行日
❹料金 ❺最少催行人数 ❻食事の有無
❼日本語スタッフ(目的地到着後)

バンクーバー発

花と森の都市　バンクーバー 半日観光ツアー

バンクーバーを熟知したプロのガイドが案内する人気ツアー。定番観光スポットであるスタンレー・パークをはじめ、チャイナタウン、ギャスタウン、カナダプレイスの車窓観光、グランビル・アイランドの街歩き、ショッピングを楽しむ。バンクーバーの歴史、文化にも触れられる充実の内容。

❶ハイアット・リージェンシー13時30分出発 ❷3時間 ❸毎日 ❹1万217円 ❺2名 ❻なし ❼あり

人気アトラクション! キャピラノ吊り橋とグラウスマウンテン観光

バンクーバー近郊の人気スポット、高さ70mのキャピラノ吊り橋で遊んだ後は、ノースバンクーバーの背後にそびえる標高1250mのグラウスマウンテンへ。山頂からはバンクーバーを一望できる。

❶シェラトン・ウォール・センター8時50分出発 ❷4時間 ❸4月上旬～10月上旬 ❹2万3500円 ❺2名 ❻なし ❼あり

人気No.1! ビクトリアとブッチャート・ガーデン1日観光

バンクーバーの西に、ジョージア海峡をはさんで浮かぶバンクーバー島。その最南端にあるブリティッシュ・コロンビア州の美しき州都ビクトリアの街歩きと、花々の咲き乱れるブッチャート・ガーデンをめぐる1日ツアー。

❶ハイアット・リージェンシー 7時20分出発 ❷12時間 ❸毎日(11～2月は火・木・土・日曜のみの催行) ❹3万651円 ❺2名 ❻なし ❼多言語音声ガイド

自由時間たっぷりウィスラー1日観光

バンクーバーからシャノン滝などの美しい風景を満喫しながら約2時間のドライブで人気リゾート地ウィスラーへ。ウィメラー山とブラッコム山を結ぶゴンドラに乗って、山岳風景を満喫したり、ビレッジ散策が楽しむツアー。

❶シェラトン・ウォール・センター7時50分出発 ❷10時間 ❸6月上旬～9月下旬 ❹1万8423円 ❺2名 ❻なし ❼あり(多言語音声ガイド)

ハーバークルーズとHOP-ON, HOP-OFF BUSで回るディープな市内観光

ハーバークルーズと、HOP-ON, HOP-OFF(乗り降り自由)バスに乗り、バンクーバーを巡るツアー。クルーズ中に、アザラシが見られるかも。その後、ガイドの街案内を聞きながらバスに乗ってスタンレー・パーク、グランビル・アイランドを訪れる。

❶ハイアット・リージェンシー 10時出発 ❷5時間 ❸5月上旬～9月下旬 ❹2万470円 ❺2名 ❻昼食 ❼あり

バンクーバーを違った角度から堪能! 日本語ガイドと街歩き

スカイトレイン、バス、シーバスといった、バンクーバーの公共交通機関で街を巡るディープなツアー。スーパーやホームセンターなど地元人々の生活を垣間見たあとは、ギャスタウンを散策し、シーバスでノースバンクーバーへ行き解散。

❶ハイアット・リージェンシー 10時出発 ❷4時間 ❸毎日 ❹1万3283円 ❺2名 ❻なし ❼あり

徒歩で案内する「リン渓谷と歴史を感じるギャスタウンツアー」

パワースポットと言われるリン渓谷。ハイライトである高さ50m、長さ48mの吊橋散策を楽しんだあとは、ノースバンクーバーの市場「ロンスデールキーマーケット」へ。その後、バンクーバー発祥の地ギャスタウンを散策する。

❶ハイアット・リージェンシー 10時出発 ❷5時間 ❸毎日 ❹1万3283円 ❺2名 ❻なし ❼あり

バンフ・レイクルイーズ発

いい所どりでのんびり行く！
ヨーホー国立公園とモレーン湖1日観光

カナディアン・ロッキーのハイライトを巡る人気のツアー。バンフの各ホテルを出発し、神秘的に輝くモレーン・レイク、ナチュラル・ブリッジ、エメラルド・レイク、タカカウ滝といった、雄大な大自然にふれられる。

❶バンフのホテルを8時頃出発 ❷8時間 ❸夏場のみ催行 ❹2万5543円 ❺2名 ❻なし ❼あり

世界遺産を肌で感じる！カナディアン・
ロッキー ベストルート ハイキング

神秘的な水をたたえる湖、雄大な氷河など、壮大な自然が残るカナディアン・ロッキーをガイドの案内で歩くハイキングツアー。レイク・ルイーズを出発し、レイク・アグネス、リトル・ビー・ハイブなどを巡りながら約9kmを歩く。

❶バンフのホテルを8時頃出発 ❷9時間 ❸夏場のみ催行 ❹3万5760円 ❺2名 ❻あり ❼あり

夕方に出没！地元を知り尽くしたガイドと行くワイルド サファリ ウォッチング

レイク・ミネワンカ、マウント・ノーケイなどへ、夕刻から活動を始める野生動物を探しに出発。野生動物を知り尽くしたネイチャーガイドの案内で、出没しそうなスポットへ。運がよければビーバーに合えるかも！

❶バンフのホテルを18時頃出発（日照時間で変更あり） ❷2時間 ❸夏場のみ催行 ❹7663円 ❺2名 ❻なし ❼あり

人気のサルファー山ゴンドラにも乗車！バンフ半日観光ツアー

バンフ国立公園の中心となるバンフの街の見所を半日で巡るツアー。ボウ滝やフードゥー、サプライズ・コーナーを巡り、サルファー・マウンテンへ。ハイライトはゴンドラ。頂上からは、爽快な山岳風景が堪能できる。

❶バンフのホテルを9時頃出発 ❷4時間30分 ❸夏場のみ催行 ❹2万434円 ❺2名 ❻なし ❼あり

コロンビア大氷原とレイク・ルイーズ観光

カナディアン・ロッキー観光のハイライト、レイク・ルイーズと、コロンビア大氷原を巡るツアー。クロウフット氷河やボウ・レイク、ペイト・レイクなどを見ながらコロンビア大氷原へ。雪上車に乗り換えて、氷河の上の散策を楽しむ。

❶バンフのホテルを8時頃出発 ❷11時間 ❸夏場のみ催行 ❹3万8314円 ❺2名 ❻あり ❼あり

＜申込み先＞
MYBUS オプショナルツアー

ツアーは下記のホームページから申し込みしてください。
https://www.jtb.co.jp/kaigai_opt/

※ツアーは2023年の内容・料金です。料金は大人1名分です。ツアー内容は変更になることがあります。また、ツアーの催行日についても、積雪状況やその他状況の変化などにより変更になることがありますので、お問合せください。ツアー販売が終了する可能性がありますので、最新情報はホームページをご確認下さい。

カナダ入出国の流れ

大事な出入国情報は旅行が決まったらすぐにチェック！万全の準備で空港へ。

カナダ入国

① 到着 Arrival

到着ゲートから順路に従い入国審査へ進む。パスポートを用意しておこう。

≫

② 入国審査 Immigration

自動入国審査（Automated Border Clearance Self-Serve Kiosks＝ABC kiosks）の端末で入国手続きを行う。手続きは以下の通り。①日本語を選択し、パスポートの顔写真があるページをスキャンする②顔写真を撮影③画面上で税関申告に関し必要事項を入力④端末機からプリントアウトされた紙とパスポートを係官に渡す。スマートフォンならアプリをダウンロードし、事前にオンライン申請をすることも可能。
www.cbsa-asfc.gc.ca/new-neuf/app-eng.html

≫

③ 荷物受取所 Baggage Claim

入国審査を終えたら荷物受取所へ。自分の搭乗便名を確認し、ターンテーブルから荷物のピックアップ。荷物の紛失などのトラブルは、クレーム・タグ（荷物引換証）を航空会社の係員に見せて対処してもらう。通常、クレーム・タグは航空券の裏に貼ってある。

≫

④ 税関 Customs Declaration

自動入国審査の端末のない空港では、係員に税関申告書を渡す。申告の有無を質問されることもある。なければ「Nothing」と答えればいい。

≫

⑤ 到着ロビー Arrival Lobby

到着ロビーには各旅行会社のツアーガイドが待っているので、指示に従って行動すればOK。個人旅行ならタクシーやシャトルバスを利用して目的地へ。送迎の予約をしていればホテルのスタッフが待っているはず。

日本出国時の注意点

カナダの入国条件

出発の10日〜1ヵ月前までにチェック

○ パスポートの残存有効期間

カナダ出国予定日＋1日以上。

○ ビザ

最長6カ月以内の観光はビザが免除されるが、eTA（電子渡航認証）の取得が必要。
※18歳未満が観光目的で入国する場合、保護者からの渡航同意書が必要。

旅行が決まったら準備

○ eTA（Electronic Travel Authorization）に登録

eTAは短期観光・商用に適用される電子渡航認証のことで、カナダに空路で渡航・経由する場合に提示が必要。申請にはパスポート、クレジットカード、eメールアドレスが必要で、発行手数料はC$7、申請後有効期限は5年、または申請時のパスポートの有効期限まで。申請はカナダ政府のウェブサイトからできる。
＊eTAオンライン申請ページ
www.canada.ca/en/immigration-refugees-citizenship/services/visit-canada/eta/apply-ja.html

○ 外務省の海外安全ホームページをチェック

海外安全情報（危険情報や感染症危険情報、安全対策基礎データなど）など、渡航の際必要な最新情報を確認できる。
www.anzen.mofa.go.jp

○ 外務省のたびレジに登録

旅行日程・滞在地域・連絡先を登録しておくと滞在地域の最新の海外安全情報や緊急時の現地大使館・総領事館からの安否確認、必要な支援を受けることができる。
www.ezairyu.mofa.go.jp

カナダ入国時の制限

○ 持ち込みの禁止や規制がある主な品目

●禁止品…麻薬や銃刀器、武器、絶滅危惧種の動植物の持ち込みは禁止
●規制品…食料品（肉・乳製品、青果、ナッツ類など）、動植物やその製品などの一部には規制がかかる場合がある。

○ 主な免税範囲

●たばこ…紙巻200本、葉巻または小型葉巻50本、刻みたばこ200gのいずれか（18歳以上）
●アルコール類…ワイン1.5ℓ、ビール355mℓ缶を24缶もしくは8.5ℓ、それ以外の酒1.14ℓのうちいずれか（B.C.州は19歳以上）
●みやげ品…C$60相当まで（入国時のみ。たばことアルコールは除く）
●現金…トラベラーズ・チェックなど現金以外を含め、C$1万相当以上は申請が必要。

○ 空港の出発ターミナル

自宅〜空港でチェック

成田空港では航空会社によって第1〜3ターミナルに分かれている。バンクーバーへ運航している日本航空は第2、エア・カナダは第1ターミナルに発着する。
東京国際空港（羽田空港）は第3ターミナルに発着する。

○ 液体物の機内持込み制限

機内持込み手荷物に100mℓ以上の容器に液体物が入っていると、出国時の荷物検査で没収となるので注意。1容器あたり100mℓ以下であれば、1ℓ以下のジッパーのついた透明プラスチック製袋に入れて持ち込める。詳細はwww.mlit.go.jp/koku/15_bf_000006.html参照。

プチ情報　パスポートの申請についてはパスポートAtoZ（外務省）www.mofa.go.jp/mofaj/toko/passport/

カナダ出国

チェックイン Check-in

ツアー参加の場合は各旅行会社がホテルまで迎えにきてくれるので、ツアーバスで空港へ。個人の場合は、レンタカーやタクシー、シャトルバスなどで空港まで。出発の3時間前には空港に到着しておきたい。利用する航空会社のチェックインカウンターでパスポートを提示し搭乗券を受け取る。預ける荷物があればここで預け、クレーム・タグ(手荷物引換証)をもらう。eチケットの場合は、自動チェックイン機セルフサービスキオスクで各自搭乗手続きを済ませる。その後、搭乗手続きカウンターまたは手荷物専用カウンターで機内預け用の荷物を預ける。eチケットは比較的並ぶ時間が短いので便利。

≫

手荷物検査 Security Check

ボディチェックとX線による手荷物検査を受ける。水、ジェル、スプレー類は100ml以下の容器に入れ、1ℓ以下の透明なプラスチック製の袋に収めてX線に通す。それ以外はその場で没収される。

≫

出発フロア Departure Floor

免税店やフードコート、みやげ店などが充実しているので、ショッピングや食事などをして搭乗時間までの時間を過ごそう。

≫

搭乗ゲート Boarding gate

搭乗予定時刻45分前までには搭乗ゲートへ。搭乗の際チケットとパスポートの提示を求められることもある。

メープル・シロップは手荷物にできません

カナダ国内の空港から出発するすべての国際線で、液体類・ジェル類の機内持ち込みが制限されている。条件は以下のとおり。
◎容器の限度は1容器あたり100ml以下、総量1ℓまで(100ml以上の容器も使用不可)
◎容量1ℓ以下のジッパー付き透明プラスチック製の袋に入れる(サイズの目安は20cm×20cm以内。完全にジッパーを閉じる)
◎1人あたりプラスチック製の袋1つのみ
◎手荷物検査でX線検査を受けたもの
◎機内で使用する医薬品(医師の診断書が必要な場合あり)、ベビーフード(乳幼児が搭乗する場合のみ)などは例外
※手荷物検査後に購入した免税品については、100ml以上でも持ち込める。ただし乗継便で帰国する場合、乗継先の空港で没収になることもあるので注意。
詳細は国土交通省航空局のWEBサイト参照
📱www.mlit.go.jp/koku/03_information

日本から直行便のある主な航空会社

航空会社	日本での問合先
エア・カナダ (AC)	☎010-800-6699-2222 (国際フリーダイヤル) 📱www.aircanada.com/jp
日本航空 (JL)	☎0570-025-031 📱www.jal.co.jp
全日本空輸 (NH)	☎0570-029-333 📱www.ana.co.jp
ウエストジェット航空 (WS / WJA)	☎1-844-213-5239 (日本語予約ダイヤル。北米からは通話無料。日本からは有料) 📱www.westjet.com

日本帰国時の制限

主な免税範囲

●酒類…3本(1本760ml程度。20歳未満の免税はなし)
●タバコ…紙巻タバコのみの場合200本、または葉巻タバコのみの場合50本。加熱式タバコのみの場合、個包装10個「アイコス」のみ、または「グロー」のみの場合は200本、「プルームテック」は50個まで)。その他の場合は総量が250gを超えないこと。20歳未満の免税はなし。
●香水…2オンス(約56ml、オーデコロン・オードトワレは除外)
●その他…1品目毎の海外市価合計額が1万円以下のもの全量、海外市価合計額20万円まで

主な輸入禁止品と輸入制限品

●輸入禁止品…麻薬、大麻、覚醒剤、鉄砲類、爆発物や火薬、通貨または証券の偽造・変造・模造品、わいせつ物、偽ブランド品など。
●輸入制限品
・ワシントン条約に該当する物品。対象物を原料とした漢方薬、毛皮、敷物など加工品も同様。ワニ、ヘビなどの皮革製品、象牙、はく製、ラン、サボテンなどは特に注意。

・土付きの植物、果実、切り花、野菜、チーズやバター、ソーセージといった肉類は要検疫。
・医薬品、化粧品は個人が自ら使用するものでも数量制限がある。医薬品及び医薬部外品は2カ月分以内(外用薬は1品目24個以内)。化粧品は1品目24個以内。

〈携帯品・別送品申告書〉
日本帰国時の税関で、機内や税関前にある「携帯品・別送品申告書」を提出する(家族は代表者のみ)。

 日本帰国の際、別送品がある場合や免税範囲を超えた税率などの詳細は税関 📱www.customs.go.jp を参照。

空港～バンクーバー中心部への交通

空港からバンクーバー中心部への移動手段は3つある。
いずれも30～40分程度で中心部に行くことができる。

バンクーバー国際空港 MAP P132A4

Vancouver International Airport
街の中心部から南へ約13kmに位置するバンクーバー国際空港。旅客ターミナルは到着フロアがレベル2、出発フロアがレベル3となっており、各フロアとも施設が揃っている。
www.yvr.ca/en/passengers

空港内の主な施設

○ 観光案内所

国際線と国内線両方の到着階に観光案内所がある。現地情報誌や市街地図などが手に入る。また、ダウンタウンへの交通の案内などもできる。

○ 銀行/両替所/ATM

各ターミナルにあるが、比較的レートがよくないので必要なぶんだけ両替しよう。両替はホテル到着後、街中の両替所でするのがおすすめ。

○ ショップ

空港内には免税店はもちろん、カフェやレストラン、各種ショップが揃っている。カナダならではのサーモン専門店やブランドショップもある。

○ レンタカーデスク

空港の出口を出た正面に建つ立体駐車場の1階にある。レンタカー会社はエイビス、ハーツ、バジェットなどがあり、いずれも営業時間は5時30分～翌1時30分頃。営業時間外に車を返却することも可能で、その場合はカギを専用の箱に入れる(レンタカー会社の連絡先→P116)。

交通早見表

※所要時間は目安。道路の混雑状況により異なる。ツアー参加者はツアーバスが送迎してくれることが多い。各宿泊ホテルを回り、順番にツアー客を降ろしていく。詳細は事前に確認を。

交通機関		特徴	料金(片道)
	スカイトレイン(カナダ・ライン)	バス、シー・バスとともにトランスリンク社が運営しているスカイトレイン。スカイトレインは3路線あり、そのうちのカナダ・ラインが空港とバンクーバー市内を結んでいる。	C$9.95 (2ゾーンの料金 C$4.55＋C$5) ※空港からダウンタウンへ向かう場合のみ追加料金のC$5が加算される。
	タクシー	到着階を出たところに乗り場がある。料金は定額制でロブソン通りまでC$34。降車する際に料金の約15%のチップを上乗せして支払う。空港へ向かう場合はゾーンに関係なくメーター制となる。	ロブソン通りまで約C$34 カナダ・ブレイスまで約C$38 スタンレー・パークまで約C$41
	送迎車	空港から専用送迎バンで宿泊ホテルまで送迎してくれるサービス。乗り合いではないので、大きな荷物がある時は待ち時間がなくストレスがない。日本語ドライバーなので言葉の心配もない。	空港からバンクーバー市内 1～3名C$260 4～9名C$300 (日本語ドライバー、チップ含む)

空港案内図

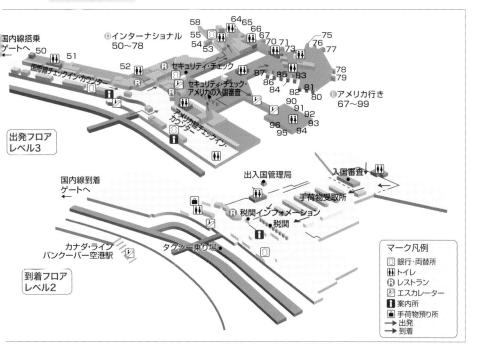

国内線搭乗
ゲートへ
← 50　51

インターナショナル
50〜78

58
55　56
54　53

52

国際線チェックインカウンター

R　セキュリティ・チェック

R

セキュリティ・チェック・
アメリカの入国審査

アメリカ線チェックイン
カウンター

64 65
66
67
70 71　73

87　85 83
86　82 81
84　80
90
91
92 93
96　94
95

75
76
77

78
79

アメリカ行き
67〜99

出発フロア
レベル3

国内線到着
ゲートへ
←

出入国管理局

入国審査

手荷物受取所

R　税関インフォメーション

税関

カナダ・ライン
バンクーバー空港駅

タクシー乗り場

到着フロア
レベル2

マーク凡例
- 🏦 銀行・両替所
- 🚻 トイレ
- R レストラン
- エスカレーター
- 案内所
- 手荷物預り所
- → 出発
- → 到着

所要時間	運行時間	問合先
Yaletown-Roundhouse 駅まで約24分 Waterfront 駅まで約26分 （リッチモンドの Bridgeport 駅で乗り換える場合は約35分）	5時〜翌1時頃の間で6〜20分間隔	Transl ink ☎604-953-3333 🖥 www.translink.ca
ダウンタウンまで30〜40分	24時間	イエローキャブ ☎604-681-1111 🖥 www.yellowcabonline.com バンクーバータクシー ☎604-871-1111 🖥 www.vancouvertaxi.cab
ダウンタウンまで30〜40分	原則、日本からの直行便の発着時間内	エーアールエー・プロフェッショナル・トラベル・アンド・サポート ☎604- 558-3223 🖥 https://arapro.ca/

プチ情報　帰りに空港に向かうときはカナダ・ラインの利用が便利。カナダ・ラインの最寄り駅まではタクシーを利用してもいい。荷物が多いときは空港までタクシーを利用しよう。

国内交通

カナダは西部エリアだけでも広く、基本的に飛行機での移動が主流。時間に余裕があれば、レンタカーや長距離バスでの旅も楽しめる。

飛行機

時間に余裕のない人におすすめの移動手段。バンクーバー〜カルガリー間は飛行機が便利。ほぼ1時間おきに運航しており、所要約1時間20分。カナダ国内はエア・カナダがほとんどの都市を網羅している。また、価格で選ぶならウエストジェット航空もチェックしてこう。

水上飛行機

バンクーバーハーバーを起点に、ビクトリア、ウィスラー、アメリカのシアトルなどを結ぶ水上飛行機(Sea Plane)も便利だ。通常の飛行機と違い、低い位置を飛ぶため、上空からの眺めが楽しめるのがポイント。ビクトリアへは所要35分、C＄185〜、ウィスラーへは所要45分、C＄191〜。シアトルへは所要55分、C＄386〜。チケットはウェブサイトから予約できる。

ハーバー・エアー・シープレイン
Harbour Air Sea Plane 🌐https://harbourair.com/

鉄道

カナダ国内の鉄道路線は限られており、本数も少ない。移動手段というよりも観光列車感覚で使いたい。時間に余裕のある旅、もしくは鉄道に乗ることを旅の目的のひとつにしている人におすすめの移動手段といえる。VIA鉄道 カナディアン号、ロッキー・マウンテニア号がある(→P93)。

レンタカー

スケジュールにとらわれず、自分のペースで旅をしたい人におすすめなのがレンタカー。車社会のカナダでは道路の幅は広く、整備されており、交通量も少ないので走りやすい。交通ルールは多少違うが、標識もわかりやすく車の運転に慣れている人ならば苦にならないだろう。レンタカーが空港や現地の窓口でも借りられるが、台数が限られていることもあるので日本から予約しておく方が安心。保険や、返却時のガソリン満タン返しが必要ないプランなども用意されているので、検討してみよう。

カナダドライブの注意事項

●右側通行
カナダは右側通行。左折した時にうっかり左側レーンに入らないよう、注意する。

●法定速度
法定速度は、中央分離帯のあるハイウェイで時速100㎞、そのほかは80〜90㎞、市街地の道路は30〜50㎞。

●スクールバスに注意
スクールバスのストップサインが点滅している場合、後続車だけでなく、対向車も完全に停止しなければならない。

●シートベルトは着用必須
前席だけでなく後部席もシートベルトの着用が義務づけられている。

●ヘッドライトは昼間でも点灯
昼間でもヘッドライトの点灯が推奨されている。

●ガソリン補給はこまめに
カナダの大地は広い。次のガソリンスタンドまで数百キロということもあるので、早めのガソリン補給を心がけよう。

●駐車違反に気をつけて
市街地での駐車違反の取り締まりは厳しい。必ず駐車場やパーキングメーターを利用しよう。ホテルなどで係員に車を預けて駐車してもらう場合(バレーパーキング)、係員にはチップを(C＄3〜5程度)。

〈主なレンタカー会社〉

※電話はフリーダイヤル

○ ハーツ Hertz
📞1- 800 654 3131
🌐www.hertz.ca/rentacar/reservation

○ エイビス Avis
📞1-800-879-2847
🌐www.avis.ca

○ バジェット Bujet
📞1-800-268-8900
🌐www.budget.ca

長距離バス

かつてはカナダ全土をグレイハウンド・カナダのバスが網羅していたが、2021年にカナダから完全に撤退し、現在は数社のバス会社が都市間を運行しているが、長距離バスがない都市も多い。

主な路線では、バンクーバーとビクトリアを結ぶBCフェリーズ・コネクター、バンクーバーからカムループス、バンフを経由しカルガリーまで結ぶライダー・エクスプレス、カルガリーとエドモントンを結ぶレッド・アローなどがある。

また、カナディアン・ロッキーエリアは、バンフ・ジャスパー・コレクションが運営するバス、ブリュースター・エクスプレスがシャトルバスを運行しており、おもなみどころをカバーしている。

バスの乗り場は以前はパシフィック・セントラル駅に隣接したバスティーポ（バスターミナル）から出発してたが、今は発着地が異なるバス会社も多いので、予約時に確認しよう。予約はウェブサイトからできる。

〈主なバス会社〉
※電話はフリーダイヤル

○ **BCフェリーズ・コネクター**
BC Ferrys Conecter
📞1-888-788-8840
🌐https://bcfconnector.com

○ **ライダー・エクスプレス**
Rider Express
📞1-833-583-3636
🌐https://riderexpress.ca/

○ **イーバス**
Ebus
📞1-877-769-3287
🌐www.myebus.ca

○ **レッド・アロー**
Red Arrow
📞1-800-232-1958
🌐https://www.redarrow.ca/

シェアサイクル

バンクーバーならシェアサイクルも便利。最もスタンドが多いのは、Mobiだ。バンクーバー市街のいたるところにラックがあり、好きなところで借りて返すことができる。

利用するには事前にアプリをダウンロードし、会員登録が必要。アプリで借りたい自転車を選択した後、自転車でパスコードを入力するとロックが解除される。返す時は、ラックにいれて確認音が1回鳴ったら無事返却完了だ。料金は基本料金C＄1＋1分ごと25セント、最低C＄3～。Eバイクは基本料金＄1.50＋1分ごと35セント。

○ **mobi**
🌐www.mobibikes.ca

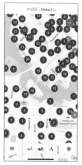

アプリで近隣のラックの場所を確認

ラックの場所をタップすると貸出し可能な自転車が表示される

旅のキホン

通貨や気候、通信環境などの現地事情は事前にインプット。また、マナーや習慣など日本と異なることも多い。

通貨

カナダの通貨は、カナダドル。補助単位はセント(本書ではそれぞれC\$、¢と表記)。主に流通しているのは、5種類の紙幣と5種類の硬貨。C\$10は縦型の紙幣も流通している。紙幣はサイズが同じでデザインも似ているので、間違えないように注意しよう。また、C\$50以上の高額紙幣は、タクシーや店によっては使用できない

こともあるので、注意。クレジットカードの通用度は高いが、街なかのショップや乗り物では、現金しか使えないところもある。またレンタカーを借りる際や、ホテルのチェックインの際に、クレジットカードの提示を求められる場合が多い。

C\$1≒108円 (2023年8月現在)

 C\$5

 C\$10

 C\$20

 C\$50

 C\$100

 5¢

 10¢

 25¢

 C\$1

 C\$2

両替

両替できる場所は銀行、空港、ショッピングセンターなどに入っている両替所や街なかの両替所、ホテルのフロントなど。一般的にホテルは手数料が高いが、少額ならてっとり早くて便利。高額の場合は銀行や両替所に行こう。

空港	銀行	両替所	ATM	ホテル
当座の現金を	レートがよい	数が多い	24時間使える	安全&便利
2階の到着フロアと3階にある。一般的にレートはよくない。手数料も高いので当座の現金を両替するには便利。	ホテルで両替するよりレートはいい。しかし比較的営業時間が短く、土・日曜、祝日が休みのこともあるので注意しよう。	銀行よりも営業時間が長く、週末に営業しているところもある。店によって手数料の有無があり、レートに差があるので注意。	街なかやショッピングセンターなどに設置されている。1回に引き出せる金額はATMやカードによって異なる。	安全で便利なのが利点。ただし宿泊者のみの対応というホテルが多く、レートがよくないのでおすすめできない。

使い残したドルはどうする?

日本へ帰国した後でも、紙幣は円に両替できるが(円安のときを狙って両替するといい)、コインは両替不可になるのでなるべく使いきるのがベスト。次の旅行の予定があればとっておいてもいい。

○ ATMお役立ち英単語集

● 暗証番号…PIN/ID CODE/SECRET CODE
● 確認…ENTER/OK/CORRECT/YES
● 取消…CANCEL
● 取引…TRANSACTION
● 現金引出…WITHDRAWAL/CASH ADVANCE/GET CASH
● 金額…AMOUNT
● クレジットカード…CREDIT
● 預金(国際キャッシュカードの場合)…SAVINGS

 プチ情報　ATMは通常24時間利用できるが、人通りの少ない時間や場所で利用するときは、充分に注意しよう。

知っているともっと楽しい！ シーズンチェック

祝祭日　月　行事・イベント

月	祝祭日	行事・イベント
1	1月1日…元日	1月中旬～下旬…アイス・マジック・フェスティバル（レイク・ルイーズなど）
2	2月19日…ファミリーデー（B.C.州）★	2月下旬～3月上旬…バンクーバー国際ワインフェスティバル★
3	3月29日…グッド・フライデー★	3月10日…サマータイム開始★
4	4月1日…イースター・マンデー★	4月21日…バンクーバーサンラン★
5	5月20日…ビクトリア・デー★	5月5日…バンクーバー国際マラソン★
6		6月下旬～7月上旬…バンクーバー国際ジャズフェスティバル★
7	7月1日…カナダ・デー（建国記念日）（※各地でイベントやコンサートを開催し、お祭りムードに）	7月～9月上旬…ブッチャート・ガーデン・ファイヤーワークス（ビクトリア）★ / 7月5日～14日…カルガリー・スタンピード★
8	8月5日…ブリティッシュ・コロンビア・デー（B.C.州）★	7月下旬～8月の3日間…セレブレーション・オブ・ライツ（花火大会）★
9	9月2日…レイバー・デー★	9月下旬～10月中旬…バンクーバー国際映画祭★
10	10月14日…サンクスギビング・デー★	10月28日～11月5日…バンフマウンテン映画祭★ / 10月31日…ハロウィン
11	11月11日…リメンブランス・デー★	11月2日…サマータイム終了★
12	12月25日…クリスマス・デー / 12月26日…ボクシング・デー	12月31日…ニューイヤーズ・イブ

気候と服装アドバイス

春（3～5月） 春は天候が移ろいやすいが、3月ごろから安定してくる。寒くなる日もあるので、羽織るものを携帯しよう。

夏（6～8月） 気温が高くなるが湿度は低いので過ごしやすい。日差しが強いため、サングラスを持っていると便利。

秋（9～11月） 9月は比較的天気の良い日が多い。ただし、朝晩は冷え込むことがあるので、薄手のコートは持っておきたい。

冬（12～2月） 服装は日本の冬と同じような感じで良いが、雨の日が多いので傘は必携。雪が降ることはほとんどない。

平均気温と降水量

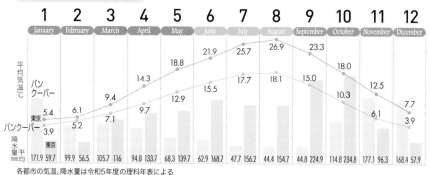

	1 January	2 February	3 March	4 April	5 May	6 June	7 July	8 August	9 September	10 October	11 November	12 December
平均気温℃ バンクーバー	5.4	6.1	9.4	14.3	18.8	21.9	25.7	26.9	23.3	18.0	12.5	7.7
平均気温℃ 東京	3.9	5.2	7.1	9.7	12.9	15.5	17.7	18.1	15.0	10.3	6.1	3.9
降水量平均mm バンクーバー	171.9	99.9	105.7	94.8	68.3	62.9	44.7	44.4	44.8	114.8	177.1	168.4
降水量平均mm 東京	59.7	56.5	116	133.7	139.7	168.7	156.2	154.7	224.9	234.8	96.3	57.9

各都市の気温、降水量は令和5年度の理科年表による

★印の祝祭日や行事・イベントは年によって日付が変わります（記載は2023年11月～2024年10月のもの）。

電話のかけ方

●自分の携帯からかける場合…機種や契約によってかけ方や料金体系がさまざま。日本出国前に確認しておこう。
●ホテルの客室からかける場合…最初に外線番号を押し、その後に相手の番号をダイヤルする(ホテルによって異なる)。手数料を取られることがある。
●公衆電話からかける場合…硬貨のほかコーリングカードやクレジットカードが使えるものもある。バンクーバー市内なら1通話50¢で時間制限なし。5¢、10¢、25¢硬貨が利用できる。
●コーリングカード…テレフォンカードのようなもの。C\$5、C\$10、C\$20があり、コンビニなどで購入できる。カードの裏面に記されたフリーダイヤルに電話をかけ、PIN番号を入力してガイダンスに従う。電話機に挿入して使用するタイプではないので、ホテルの客室からも利用できる(外線料は別途かかる)。

カナダ→日本

011 (カナダの国際電話識別番号) **-81** (日本の国番号) **-相手の電話番号** (市外局番の最初の0はとる)

日本→カナダ　マイラインやマイラインプラスに登録している場合は電話会社の識別番号不要。

電話会社の識別番号(※1)**-010-1** (カナダの国番号) **-相手の電話番号** (市外局番の最初の0はとる(一部例外もあり))

※1　KDDI…001、NTTコミュニケーションズ…0033、ソフトバンク…0061 など。マイライン(2024年1月終了予定)登録者は不要。

インターネット事情

街なかで

カフェやファストフード店、ショッピングモールなどで無料の無線LANスポットが増えてきており、日本から持ち込んだスマートフォンも利用できるところが多くなった。図書館などの公共施設でも無料で利用できる場所が多い。

ホテルで

ビジネスセンターやロビーなどに無料で利用できるパソコンを設置しているところが多い。客室内にも無線LANサービスを完備しているところが多く、日本から持ち込んだパソコンも使える。

郵便・小包の送り方

郵便

はがきや切手は郵便局のほかホテルやドラッグストアでも購入できるが、場所によって値段が多少異なる。宛先は「JAPAN」「AIR MAIL」と記入し、あとは日本語で問題ない。投函は街中の赤いポストに入れるか、割高になるがホテルのフロントに頼もう。小包の場合は郵便局へ。税関申告書を受け取り、内容物を記入して荷物と一緒に渡す。バンクーバーの郵便局 MAP 大判▶表-D2

ロブソンストリート郵便局

📍1202 Robson St. Vancuer ⏰9時30分～19時30分(土曜は10～18時、日曜は12～18時) 🈳なし MAP P136B3

宅配便

電話1本でホテルまで取りに来てくれ、荷物の保証もしてくれるのがメリット。ヤマトトランスポートUSAの場合、60㎝以内2kgまでC\$63(税金・燃油チャージ別)。

○ バンクーバーから日本へ送る場合の目安

内容	期間	料金
ハガキ・30gまでの封書	4～7日	C \$2.71
封書(50gまで)	4～7日	C \$3.88
小包※ (2kgまで)	航空便6～10日 船便2～3カ月	航空便C\$77.74 船便C\$39.16

※縦、横、高さの合計が90㎝未満までの場合

○ 国際宅配便会社

ヤマトトランスポートUSA
バンクーバー支店

📞604-273-9625

そのほか 基本情報

飲料水

水道水は飲用可だが、気になる場合は、コンビニやドラッグストアなどで販売しているミネラルウォーターを利用しよう。街歩きの際にも、ミネラルウォーターは必需品。

プラグと変圧器

カナダの電圧は110V。日本の電圧が100Vなので日本の電化製品も使用できるが、長期間の使用は避けたほうがよい。変圧器内蔵型の海外用電化製品が売られているので、それを持参するのもいいだろう。プラグはAタイプ(2穴式)のものが一般的で、日本のものをそのまま使用できる。

Aタイプ

サイズ・度量衡

○ レディスファッション

衣料

日本	7	9	11	13
カナダ	4	6	8	10

靴

日本	22	22.5	23	23.5	24	24.5
カナダ	6	6.5	7	7.5	8	8.5

○ メンズファッション

衣料(シャツ)

日本	36	37	38	39	40	41
カナダ	14	14.5	15	15.5	15.75	16

靴

日本	25.5	26	26.5	27
カナダ	6.5	7.5	8	8.5

※上記のサイズ比較表はあくまで目安。
メーカーなどにより差があるので注意

※カナダでは長さや重さなどを表す単位は、メートル(m)やグラム(g)など日本と同じ。ただし、アメリカの影響もあって日常ではインチを使う人も多い。

長さ

1インチ	約2.5cm
1フィート	約30.5cm
1ヤード	約90cm
1マイル	約1.6km

重さ

1オンス	約28g
1ポンド	約453g

面積

1エーカー	約4047m²

トイレ

街なかに公衆トイレはないので、ショッピングモールやデパートのトイレを積極的に利用したい。レストランやファストフード店はカスタマーズオンリー(お客様のみ)なので、トイレを利用したいときはコーヒーなどを注文すること。またカナディアンロッキーへ車で行く場合は、サービスエリアが少なく、冬期はガソリンスタンドも閉鎖することがあるので注意しよう。

ビジネスアワー

バンクーバーでの一般的な営業時間帯。店舗によって異なる。

銀行 圏9時30分〜16時 休土・日曜、祝日(土曜営業もあり)

ショップ 圏10〜18時(季節によってもかなり異なる)

デパート 圏ランチ11〜14時、ディナー17〜22時(季節によってもかなり異なる)

バンクーバーの物価

ミネラルウォーター
(500ml)
C$2〜

マクドナルドの
ハンバーガー
C$1.58〜

コーヒー
(Tim Hortonsで)
C$1.59〜

ビール
(ジョッキ1杯)
C$5.50〜

タクシー
(初乗り)
C$3.50〜

シチュエーション別基本情報

観光

○ 美術館・博物館の見学

美術館・博物館では大きな荷物を持ち込めないところが多く、貴重品以外はクロークで預けるようになっている。また、館内での写真撮影はたいてい禁止されており、撮影が可能な場合でもフラッシュや三脚は禁止のところが多い。作品を見ている人の前を通るときは「Excuse me(エクスキューズ・ミー)」のひと言を忘れずに。

○ 写真撮影

美術館・博物館に限らず撮影禁止のところでは絶対に撮影しないように注意しよう。撮影が可能かどうか不明な場合は必ず確認を。人物を撮りたいときには、ひと声かけて許可を得てからにしよう。

○ カナディアン・ロッキーの見学

カナディアン・ロッキーは世界遺産に登録されている国立公園なので、特にマナーに気をつけたい。花や小枝を折ったり、小石などを持ち帰るなどは厳禁。ゴミは所定の場所に捨てるか持ち帰るようにして、絶対にポイ捨てはしないこと。また野生動物に遭遇したときは、近づいたり触ったりして驚かせないように。餌を与えるのも禁物。

○ シーズンと服装

カナダの気候は大まかに言って北日本と同じぐらいだと思っていい。夏は過ごしやすく、5〜9月が観光のベストシーズンになる。春・秋は上着を、冬は完全な防寒着が必要。また日差しが強いため、帽子やサングラスは必須。用意しておきたい。ハイキングやアイスウォークへ出かける予定のある人は、リュックやシューズ、雨具など、万全の準備をしよう。

○ 桜を見よう!

バンクーバーを含むB.C.州はカナダ中で春の訪れが最も早い。ビクトリアでは2月下旬から、バンクーバーでは3月中旬から桜が咲き始める。この時期に訪れたら、桜に彩られた街並みを思う存分満喫しよう。

カナダの大自然を満喫できるVIA鉄道(→P93)

バンクーバーで熱くスポーツ観戦!

バンクーバーで人気のスポーツといえば、アイスホッケーをはじめ、アメフトやサッカー、野球があげられる。それぞれプロリーグが開催されているので、興味のある人は観戦に出かけよう。半年ほどのレギュラーシーズンを戦い、最後にカップ戦やファイナルゲームが開催される。

○ アイスホッケー
10月上旬〜4月中旬

NHL(ナショナル・ホッケー・リーグ)
地元チーム：Vancouver Canucks(カナックス)
本拠地：Rogers Arena **MAP** P135-D3

○ アメリカンフットボール
6月上旬〜11月下旬

CFL(カナディアン・フットボール・リーグ)
地元チーム：BC Lions (ライオンズ)
本拠地：BC Place Stadium **MAP** P135-C4

グルメ

○ 店の種類

要スーツ着用の一流どころからカジュアルなところまで多彩に揃うレストラン。朝食やひと休みに便利なカフェ、惣菜やサンドイッチなどをテイクアウトできるデリやファストフード、屋台(ベンダー)など、実にさまざま。地ビールがおいしいレストラン&バーなどのナイトスポットは、ランチタイムから営業しているところも多い。

○ 営業時間と予約

一般的にランチタイムは11〜14時、ディナータイムは17〜22時ごろ。曜日や季節によって営業時間を細かく変えている店も多いので注意が必要。高級レストランを除き、休憩なしで営業するところも多い。高級店や人気店の場合、予約が必要なことが多いので事前に確認をしよう。

○ マナー

高級レストランでは、基本的に少しドレスアップして行くのが好ましい。ハイキングに行くような格好や、短パンにビーチサンダルのようなラフ過ぎる格好は避けたい。店によって基準が異なるので、気になるときは事前に確認しよう。カップルの場合はレディファーストを忘れずに。酔っ払って周囲の人に迷惑をかけるのも当然NG。

○ チップ

レストランでのチップは合計金額の15%〜20%が目安。会計のときに一緒に支払うか、席を立つときにテーブルに置いていく。クレジットカードで支払う場合は、伝票の金額を確認してから「tip」の欄に15%程度の金額を記入して渡せばOK。

プチ情報 日本人は実際の年齢より若く見られることがある。ナイトスポットやボトルショップには、パスポートやパスポートのコピーなど、年齢が確認できる身分証明書を持っていくとよい。

![bag] ショッピング

○ エリアごとの特色

バンクーバーのショッピング・シーンはエリアごとに特色がある
ので、狙いを定めておくと無駄がない。まずはショッピングのメイ
ンストリートと言えるロブソン通り。一流ブランドからカジュアル
系、専門店など、さまざまなショップがずらりと軒を連ねている。
グランビル通りはショッピングモールやデパートが多いエリア。
ギャスタウンは先住民族の工芸品など、みやげ向きのアイテムを
扱うショップが多い。イエールタウン、サウス・グランビル、キツラ
ノは、セレクトショップなどおしゃれ系が集まっている。

○ 営業時間

一般的に10～18時が目安。木・金曜は遅くまでオープン、日曜は
早めに閉店するなど、曜日によって営業時間を細かく変えている
ところも多い。小売店、デパート、ショッピングモールのいずれも
定休日はあまりなく毎日営業しているところが多いが、クリスマ
スやイースターなどの祝日は、ほとんどのところが休みになるの
で注意しよう。

○ セール時期

おもなセール期間は夏物が6月中旬～7月、冬物がクリスマス前
～1月上旬。学校が始まる前の8月下旬に「バックトゥースクール・
セール」を行うショップもある。

ホテル

○ ランクと種類

宿泊施設の種類には大きく分けてホテルとB&Bがある。ホテル
の宿泊料金は最高級ランクで1泊1室C$400～、リーズナブル
クラスでC$150～が相場。客室数の多い高層ホテルが多く、や
や規模の小さいデザイナーズホテルやキッチン付きのコンドミ
ニアムタイプなどもある。リーズナブルクラスのホテルでも、施
設、サービスともに十分整っているところが多い。B&B(Bed &
Breakfast)は朝食付きの一軒宿で、アットホームな雰囲気が魅
力。宿泊料金は1泊1室C$130程度～。

○ 客室

バンクーバーのホテルの客室は、大きなベッドをひとつだけ配し
たダブルルームが多い。ツインルームを希望したい場合は事前
にリクエストをしておいた方が無難。ダブルルーム、ツインルームと
もに2人使用が基本なので、1人で使用しても料金は1室分で変わ
らない。また、料金はオーシャンビューなどの眺望の違いや季節
によっても変動するので、自分で予約をする場合は必ず確認を。

○ チェックイン／チェックアウト

チェックインは15～16時、チェックアウトは11～12時が一般的。
大型ホテルでは、チェックインの際にパスポートとクレジットカー
ドの提示を求められる。チェックインが18時以降になる場合は事
前に到着時間を知らせておこう。チェックアウト後は、荷物を預
かってもらうこともできる。

○ マナー

ホテルでは客室以外はすべて公共の場になるので、パジャマ姿や
スリッパで廊下に出ないこと。洗濯をした場合、洗濯物はベランダ
に干さずにバスルームに干す。深夜に大騒ぎをするのも迷惑にな
るので気をつけて。防犯のため、ドアの鍵やチェーンなどは忘れず
にかけておこう。

○ チップ

バンクーバーでは基本的にチップが必要。チップの目安は、荷物を
運んでくれたポーターには荷物ひとつにつきC$1、客室を清掃し
てくれたルームメイドには毎朝C$1程度。そのほかコンシェルジュ
にレストランの予約をしてもらうなど、特別なサービスを受けたと
きに渡したい。

○ 税金

バンクーバーで宿泊した場合の税金は、ほぼすべての宿泊施設で
連邦消費税(GST)一律5%＋州税(PST) 7%が課税されるほか、ホ
テルによっては宿泊税2%と地域振興税1.5%も課税される。

![moon] 守りたいマナー

○ レディファースト

カナダはレディファーストが基本。レストランやエレベーターの出
口では男性は女性に先を譲る、女性が通るときにはドアを押さえ
るなど、旅行者でもレディファーストを意識したい。また、こうした
配慮をしてもらった女性は「Thank you.(サンキュー)」とお礼を言
うのを忘れずに。

○ 飲酒

公園や路上での飲酒は禁止。車内に開封したアルコールを置いた
まま運転しただけでも罰せられる。アルコールの販売にはライセ
ンスが必要なため、基本的にリカーショップでしか購入できない
(低アルコールのビールやワインはスーパーなどでも購入できる)。
B.C.州の飲酒は19歳から。

○ タバコ

レストランやホテル、バーなどの施設は出入口の半径約7mを含
め、原則としてすべて禁煙。ホテルの客室も、ほぼ全室禁煙とい
っていい。空港などの公共施設には喫煙所が設けられているので、
喫煙したい人は指定の場所へ。街中では歩きタバコをしている人
も見かけるが、灰皿が置かれた喫煙スペースを利用するのが原則
だ。いずれも違反すると最高C$2000の罰金が科せられる。

トラブル対処法

比較的治安がいいといわれるバンクーバーだが、荷物からは目を離さず、バッグは必ず身に付けておくなどの注意は必要。ひと気の少ないところに立ち入ったり、夜間のひとり歩きは避けたい。

病気になったら

ためらわずに病院へ。ホテルのフロントで医師の手配を頼むか、参加したツアー会社か加入している保険会社の現地デスクに連絡すれば、病院を紹介してくれる。街なかには、日本語の通訳が常勤するメディカルセンターもあるが、まずは医療通訳サービスに連絡を。医療費はかなり高額なので、海外旅行保険には加入しておきたい。常備薬は日本から持っていくようにしよう。

盗難・紛失の場合

○ パスポート

パスポートを紛失した場合には、警察に届けを出し、盗難（または紛失）証明書を発行してもらう。そして、盗難（紛失）証明書と、写真2枚（タテ45㎜×ヨコ35㎜）、戸籍謄本（6カ月以内に発行されたもの）1通を持って、大使館（領事館）に行き、窓口にある紛失届と旅券申請書を添えて申し込む。新規発給には、7〜10日程度かかるが、緊急を要する場合は、帰国前日に「帰国のための渡航書」を取得することができる。どちらも有料。また、オンライン在留届（ORRネット）に登録したうえで、自分のスマートフォンにダウンロードした「在留邦人用パスポート申請」アプリを通じて、オンライン申請もできる。

○ クレジットカード

すぐにカード会社の緊急電話窓口に連絡し、利用停止手続きを。万が一の場合に備え、カード番号と緊急電話番号は事前に控えて、カードとは別に保管しておこう。

トラブル対策

●パスポートや多額の現金、貴重品などはホテルのセーフティボックスに保管し、持ち歩かない。
●置き引きに注意し、荷物から決して目を離さない。
⇒特に、空港やホテル周辺で手続きに気をとられているときに注意。
●パスポート、クレジットカード、現金などは何カ所かに分けて保管する。
●見知らぬ人を無条件に信用しない。
⇒気軽に日本語で話しかけてくる人は安易に信用しない。飲み物をすすめられても口にしないように。
●夜間の外出にはタクシーを利用する。
●万一強盗に遭った場合には、抵抗しない。
●レンタカーやレンタサイクルを利用する際には、現地の交通規則を守る。
●レンタカーやバスなど、車中に荷物を置いたまま外出しない。車上荒らしに狙われやすい。
●外出の際は、荷物を体から離さないように。歩く時はバッグを車道側に持たない。

旅の便利帳

カナダ

○ 在バンクーバー日本国総領事館
🏠900-1177 W. Hastings St. 9階
📞604-684-5868　🕐窓口/9〜12時、13時〜16時30分
ビザ業務/9時〜11時30分（申請のみ）、13時〜15時30分（交付のみ）　🈺土・日曜、日本とカナダの祝日、休館日
MAP P136-B1　大判 ▶表-E2

○ 在カルガリー日本国総領事館
🏠Suite 950 517-10th Ave. S.W. Calgary
📞403-294-0782　🕐9時〜12時30分、13時30分〜17時（事前予約制）　🈺土・日曜、日本とカナダの祝日、休館日
MAP P108-A2

○ 日本語の通じる病院
○医療通訳サービス
　トランスメッド　Irans Med
　🌐https://transmedcanada.com/
○シティスクエアメディカル　CITY SQUARE MEDICAL
　🏠550 W Broadway #307,　📞604-339-6777
　🕐10〜17時（土曜は12〜16時）
　🈺日曜、祝日については問い合わせ　MAP P133B3

○ 警察・消防車・救急車　📞911

○ カード会社緊急連絡先
○JCB紛失・盗難受付デスク
　📞011-800-0009-0009（トールフリー・日本語・24時間対応）
○Visa グローバル・カスタマー・アシスタンス・サービス
　📞1-866-795-7710（トールフリー・日本語・24時間対応）
○アメリカン・エキスプレス グローバル・ホットライン
　📞1-800-766-0106（日本語・24時間通話無料）
○マスターカード グローバル・サービス
　📞1-800-307-7309（トールフリー・日本語・24時間対応）

日本

○ 在日カナダ大使館
🏠東京都港区赤坂7-3-38
📞03-5412-6200（音声案内）

○ 主要空港
○成田国際空港インフォメーション
　📞0476-34-8000
　🌐www.narita-airport.jp
○関西国際空港情報案内
　📞072-455-2500
　🌐www.kansai-airport.or.jp

○ 航空会社
○エア・カナダ予約センター　📞010-800-6699-2222
　　　　　　　　　　　　　　（国際フリーダイヤル）
○JAL　国際線予約・購入・案内　📞0570-025-031
○ANA　国際線予約・案内センター　📞0570-029-333

 日本人は実際の年齢より若く見られることがある。ナイトスポットやボトルショップには、パスポートやパスポートのコピーなど、年齢が確認できる身分証明書を持っていくとよい。

書き込んで使おう 旅じたくmemo

まずはシーズン情報（→P14）を参考に服装と持ち物を決めよう。日本出発までに便利memo欄も記入。時間があるときに誰にどんなおみやげを買うか考えておこう。

預け入れ荷物リスト

- □ くつ
- □ バッグ
- □ 衣類
- □ 下着類
- □ 歯みがきセット
- □ 洗顔グッズ
- □ コスメ
- □ 日焼け止め
- □ バスグッズ
- □ スリッパ
- □ 常備薬
- □ 生理用品
- □ プラグ変換器、充電器
- □ エコバッグ
- □ 折りたたみ傘
- □ 水着
- □ サンダル
- □ サングラス
- □ 帽子

洗濯グッズ、折りたたみハンガーや、マイ箸、使い捨てフォークもあると便利

機内への無料預け入れ荷物には、重量やサイズの制限がある。航空会社によって異なるので、詳細は確認を

濡れた物や液体物に備え、ビニール袋も何枚か用意

荷物の仕分けにはナイロンポーチやジップロックを活用

スーツケースの底側に、重たい荷物を詰めよう

手荷物リスト

- □ パスポート
- □ クレジットカード
- □ 現金
- □ デジタルカメラ
- □ 携帯電話
- □ ボールペン
- □ ツアー日程表(航空券／e チケット控え)
- □ ティッシュ
- □ ハンカチ
- □ リップバーム(リップクリーム)
- □ ストール／マスク(必要な人は)

液体類の機内持ち込みには制限がある（→P113）

便利memo

機内で入国書類や申告書を記入する際に使おう

パスポートNo.：	フライトNo.行き：
パスポートの発行日：	フライトNo.帰り：
パスポートの有効期限：	出発日：
ホテル：	帰国日：

プチ情報 ※リチウム電池またはリチウムイオン電池は機内預け入れができない。携帯電話充電用のバッテリーなどは注意。詳しくは国土交通省ホームページを参照。http://www.mlit.go.jp/koku/koku_fr2_000007.html

Index

バンクーバー

└→ □行きたい場所に✔を入れましょう ■行った場所をぬりつぶしましょう

レストラン・カフェ

ショップ

インデックス

物件名	ジャンル	エリア	ページ	別冊①MAP
□ウエスティン・ベイショア・リゾート＆マリーナ	ホテル	ベイエリア	P67	P136A2/大判表-D2
□オーパス	ホテル	イエールタウン	P68	P140A1/大判表-E3
□カルマナ・ホテル	ホテル	ロブソン通り周辺	P68	P137C3/大判表-D3
□コースト・コール・ハーバー	ホテル	ベイエリア	P66	P136B1/大判表-E3
□サットン・プレイス	ホテル	ロブソン通り周辺	P68	P137C3/大判表-E3
□サンドマン・スイーツ	ホテル	バンクーバー中心部	P68	P134B3
□シェラトン・バンクーバー・ウォール・センター	ホテル	バンクーバー中心部	P67	P134B3/大判表-D3
□シャングリ・ラ	ホテル	ロブソン通り周辺	P66	P137C3/大判表-E3
□センチュリー・プラザ・ホテル＆スパ	ホテル	バンクーバー中心部	P68	P134B3
□デルタ・ホテル・バンクーバー・ダウンタウン・スイーツ	ホテル	ベイエリア	P68	P138B3/大判表-E3
□ハイアット・リージェンシー	ホテル	ロブソン通り周辺	P66	P138A4/大判表-E3
□パン・パシフィック	ホテル	ベイエリア	P68	P138A2/大判表-E2
□ピナクル・ホテル・ハーバーフロント	ホテル	ロブソン通り周辺	P68	P137C1/大判表-E2
□ヒルトン・バンクーバー・ダウンタウン	ホテル	ロブソン通り周辺	P66	P135C3/大判表-E3
□フェアモント	ホテル	ロブソン通り周辺	P66	P137C3/大判表-E3
□フェアモント・ウォーターフロント	ホテル	ベイエリア	P67	P138A3/大判表-E2
□フェアモント・パシフィック・リム	ホテル	バンクーバー中心部	P67	P138A2/大判表-E2
□ブルー・ホライズン	ホテル	ロブソン通り周辺	P68	P136B3
□ベストウエスタン・プラス・シャトーグランビル	ホテル	イエールタウン	P67	P134B3/大判表-E3
□ホリデイ・イン・スイーツ・バンクーバー・ダウンタウン	ホテル	イエールタウン	P68	P134B3/大判表-E2
□マリオット・ピナクル・ダウンタウン	ホテル	ベイエリア	P66	P137C1/大判表-E2
□メトロポリタン	ホテル	ロブソン通り周辺	P68	P138A4
□モーダ・ホテル	ホテル	ロブソン通り	P68	P137D4/大判表-E3
□リステル	ホテル	ロブソン通り周辺	P67	P136B3/大判表-D2
□ル・ソレイユ	ホテル	ロブソン通り周辺	P68	P138A4
□レジデンス・イン・バイ・マリオット・バンクーバー・ダウンタウン	ホテル	バンクーバー中心部	P68	P134B3

ビクトリア＆ウィスラー

物件名	ジャンル	エリア	ページ	別冊①MAP
□インナー・ハーバー	港	ビクトリア	P72	P70A1
□ウィスラー・ビレッジ	名所	ウィスラー	P77	P76A2
□ウィスラー・マウンテン	スキー場	ウィスラー	P80	P76A2
□エミリー・カー・ハウス	博物館	ビクトリア	P75	P70A2
□海洋博物館	博物館	ビクトリア	P74	P70C2
□クレイダー・ロック城	城	ビクトリア	P75	P70B1
□サンダーバード・パーク	公園	ビクトリア	P74	P70A1
□州議事堂	議事堂	ビクトリア	P74	P70A1
□チャイナタウン	エリア	ビクトリア	P75	P70C1
□トラウンス・アレー	小道	ビクトリア	P73	P70C1
□バスチョン・スクエア	名所	ビクトリア	P73、74	P70C1
□ピーク・トゥ・ピーク	ゴンドラ(アクティビティ)	ウィスラー	P78	P76A2
□ビーコン・ヒル・パーク	公園	ビクトリア	P75	P70B2
□ビクトリア・キャレッジ・ツアー	観光馬車	ビクトリア	P74	
□ファン・タン・アレー	小道	ビクトリア	P73	P70C1
□フィッシャーマンズ・ワーフ	波止場	ビクトリア	P74	P70A1
□ブッチャート・ガーデン	庭園	ビクトリア	P71	P69B1
□ブラッコム・マウンテン	スキー場	ウィスラー	P80	P76D2
□ミニチュア・ワールド	博物館	ビクトリア	P74	P70C2
□ロイヤルB.C.博物館	博物館	ビクトリア	P74	P70A1

物件名	ジャンル	エリア	ページ	別冊①MAP
□幸すし	寿司	ウィスラー	P80	P76A1
□ドン・ミー	広東・四川料理	ビクトリア	P75	P70C1
□ハイズ・ステーキハウス	ステーキ・レストラン	ウィスラー	P80	P76A1
□ハイ・マウンテン・ブリューハウス	ブルワリー	ウィスラー	P80	P76A1
□フェアモント・エンプレス	アフタヌーン・ティー	ビクトリア	P73	P70C2
□ベンドレイ・イン・アンド・ティー・ハウス	アフタヌーン・ティー	ビクトリア	P73	P70A1
□ホワイト・ヘザー	アフタヌーン・ティー	ビクトリア	P73	P69B2
□モンゴリー・グリル	鉄板焼き	ウィスラー	P80	P76A2
□レッド・フィッシュ・ブルー・フィッシュ	レストラン・カフェ	ビクトリア	P72	P70C2

物件名	ジャンル	エリア	ページ	別冊①MAP
□キャンスキー	スキー・スノーボード専門店	ウィスラー	P80	P76A2
□ベイ・センター	ショッピングセンター	ビクトリア	P75	P70C2
□ボタン＆ニードルワーク	雑貨小物店	ビクトリア	P72	P70C1
□マーケット・スクエア	ショッピングセンター	ビクトリア	P75	P70C1
□ルルレモン・アスレティカ	ヨガ・ウエア	ウィスラー	P80	P76A2
□ロジャース・チョコレート	チョコレート	ビクトリア	P72	P70C2

物件名	ジャンル	エリア	ページ	別冊①MAP
□フェアモント・エンプレス	ホテル	ビクトリア	P75	P70C2

カナディアン・ロッキー

物件名	ジャンル	エリア	ページ	別冊①MAP
□ウィービング・ウォール	名所	カナディアン・ロッキー	P89	P84A1/大判裏-C3
□ウィザーズ・マウンテン	名所	ジャスパー	P105	P84A1/大判裏-B2
□ウォーターフォール・レイク	湖	カナディアン・ロッキー	P89	P84A2/大判裏-C3
□エメラルド・レイク	湖	カナディアン・ロッキー	P92	P84A2/大判裏-D4
□カスケード・ガーデン	公園	バンフ	P97	P96B3
□カルガリー・タワー	ランドマーク	カルガリー	P109	P108A2

□行きたい場所に✓を入れましょう　■行った場所をぬりつぶしましょう

インデックス

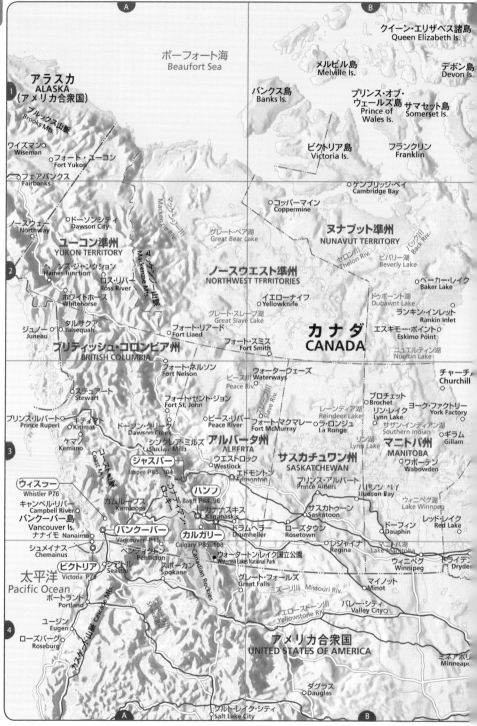

ボーフォート海
Beaufort Sea

クイーン・エリザベス諸島
Queen Elizabeth Is.

アラスカ
ALASKA
(アメリカ合衆国)

メルビル島
Melville Is.

デボン島
Devon Is.

バンクス島
Banks Is.

プリンス・オブ・
ウェールズ島
Prince of
Wales Is.

サマセット島
Somerset Is.

ブルックス山脈
Brooks Mts.

ワイズマン
Wiseman

フォート・ユーコン
Fort Yukon

ビクトリア島
Victoria Is.

フランクリン
Franklin

フェアバンクス
Fairbanks

ケンブリッジ・ベイ
Cambridge Bay

ノースウェー
Northway

ドーソンシティ
Dawson City

コッパーマイン
Coppermine

ヌナブット準州
NUNAVUT TERRITORY

ユーコン準州
YUKON TERRITORY

グレート・ベア湖
Great Bear Lake

セロン川
Thelon Riv.

Back Riv.

ヘインズ・ジャンクション
Haines Junction

ビバリー湖
Beverly Lake

ロス・リバー
Ross River

ノースウエスト準州
NORTHWEST TERRITORIES

イエローナイフ
Yellowknife

ベーカー・レイク
Baker Lake

ホワイトホース
Whitehorse

ドゥボーント湖
Dubawnt Lake

Mackenzie Riv.

Mackenzie Mts.

グレート・スレーブ湖
Great Slave Lake

ランキン・インレット
Rankin Inlet

ジュノー
Juneau

タルサクア
Tulsequah

フォート・リアード
Fort Liaed

カ ナ ダ
CANADA

エスキモー・ポイント
Eskimo Point

ブリティッシュ・コロンビア州
BRITISH COLUMBIA

フォート・スミス
Fort Smith

ニュエルティン湖
Nueltin Lake

フォート・ネルソン
Fort Nelson

ウォーターウェーズ
Waterways

チャーチ
Churchill

ピース川
Peace Riv.

スチュアート
Stewart

フォート・セント・ジョン
Fort St. John

Slave Riv.

プロチェット
Brochet

ヨーク・ファクトリー
York Factory

プリンス・ルパート
Prince Rupert

キティマット
Kitimat

ドーソン・クリーク
Dawson Creek

ピース・リバー
Peace River

フォート・マクマレー
Fort McMurray

レーンディア湖
Reindeer Lake

リン・レイク
Lynn Lake

ラ・ロンジュ
La Ronge

サザン・インディアン湖
Southern Indian
Lake

ギラム
Gillam

ケマノ
Kemano

シンクレア・ミルズ
Sinclair Mills

アルバータ州
ALBERTA

リン湖
Lynn Lake

マニトバ州
MANITOBA

ジャスパー
Jasper P85, 104

ウエストロック
Westlock

サスカチュワン州
SASKATCHEWAN

ワボーデン
Wabowden

ウィスラー
Whistler P76

カムループス
Kamloops

バンフ
Banff P84, 96

エドモントン
Edmonton

プリンス・アルバート
Prince Albert

ハドソン湾
Hudson Bay

ウィニペグ湖
Lake Winnipeg

キャンベル・リバー
Campbell River

カナナスキス
Kananaskis

サスカトゥーン
Saskatoon

ドーフィン
Dauphin

レッド・レイク
Red Lake

バンクーバー島
Vancouver Is.

ナナイモ
Nanaimo

バンクーバー
Vancouver P15

ドラムヘラー
Drumheller

ローズタウン
Rosetown

レジャイナ
Regina

マニトバ湖
Lake Manitoba

シュメイナス
Chemainus

ペンティクトン
Penticton

カルガリー
Calgary P85, 108

ウィニペグ
Winnipeg

ドライデン
Dryden

ビクトリア
Victoria P78

シアトル
Seattle

スポーカン
Spokane

ウォータートン・レイク国立公園
Waterton Lakes National Park

太平洋
Pacific Ocean

ポートランド
Portland

グレート・フォールズ
Great Falls

ミズーリ川
Missouri Riv.

マイノット
Minot

ユージン
Eugen

カスケード山脈
Cascade Mts.

Canadian Rockies

イエローストーン川
Yellowstone Riv.

バレー・シティ
Valley City

ローズバーグ
Roseburg

アメリカ合衆国
UNITED STATES OF AMERICA

ミネアポリ
Minneapo

ダグラス
Douglas

ソルト・レイク・シティ
Salt Lake City

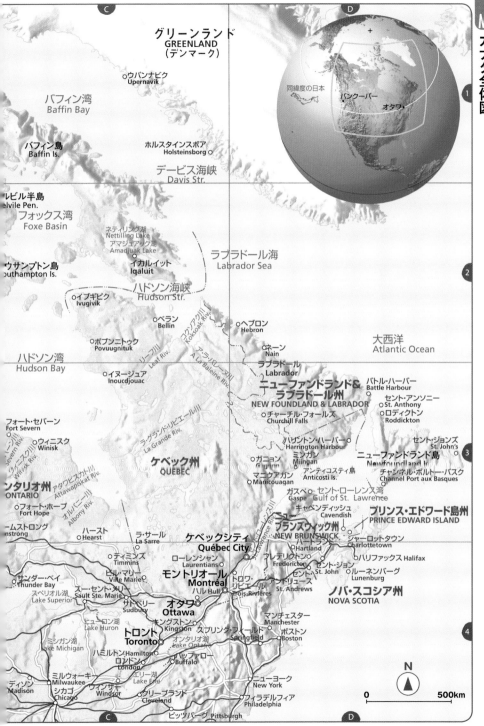

グリーンランド
GREENLAND
（デンマーク）

同緯度の日本

バンクーバー

オタワ

ウパンナビク
Upernavik

バフィン湾
Baffin Bay

ホルスタインスボア
Holsteinsborg

バフィン島
Baffin Is.

デービス海峡
Davis Str.

ルビル半島
elville Pen.

フォックス湾
Foxe Basin

ネティリング湖
Nettilling Lake
アマジュアック湖
Amadjuak Lake

ラブラドール海
Labrador Sea

ウサンプトン島
outhampton Is.

イカルイット
Iqaluit

ハドソン海峡
Hudson Str.

イブギビク
Ivugivik

ベラン
Bellin

ヘブロン
Hebron

大西洋
Atlantic Ocean

ポブンニトウク
Povuungnituk

ネーン
Nain

ハドソン湾
Hudson Bay

イヌージュア
Inoucdjouac

ラブラドール
Labrador

ニューファンドランド＆
ラブラドール州
NEW FOUNDLAND & LABRADOR

バトル・ハーバー
Battle Harbour

フォート・セバーン
Fort Severn

チャーチル・フォールズ
Churchill Falls

セント・アンソニー
St. Anthony

ロディクトン
Roddickton

ウィニスク
Winisk

ハリントン・ハーバー
Harrington Harbour

セント・ジョンズ
St. John's

ケベック州
QUEBEC

ガニョン
Gagnon

ミンガン
Miingan

ニューファンドランド島
Newfoundland Is.

ントリオ州
ONTARIO

アタワピスカト川
Attawapiskat Riv.

マニクアガン
Manicouagan

アンティコスティ島
Anticosti Is.

チャンネル・ポルト・バスク
Channel Port aux Basques

フォート・ホープ
Fort Hope

オルバニー川
Albany Riv.

ガスペ
Gaspe

セント・ローレンス湾
Gulf of St. Lawrence

プリンス・エドワード島州
PRINCE EDWARD ISLAND

ームストロング
nstrong

キャベンディッシュ
Cavendish

ハースト
Hearst

ラ・サール
La Sarre

ケベックシティ
Québec City

ニュー
ブランズウィック州
NEW BRUNSWICK

シャーロットタウン
Charlottetown

サンダー・ベイ
Thunder Bay

ティミンズ
Timmins

ローレンシャン
Laurentians

ハートランド
Hartland

ハリファックス Halifax

スペリオル湖
Lake Superior

ビル・マリー
Ville Marie

モントリオール
Montréal

フレデリクトン
Fredericton

セント・ジョン
St. John

ルーネンバーグ
Lunenburg

スー・セント・マリー
Sault Ste. Marie

トロワ・
リビエール
Trois-Rivières

ハル Hull

アンドリュース
St. Andrews

ノバ・スコシア州
NOVA SCOTIA

サドベリー
Sudbury

オタワ
Ottawa

マンチェスター
Manchester

ヒューロン湖
Lake Huron

キングストン
Kingston

スプリング・フィールド
Springfield

ボストン
Boston

ミシガン湖
Lake Michigan

トロント
Toronto

ハミルトン Hamilton

オンタリオ湖
Lake Ontario

ミルウォーキー
Milwaukee

ロンドン
London

バッファロー
Buffalo

ディソン
Madison

シカゴ
Chicago

ウィンザー
Windsor

エリー湖
Lake Erie

ニューヨーク
New York

N

ミンガン川

クリーブランド
Cleveland

フィラデルフィア
Philadelphia

0   500km

ピッツバーグ Pittsburgh

● レストラン・カフェ　● ショップ　● ナイトスポット　● 観光スポット・アクティビティ　H ホテル

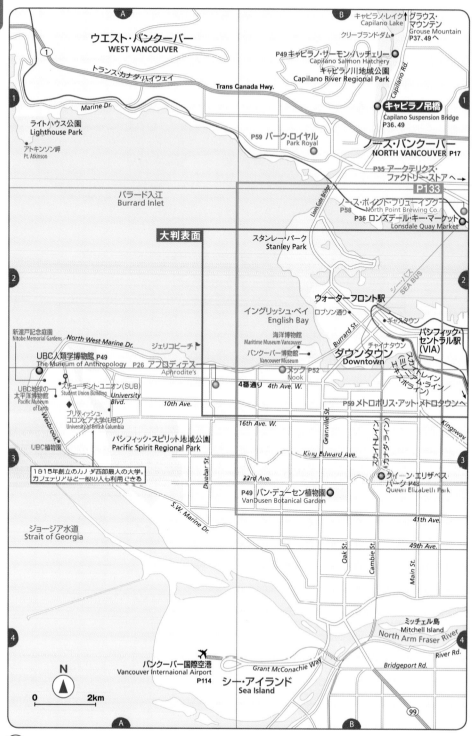

A

B キャピラノ・レイク
Capilano Lake

グラウス・
マウンテン
Grouse Mountain
P37、49 へ

クリーブランド・ダム

ウエスト・バンクーバー
WEST VANCOUVER

P49 キャピラノ・サーモン・ハッチェリー
Capilano Salmon Hatchery

キャピラノ川地域公園
Capilano River Regional Park

トランス・カナダ・ハイウェイ

Trans Canada Hwy.

Marine Dr.

キャピラノ吊橋
Capilano Suspension Bridge
P36、49

ライトハウス公園
Lighthouse Park

P59 パーク・ロイヤル
Park Royal

ノース・バンクーバー
NORTH VANCOUVER P17

アトキンソン岬
Pt. Atkinson

P35 アークテリクス・
ファクトリー・ストアへ →

P133

バラード入江
Burrard Inlet

ノース・ポイント・ブリューイング
P58 North Point Brewing Co.

P36 ロンズデール・キー・マーケット
Lonsdale Quay Market

大判表面

スタンレー・パーク
Stanley Park

シーバス
SEA BUS

ウォーターフロント駅
Waterfront 駅

イングリッシュ・ベイ
English Bay

ロブソン通り

ギャスタウン

パシフィック・
セントラル駅
(VIA)

新渡戸記念庭園
Nitobe Memorial Gardens

North West Marine Dr.

ジェリコビーチ

海洋博物館
Maritime Museum Vancouver

バンクーバー博物館
Vancouver Museum

チャイナタウン

ダウンタウン
Downtown

UBC人類学博物館 P49
The Museum of Anthropology P26

アフロディテース
Aphrodite's

ヌック
Nook

P52

スカイトレイン
ミレニアム・ライン／
エキスポ・ライン

UBC地球の
太平洋博物館
Pacific Museum
of Earth

スチューデント・ユニオン(SUB)
Student Union Building

University
Blvd.

4番通り 4th Ave. W.

P59 メトロポリス・アット・メトロタウンへ

10th Ave.

ブリティッシュ・
コロンビア大学(UBC)
University of British Columbia

16th Ave. W.

UBC植物園

パシフィック・スピリット地域公園
Pacific Spirit Regional Park

King Edward Ave.

クイーン・エリザベス・
パーク P48
Queen Elizabeth Park

1915年創立のカナダ西部最大の大学。
カフェテリアなど一般の人も利用できる

23rd Ave.

P49 バン・デューセン植物園
VanDusen Botanical Garden

ジョージア水道
Strait of Georgia

41th Ave.

49th Ave.

ミッチェル島
Mitchell Island
North Arm Fraser River

River Rd.

N

バンクーバー国際空港
Vancouver Internaional Airport
P114

シー・アイランド
Sea Island

Grant McConachie Way

Bridgeport Rd.

0   2km

99

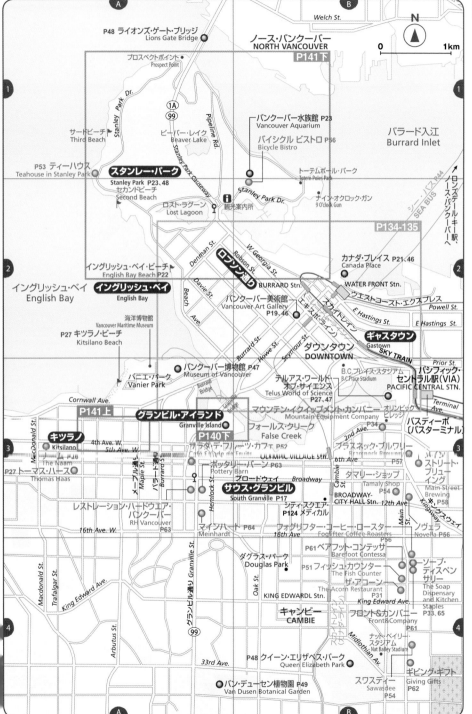

N

0 1km

ノース・バンクーバー
NORTH VANCOUVER
P141下

Welch St.

P48 ライオンズ・ゲート・ブリッジ
Lions Gate Bridge

プロスペクトポイント
Prospect Point

バンクーバー水族館 P23
Vancouver Aquarium

バイシクル ビストロ P56
Bicycle Bistro

サードビーチ
Third Beach

ビーバー・レイク
Beaver Lake

Stanley Park Dr.

Pipeline Rd.

バラード入江
Burrard Inlet

P53 ティーハウス
Teahouse in Stanley Park

スタンレー・パーク
Stanley Park Dr.

トーテムポール・パーク
Totem Poles Park

スタンレー・パーク
Stanley Park P23、48
セカンドビーチ
Second Beach

Stanley Park Causeway

ナイン・オクロック・ガン
9 O'clock Gun

ロスト・ラグーン
Lost Lagoon

観光案内所

P134-135

Denman St.

ロブソン通り

W. Georgia St.

カナダ・プレイス P21、46
Canada Place

イングリッシュ・ベイ・ビーチ P22
English Bay Beach P22

イングリッシュ・ベイ
English Bay

BURRARD Stn.

WATER FRONT Stn.

ウエストコースト・エクスプレス

イングリッシュ・ベイ
English Bay

Davie St.

Robson St.

バンクーバー美術館
Vancouver Art Gallery
P19、46

Beach Ave.

Powell St.

海洋博物館
Vancouver Maritime Museum

スカイトレイン
エキスポライン

E. Hastings St.

E Hastings St.

P27 キツラノ・ビーチ
Kitsilano Beach

Burrard St.

Howe St.

Seymour St.

ダウンタウン
DOWNTOWN

ギャスタウン
Gastown

バンクーバー博物館 P47
Museum of Vancouver

B.C.プレイス・スタジアム
B.C.Place Stadium

SKY TRAIN

Prior St.

バニエ・パーク
Vanier Park

Burrard Bridge

テルアス・ワールド・
オブ・サイエンス P27、47
Telus World of Science

パシフィック・
セントラル駅(VIA)
PACIFIC CENTRAL STN.

Cornwall Ave.

P141上

グランビル・アイランド
Granville Island

マウンテン・イクイップメント・カンパニー
Mountain Equipment Company

オリンピック・
ブリッジ

Terminal Ave.

Granville Bridge

P140下

フォールス・クリーク
False Creek

P34

バスティーポ
(バスターミナル)

キツラノ
Kitsilano

4th Ave. W.

5th Ave. W.

サラダ・デ・フルーツ・カフェ P52
Café Salade de Fruits

OLYMPIC VILLAGE Stn.

2nd Ave.

6th Ave

ブラスネック・ブルワリー
Brassneck Brewery P57

メイン・
ストリート・
ブリューイング
Main Street
Brewing

The Naam

P27 トーマス・ハース
Thomas Haas

Maple St.

メープル通り

バラード通り

Hemlock St.

ポッタリー・バーン P63
Pottery Barn

ブロードウェイ Broadway

サウス・グランビル
South Granville

タマリー・ショップ
Tamaly Shop P54

Cambie St.

Main St.

ノヴェラ
Novella P56

P58

Kingsway

グラスウェイ

MacDonald St.

Macdonald St.

Trafalgar St.

レストレーション・ハードウエア・
バンクーバー P63
RH Vancouver

16th Ave. W.

マインハート P64
Meinhardt

BROADWAY-
CITY HALL Stn. 12th Ave

シティスクエア
P124 メディカル

16th Ave

フォグリフター・コーヒー・ロースター
Foglifter Coffee Roasters P56

P61 ベアフット・コンテッサ
Barefoot Contessa

ソープ・
ディスペン
サリー
The Soap
Dispensary
and Kitchen
Staples P33、65

Arbutus St.

King Edward Ave.

ダグラス・パーク
Douglas Park

Oak St.

King Edward Ave.

P51 フィッシュ・カウンター
The Fish Counter

ザ・アコーン P31
The Acorn Restaurant

KING EDWARDL Stn.

King Edward Ave.

フロント&カンパニー
Front&Company P61

キャンビー
CAMBIE

ナット・ベイリー・
スタジアム
Nat Bailey Stadium

Midlothian Ave.

33rd Ave.

P48 クイーン・エリザベス・パーク
Queen Elizabeth Park

スワスティー
Sawasdee
P54

ギビング・ギフト
Giving Gifts
P62

バン・デューセン植物園 P49
Van Dusen Botanical Garden

133

●レストラン・カフェ　●ショップ　●ナイトスポット　●観光スポット・アクティビティ　Hホテル

↖ スタンレー・パークへ

Lagoon Dr.

スポークス・バイシクル・レンタルズ P22
Spokes Bicycle Rentals

P136-137

ウエスティン・ベイショア・
リゾート＆マリーナ P67
The Westin Bayshore Resort & Marina

Georgia St.
アルバーニ通り
Chilco St.
Haro St.
Denman St.
Robson St.
Alberni St.
ショージア通り
Pender St. W.

P55 ウクレイニアン・ヴィレッジ
Ukrainian Village Restaurant

Park La.
Comox St.
Nelson St.
Gilford St.

P55 キンギョ
Kingyo

デンマン通り
Georgia St. W.

Pendrell St.
ビーチ通り
Beach Ave.

オリンピア P53
Olympia

デンマン・プレイス・モール

バークレー通り
Barclay St.

デラニーズ・コーヒー・ハウス P22
Delany's Coffee House

メルビル通り
Melville St.

イングリッシュ・ベイ・ビーチ
English Bay Beach P22
English Bay Park

ファラフェル・キング P55
Falafel King

エスパーニャ P54
Espana
Cardero St.

Haro St.
ロブソン通り
Robson Street

P22
カクタス・クラブ・カフェ
Cactus Club Cafe

スターバックス

ベストウエスタン・サンズ

ロブソン通り

イングリッシュ・ベイ
English Bay P17, 22

Davie St.
Bidwell St.
マクドナルド
スターバックス
デイ通り

コミックス通り
Nelson St.
Comox St.
Bute St.
ハロ通り

イヌクシュク
Harwood St.
Burnaby St.
Nicola St.
Pendrell St.
Broughton St.
Jervis St.
Comox St.

P68 サットン・プレイス
The Sutton Place Hotel

ジャービス通り
バーナビー通り

サンセット・ビーチ
Sunset Beach

Harwood St.

P68 センチュリー・プラザ・ホテル＆スパ
Century Plaza Hotel & Spa

P68 サンドマン・スイーツ
Sandman Suites on Davie

P25 ステフィーズ
Stepho's

P67 シェラトン・バンクーバー・ウォール・センター
Sheraton Vancouver Wall Centre Hotel

フォールズ・クリーク・フェリー P44

Beach Ave.
Pacific St.
Thurlow St.
バラード通り
Burrard St.
ハーウッド通り

↖ 海洋博物館へ

ホリデイ・イン＆スイーツ・
P68 バンクーバー・ダウンタウン
Holiday Inn & Suite
Vancouver Downtown

エイト＆メ
8th & Main
P61

ランディス

P68 レジデンス・イン・バイ・マリオット・
バンクーバー・ダウンタウン
Residence Inn by Marriott
Vancouver Downtown

Howe St.

アクアティック・センター
Aquatic Centre

バンクーバー博物館 P47
Museum of Vancouver

ベストウエスタン・プラス・
P67 シャトーグランビル
Best Western Plus
Chateau Granville

エグゼクティブ・イン

Granville St.
グランビル通り
シーモア通り
リチャーズ通り

P57 スモール・ビク
Small P

バニエ・パーク
Vanier Park

バラード・ブリッジ
Burrard Bridge

Seabreeze
Walk

アクアバス

イエールタ
ラウンドハウ
YALETC
ROUNDHOUSE

Burrard St.

P140下

グランビル・アイランド
Granville Island

ジョンストン通り
Johnston St.
グランビル・ブリッジ
Granville Bridge
P44

Beach
Pacific Blvd.

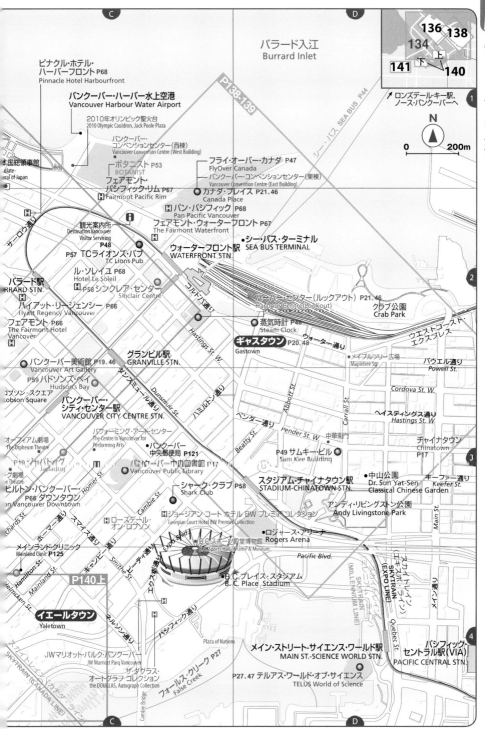

バラード入江
Burrard Inlet

136 138
134
141 上
下 140

ロンズデール・キー駅、
ノース・バンクーバーへ

N

0 200m

ピナクル・ホテル・
ハーバーフロント P68
Pinnacle Hotel Harbourfront

バンクーバー・ハーバー水上空港
Vancouver Harbour Water Airport

2010年オリンピック聖火台
2010 Olympic Cauldron, Jack Poole Plaza

バンクーバー・
コンベンションセンター（西棟）
Vancouver Convention Centre (West Building)

ボタニスト P53
BOTANIST

フェアモント・
パシフィック・リム P67
Fairmont Pacific Rim

フライ・オーバー・カナダ P47
FlyOver Canada

バンクーバー・コンベンションセンター（東棟）
Vancouver Convention Centre (East Building)

カナダ・プレイス P21、46
Canada Place

バン・パシフィック P68
Pan Pacific Vancouver

フェアモント・ウォーターフロント P67
The Fairmont Waterfront

観光案内所 P48
Destination Vancouver
Visitor Servicing

TCライオンズ・パブ P57
TC Lions Pub

ル・ソレイユ P68
Hotel Le Soleil

シンクレア・センター P58
Sinclair Centre

バラード駅
RRARD STN.

ハイアット・リージェンシー P66
Hyatt Regency Vancouver

フェアモント P66
The Fairmont Hotel
Vancouver

バンクーバー美術館 P19、46
Vancouver Art Gallery

ハドソンズ・ベイ P59
Hudsons Bay

obson Square

バンクーバー・
シティ・センター駅
VANCOUVER CITY CENTRE STN.

グランビル駅
GRANVILLE STN.

ウォーターフロント駅
WATERFRONT STN.

シー・バス・ターミナル
SEA BUS TERMINAL

ハーバー・センター（ルックアウト）P21、46
Harbour Centre (Lookout)

蒸気時計 P48
Steam Clock

ギャスタウン P20、48
Gastown

クラブ公園
Crab Park

ウエストコースト・
エクスプレス

メイプルツリー広場
Mapletree Sq.

パウエル通り
Powell St.

コルドバ通り
Cordova St. W.

ヘイスティングス通り
Hastings St. W.

チャイナタウン
Chinatown
P17

パフォーミング・アート・センター
The Centre in Vancouver for
Performing Arts

バンクーバー
中央郵便局
P121

バンクーバー中央図書館 P17
Vancouver Public Library

P49 サムキー・ビル
Sam Kee Building

スタジアム・チャイナタウン駅
STADIUM-CHINATOWN STN.

中山公園
Dr. Sun Yat-Sen
Classical Chinese Garden

キーファー通り
Keefer St.

シャーク・クラブ P58
Shark Club

ヒルトン・バンクーバー P66
ダウンタウン
on Vancouver Downtown

ローズデール・
オン・ロブソン

ジョージアン・コート・ホテル BW プレミアコレクション
Georgian Court Hotel BW Premier Collection

アンディ・リビングストン公園
Andy Livingstone Park

ロジャース・アリーナ
Rogers Arena

B.C.スポーツ殿堂博物館
B.C. Sports Hall of Fame & Museum

B.C. プレイス・スタジアム
B. C. Place Stadium

Pacific Blvd.

メインランド・クリニック P125
Mainland Clinic

P140上

イエールタウン
Yaletown

JW マリオット・パルク・バンクーバー
JW Marriott Parq Vancouver

ザ・ダグラス・
オートグラフ・コレクション
the DOUGLAS, Autograph Collection

フォールス・クリーク P27
False Creek

スカイトレイン
（エキスポ・ライン）
SKYTRAIN
(EXPO LINE)

スカイトレイン
（ミレニアム・ライン）
SKYTRAIN
(MILLENNIUM LINE)

メイン・ストリート・サイエンス・ワールド駅
MAIN ST.-SCIENCE WORLD STN.

パシフィック・
セントラル駅（VIA）
PACIFIC CENTRAL STN.

P27、47 テルアス・ワールド・オブ・サイエンス
TELUS World of Science

コール・ハーバー
Coal Harbour

136 138
134
141 上 140
下

N
0　100m

A

B

Cordova St. W.

コルドバ通り
P125 日本国総領事館
Consulate-General of Japan

P66 コースト・コール・ハーバー
Coast Coal Harbour Hotel

P50 カルデロズ
Cardero's

コール・ハーバー公園
Coal Harbour Park

ウエスティン・ベイショア・
リゾート＆マリーナ P67
The Westin Bayshore Resort & Marina

Coal Harbour
Quay

ヘイスティングス通り

ペンダー通り

スターバックス
Starbucks

メルビル通り
Melville St.

トランプ インターナショナル ホテル ＆ タワー バンクーバ
Trump International Hotel & Tower Vancouv

Pender St. W.

Jervis St.

Bute St.

ウェスト・ジョージア通り
W Georgia St.

Broughton St.

P55 麒麟
Kirin Mandarin Restaurant

P56 ジェイ・ジェイ・ビーン
JJ Bean

バーバーティッド・アイスクリー
Perverted Ice Crea

P33, 65 ロンドン・ドラッグス
London Drugs

ホール・フーズ
Whole Foods

Cardero St.

P30 フォレッジー
Forage

P68 ブルー・ホライズン
Blue Horizon

ロブソン通り Robson St. P10

ロブソン・パブリック・
マーケット
Robson Public Market

P67 リステル
The Listel Hotel

P56 ドロ・ジェラート・カフェ
D'oro Gelato e Caffe

P120 郵便局
Canada Post

Nicola St.

ハロ通り Haro St.

P51 チン・チン
CinCin

P52 ゼフェレリーズ
Zefferelli's

バークレー通り
Barclay St.

ネルソン通り
Nelson St.

ロード・ロバーツ小学校
Roberts Annex Elementary School

A

B

周辺図はP134参照

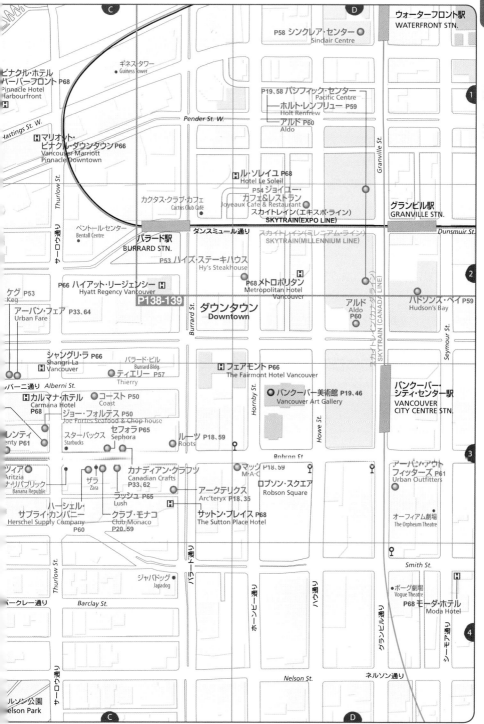

C

D

ウォーターフロント駅
WATERFRONT STN.

P58 シンクレア・センター
Sinclair Centre

ピナクル・ホテル
ハーバーフロント P68
Pinnacle Hotel
Harbourfront

ギネス・タワー
Guiness Tower

P19, 58 パシフィック・センター
Pacific Centre

ホルト・レンフリュー P59
Holt Renfrew

アルド P60
Aldo

Pender St. W.

1

マリオット・
ピナクル・ダウンタウン P66
Vancouver Marriott
Pinnacle Downtown

Hastings St. W.

Granville St.

ル・ソレイユ P68
Hotel Le Soleil

P54 ジョイユー・
カフェ&レストラン
Joyeaux Cafe & Restaurant

カクタス・クラブ・カフェ
Cactus Club Café

スカイトレイン（エキスポ・ライン）
SKYTRAIN(EXPO LINE)

グランビル駅
GRANVILLE STN.

ベントール・センター
Bentall Centre

ダンスミュール通り

Thurlow St.

バラード駅
BURRARD STN.

スカイトレイン（ミレニアム・ライン）
SKYTRAIN(MILLENNIUM LINE)

Dunsmuir St.

P53 ハイズ・ステーキハウス
Hy's Steakhouse

2

ケグ P53
Keg

P66 ハイアット・リージェンシー
Hyatt Regency Vancouver

P138-139

P68 メトロポリタン
Metropolitan Hotel
Vancouver

アルド
Aldo
P60

ハドソンズ・ベイ P59
Hudson's Bay

アーバン・フェア P33, 64
Urban Fare

Burrard St.

ダウンタウン
Downtown

Seymour St.

シャングリ・ラ P66
Shangri-La
Vancouver

バラード・ビル
Burrard Bldg.

ティエリー P57
Thierry

フェアモント P66
The Fairmont Hotel Vancouver

バンクーバー・
シティ・センター駅
VANCOUVER
CITY CENTRE STN.

アルバーニ通り Alberni St.

カルマナ・ホテル
Carmana Hotel
P68

コースト P50
Coast

Hornby St.

バンクーバー美術館 P19, 46
Vancouver Art Gallery

SKYTRAIN (CANADA LINE)

ジョー・フォルテス P50
Joe Fortes Seafood & Chop house

スターバックス
Starbucks

セフォラ P65
Sephora

ルーツ P18, 59
Roots

Howe St.

3

レンティ
ty P61

Robson St.

アリツィア
Aritzia
バナナ・リパブリック
Banana Republic

ザラ
Zara

カナディアン・クラフツ
Canadian Crafts P33, 62

マック P18, 59
M·A·C

アーバン・アウト
フィッターズ P61
Urban Outfitters

ハーシェル・
サプライ・カンパニー
Herschel Supply Company
P60

ラッシュ P65
Lush

クラブ・モナコ
Club Monaco
P20, 59

アークテリクス
Arc'teryx P18, 35

ロブソン・スクエア
Robson Square

サットン・プレイス P68
The Sutton Place Hotel

オーフィアム劇場
The Orpheum Theatre

バラー通り

Thurlow St.

Smith St.

ヴォーグ劇場
Vogue Theatre

ジャパドッグ
Japadog

ホーンビー通り

ハウ通り

グランビル通り

P68 モーダ・ホテル
Moda Hotel

シーモア通り

4

バークレー通り

Barclay St.

ルソン公園
elson Park

Nelson St.

ネルソン通り

C

D

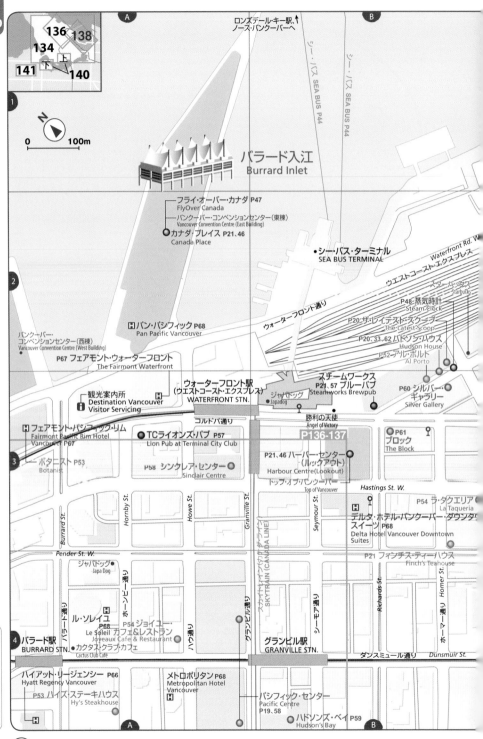

136 138
134
141 上 140
下

0 — 100m

ロンズデール・キー駅↑
ノース・バンクーバーへ

シー・バス SEA BUS P44
シー・バス SEA BUS P44

バラード入江
Burrard Inlet

フライ・オーバー・カナダ P47
FlyOver Canada
バンクーバー・コンベンションセンター（東棟）
Vancouver Convention Centre (East Building)
カナダ・プレイス P21、46
Canada Place

シー・バス・ターミナル
SEA BUS TERMINAL

Waterfront Rd. W.

ウエストコースト・エクスプレス

スターバックス
Starbucks

P48:蒸気時計
Steam Clock

ウォーターフロント通り

P20·ザ・レイテスト・スクープ
The Latest Scoop

パン・パシフィック P68
Pan Pacific Vancouver

P20、33、62 ハドソン・ハウス
Hudson House

バンクーバー・
コンベンションセンター（西棟）
Vancouver Convention Centre (West Building)

P52·アル・ポルト
Al Porto

P67 フェアモント・ウォーターフロント
The Fairmont Waterfront

スチームワークス
P21、57 ブルーパブ
Steamworks Brewpub

P60 シルバー・
ギャラリー
Silver Gallery

観光案内所
Destination Vancouver
Visitor Servicing

ウォーターフロント駅
（ウエスト・コースト・エクスプレス）
WATERFRONT STN.

コルドバ通り

ジャパドッグ
Japadog

勝利の天使
Angel of Victory

P136-137

P61
ブロック
The Block

フェアモント・パシフィック・リム
Fairmont Pacific Rim Hotel
Vancouver P67

TCライオンズ・パブ P57
Lion Pub at Terminal City Club

P21、46 ハーバー・センター
（ルックアウト）
Harbour Centre(Lookout)

トップ・オブ・バンクーバー
Top of Vancouver

Hastings St. W.

ボタニスト P53
Botanist

P58 シンクレア・センター
Sinclair Centre

P54 ラ・タクエリア
La Taqueria

デルタ・ホテル・バンクーバー・ダウンタウン・
スイーツ P68
Delta Hotel Vancouver Downtown
Suites

Hornby St.
Howe St.
Granville St.
Seymour St.
Richards St.
Homer St.

Pender St. W.

ジャパドッグ
Japa Dog

P21 フィンチス・ティーハウス
Finch's Teahouse

スカイトレイン（カナダ・ライン）
SKYTRAIN (CANADA LINE)

バラード通り
ロビー通り
ハウ通り
グランビル通り
シーモア通り
ホーマー通り

ル・ソレイユ
P68
Le Soleil

P54 ジョイユー・
カフェ＆レストラン
Joyeaux Cafe & Restaurant

グランビル駅
GRANVILLE STN.

バラード駅
BURRARD STN.

カクタス・クラブ・カフェ
Cactus Club Cafe

ダンスミュア通り Dunsmuir St.

ハイアット・リージェンシー P66
Hyatt Regency Vancouver

メトロポリタン P68
Metropolitan Hotel
Vancouver

P53 ハイズ・ステーキハウス
Hy's Steakhouse

パシフィック・センター
Pacific Centre
P19、58

ハドソンズ・ベイ P59
Hudson's Bay

A
B

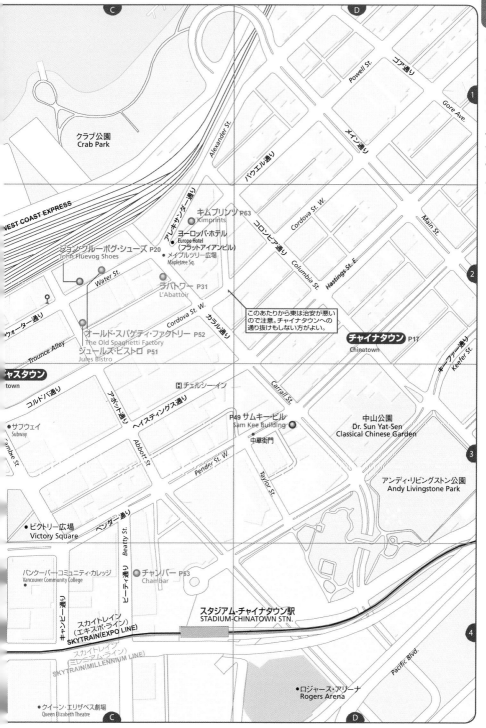

C

D

1

WEST COAST EXPRESS

クラブ公園
Crab Park

Alexander St.

Powell St.

コア通り

Gore Ave.

パウエル通り

メイン通り

Main St.

2

キムプリンツ P63
Kimprints

ヨーロッパ・ホテル
Europe Hotel
（フラットアイアンビル）

アレキサンダー通り

メイプルツリー広場
Mapletree Sq.

Cordova St. W.

コロンビア通り

ジョン・フルーボグ・シューズ P20
John Fluevog Shoes

Water St.

ラバトワー P31
L'Abattoir

Cordova St. W.

Columbia St.

Hastings St. E.

このあたりから東は治安が悪い
ので注意。チャイナタウンへの
通り抜けもしない方がよい。

ウォーター通り

Trounce Alley

オールド・スパゲティ・ファクトリー P52
The Old Spaghetti Factory

ジュールズ・ビストロ P51
Jules Bistro

カラル通り

チャイナタウン P17
Chinatown

キーファー通り

Keefer St.

ャスタウン
town

コルドバ通り

アボット通り

ヘイスティングス通り

チェルシー・イン
Chelsea Inn

Carrall St.

中山公園
Dr. Sun Yat-Sen
Classical Chinese Garden

3

サフウェイ
Subway

ambie St.

P49 サムキー・ビル
Sam Kee Building

中華街門

Abbott St.

Pender St. W.

Taylor St.

アンディ・リビングストン公園
Andy Livingstone Park

ビクトリー広場
Victory Square

ペンダー通り

Beatty St.

バンクーバー・コミュニティ・カレッジ
Vancouver Community College

チャンバー P53
Chambar

スタジアム・チャイナタウン駅
STADIUM-CHINATOWN STN.

スカイトレイン
（エキスポ・ライン）
SKYTRAIN(EXPO LINE)

スカイトレイン
（ミレニアム・ライン）
SKYTRAIN(MILLENNIUM LINE)

ロジャース・アリーナ
Rogers Arena

Pacific Blvd.

4

クイーン・エリザベス劇場
Queen Elizabeth Theatre

C

D

● レストラン・カフェ　　● ショップ　　● ナイトスポット　　●観光スポット・アクティビティ　　H ホテル

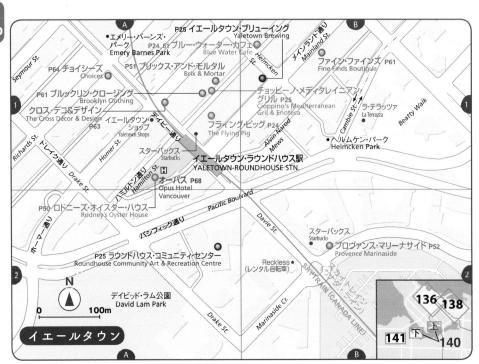

P25 **イエールタウン・ブリューイング**
Yaletown Brewing

・エメリー・バーンズ・パーク
Emery Barnes Park

P24,51 **ブルー・ウォーター・カフェ**
Blue Water Cafe

ファイン・ファインズ P61
Fine Finds Boutique

P64 **チョイシーズ**
Choices

P51 **ブリックス・アンド・モルタル**
Brix & Mortar

チョッピーノ・メディタレイニアン・グリル P25
Cioppino's Mediterranean Gril & Enoteca

ラ・テラッツァ
La Terrazza

P61 **ブルックリン・クロージング**
Brooklyn Clothing

クロス・デコ&デザイン P63
The Cross Decor & Design

イエールタウン・ショップ
Yaletown Shops

フライング・ビッグ P24
The Flying Pig

ヘルムケン・パーク
Helmcken Park

スターバックス
Starbucks

イエールタウン・ラウンドハウス駅
YALETOWN-ROUNDHOUSE STN.

オーパス P68
Opus Hotel
Vancouver

P50 **ロドニーズ・オイスター・ハウス**
Rodney's Oyster House

スターバックス
Starbucks

プロヴァンス・マリーナサイド P52
Provence Marinaside

P25 **ラウンドハウス・コミュニティ・センター**
Roundhouse Community Art & Recreation Centre

Reckless
(レンタル自転車)

N

デイビッド・ラム公園
David Lam Park

0 100m

イエールタウン

SKYTRAIN (CANADA LINE)

136 138
141 140

136 138
141 140

グランビル・アイランド

タップ&バレル
P51 **ブリッジズ**
Tap & Barrel
Bridges

ミニ・フェリー乗り場

パブリック・マーケット P29
Public Market

アクアバス乗り場

▲ダウンタウンへ

ア・ラ・モード・パイ
P20 A La Mode Pie

トライアングル・スクエア
Triangle Square

バックステージ・ラウンジ P58
The Backstage Lounge

ロングライナー・シーフーズ
P33,64 Longliner Seafoods

キンドリー・ビーズ P63
Kindoly Beads

ネット・ロフト P29
Net Loft

メープルズ・シュガー・シャック
P33,64 Maple's Sugar Shack

ウィッカニニッシュ・ギャラリー
Wickaninnish Gallery P33, 62

マリタイム・マーケット
Maritime Market

工房

ペーパーヤ
Paper-Ya P29

ブローカーズ・ベイ
Broker's Bay

サンドバー
The Sandbar
P53

ビードワークス
Beadworks

プリンス・オブ・ウェールズ
P29 Prince of Whales

フォールズ・クリーク
False Creek

P29 **キッズ・マーケット**
Kids Market

ウォーターフロント劇場
Waterfront Theatre

ザ・リバティー・ディスティラリー P29
The Liberty Distillery

50番バス停

2nd Ave.

50番バス停

グランビル・アイランド・ブリューイング
P28
Granville Island Brewing

N

タクシー・スタンド

パフォーマンス・ワークス
Performance Works

オルダー・ベイ
Alder Bay

0 100m

周辺図はP133・134参照

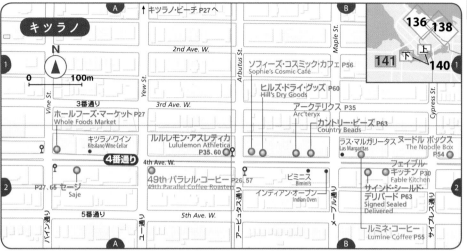

キツラノ

N

0 ─ 100m

↑ キツラノ・ビーチ P27 へ

2nd Ave. W.

3番通り　3rd Ave. W.

ソフィーズ・コスミック・カフェ P56
Sophie's Cosmic Café

ヒルズ・ドライ・グッズ P60
Hill's Dry Goods

アークテリクス P35
Arc'teryx

ホールフーズ・マーケット P27
Whole Foods Market

キツラノ・ワイン
Kitsilano Wine Cellar

ルルレモン・アスレティカ
Lululemon Athletica P35、60

カントリー・ビーズ P63
Country Beads

ラス・マルガリータス
Las Margaritas

ヌードル ボックス
The Noodle Box
P54

4番通り　4th Ave. W.

49th パラレル・コーヒー P26、57
49th Parallel Coffee Roasters

ビミニス
Bimini's

フェイブル
キッチン P30
Fable Kitchen

P27、65 セージ
Saje

インディアン・オーブン
Indian Oven

サインド・シールド・
デリバード P63
Signed Sealed
Delivered

5番通り　5th Ave. W.

ルミネ・コーヒー P55
Lumine Coffee P55

MAP

キツラノ／スタンレー・パーク

136 138

141 140

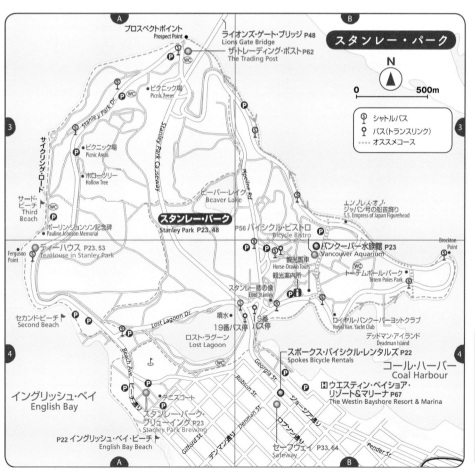

スタンレー・パーク

プロスペクトポイント
Prospect Point

ライオンズ・ゲート・ブリッジ P48
Lions Gate Bridge

ザ・トレーディング・ポスト P62
The Trading Post

N

0 ─ 500m

シャトルバス

バス（トランスリンク）

オススメコース

ピクニック場
Picnic Areas

ピクニック場
Picnic Areas

ホロー・ツリー
Hollow Tree

サード・
ビーチ
Third
Beach

ビーバー・レイク
Beaver Lake

エンプレス・オブ・
ジャパン号の船首飾り
S.S. Empress of Japan Figurehead

スタンレー・パーク
Stanley Park P23、48

P56 バイシクル・ビストロ
Bicycle Bistro

ポーリン・ジョンソン記念碑
Pauline Johnson Memorial

ティーハウス P23、53
TeaHouse in Stanley Park

バンクーバー水族館 P23
Vancouver Aquarium

Ferguson
Point

観光馬車
Horse-Drawn Tours

観光案内所

トーテムポール・パーク
Totem Poles Park

Brockton
Point

スタンレー卿の像
Lord Stanley

ロイヤル・バンクーバーヨットクラブ
Royal Van. Yacht Club

セカンド・ビーチ
Second Beach

噴水

19番
バス停

19番バス停

デッドマン・アイランド
Deadman Island

ロスト・ラグーン
Lost Lagoon

スポークス・バイシクル・レンタルズ P22
Spokes Bicycle Rentals

コール・ハーバー
Coal Harbour

イングリッシュ・ベイ
English Bay

テニスコート

ウエスティン・ベイショア・
リゾート＆マリーナ P67
The Westin Bayshore Resort & Marina

スタンレー・パーク・
ブリューイング P23
Stanley Park Brewing

P22 イングリッシュ・ベイ・ビーチ
English Bay Beach

セーフウェイ P33、64
Safeway

サイクリング・ロード

Stanley Park Dr.

Stanley Park Causeway

Pipeline Rd.

Lost Lagoon Dr.

Beach Ave.

Georgia St.

Robson St.

Denman St.

Gilford St.

デンマン通り

ロブソン通り

ジョージア通り

ペンダー通り

Pender St.

周辺図はP133・134参照

レストラン・カフェ　　ショップ　　ナイトスポット　　観光スポット・アクティビティ　Ｈ ホテル

キャピラノ・サーモン・ハッチェリー

247

232
236
247

246

254

キャピラノ吊橋

Montroyal St.

Braemar Rd.

Stevens St.

Ridgewood St.

Edgemont St.

Highland St.

Delbrook Rd.

241

230

230

Queens Ave.

29th St.

Mountain Hwy

Lynn Valley Rd.

210

210
209

227

リン渓谷

246
236
247

232

Westview St.

249

Ross Rd.

229

227

232 246

228

240

209
210

214

Sechelt Dr.

56

22 St.

236

Mackay St.

236

R2
236
255

Lonsdale St.

229
228
232
241

Grand Blvd.

Hwy 1

Mountain Hwy

227

246
247

Marine Dr.

Esplanade St.

249

255

240 255

245 255

R2 240 241 255

241

Keith Rd.

228
255

255
245

211

214

215 Plymouth Dr.

231 249
236

229

232

Keith Rd.

232 255

255

214

R2 228

Main St.

210
211
227

245

215-212

212

ロンズデール・キー・マーケット

R2 228 229 230
231 236 249

232

Dollarton Hwy

222
214
211

バラード入江

0 241 246
7 250 253
4 257

19

SEA BUS(シーバス)

R2 28 130 209
210 211 212 214
215 222 227 232
245

222
214
211

210
209
130
28

14 27 28
130 160

RRARD STN.
バラード駅

WATERFRONT STN.
ウォーターフロント駅

VANCOUVER
CENTRE STN.
ンクーバー・センター駅

STADIUM
CHINATOWN STN.
スタジアム・チャイナタウン駅

ウエストコースト・エクスプレス

210

4

214 209

Eton St.

131

R5 129 130

131 160

160

GRANVILLE STN.
グランビル駅

YALETOWN-ROUNDHOUSE STN.
イエールタウン・ラウンドハウス駅

4 7 209 210 211 214

R5 14

16 20

Hasting St.

Nanaimo St.

Renfrew St.

Rupert St.

R5 14 16

R5 14

Hastings St.

Gilmore Ave.

Willingdon Ave.

R5

MAIN ST-SCIENCE WORLD STN.
メイン・ストリート・サイエンス・ワールド駅

72

22

20

7

28

130

28

129

28 129 130

OLYMPIC
VILLAGE STN.
オリンピック・ビレッジ駅

VCC-CLARK STN.
VCC-クラーク駅

84

22

9
20
99

Broadway

9

27

9

28
ギルモア駅
GILMORE STN.

ブレンウッド・タウン・セントラル駅
BRENTWOOD
TOWN CENTRE STN.

BROADWAY-
CITY HALL STN.
ブロードウェイ・シティ・ホール駅

9 99

COMMERCIAL-
BROADWAY STN.
コマーシャル・ブロードウェイ駅

Commercial St.

9 15
17 99

3

RENFREW STN.
レンフルー駅

7

16

27

RUPERT STN.
ルパート駅

16

129

Canada Way

17

15
33

Kingsway

19

Kingsway

7 25

16 26
29 33

16

25

28

25
130
222

KING
EDWARD STN.
キング・エドワード駅

15 25 33

Main St.

25

19

Knight St.

25

NANAIMO STN.
ナナイモ駅

29番通り駅
29TH AVE. STN.

R4 129
27 28 41

129

Willingdon St.

8

33

Victoria Dr.

20

26

ジョイス・コリングウッド駅
JOYCE-COLLINGWOOD STN.

28

Patterson St.

Deer Lake
Pkwy.

クイーン・エリザベス・パーク

Fraser St.

22

Clarendon St.

29

19

129

125 129

パターソン駅
PATTERSON STN.

130

ン・デューセン植物園

41th Ave.

R4 41

OAKRIDGE-
41ST AVE STN.
オークリッジ・41番通り駅

Cambie St.

Oak St.

3

R4 41

R4 15 41

26

メトロタウン駅へ

143

ララチッタ
バンクーバー・カナディアンロッキー
Vancouver Canadian Rockies

2023年10月15日	初版印刷
2023年11月1日	初版発行

編集人	福本由美香
発行人	盛崎宏行
発行所	JTBパブリッシング
	〒135-8165
	東京都江東区豊洲5-6-36
	豊洲プライムスクエア11階

企画・編集	情報メディア編集部
担当	藤﨑恵
取材・執筆・撮影	アトール (澄田直子)／Fujico／吉川昌志
本文デザイン	BEAM／エストール
表紙デザイン・ シリーズロゴ	ローグ クリエイティブ (馬場貴裕/西浦隆大)
編集・取材・写真協力	バンフ・ガイドサービス／アフロ
	ゲッティイメージズジャパン
	PIXTA／123RF
	Grant Harder/Andrew Strain/Reuben Krabbe
	Insight Photography／Tourism Whistler (Justa Jeskova)
	Destination Vancouver (Rishad Daroowala/Nelson Mouellic
	Kitsilano Chamber of Commerce/Capilano Suspension Bridge Park)
	Robert Massey ／Doug Clement Photography
	ROAM Creative ／Shannon Martin
地図制作	アトリエ・プラン／ジェイ・マップ
印刷所	TOPPAN

編集内容や、乱丁、落丁のお問合せはこちら
JTBパブリッシング お問合せ
https://jtbpublishing.co.jp/contact/service/

おでかけ情報満載
https://rurubu.jp/andmore/

※続刊予定あり